面向人民健康
提升健康素养

十万个 健康 为什么 丛书

面向人民健康
提升健康素养

十万个 健康 为什么 丛书

健康一生 系列

运动的健康密码

主编 王 梅 王正珍

人民卫生出版社
·北京·

本书编委会

主　　编　　王梅　王正珍

副 主 编　　谭思洁　王　成　柳鸣毅

编　　者　　（按姓氏笔画排序）

王　成　北京大学第三医院

王　梅　国家体育总局体育科学研究所

王正珍　北京体育大学

戈　莎　天津师范大学

冯　强　国家体育总局体育科学研究所

孙　飙　南京体育学院

李雪梅　北京体育大学

张献博　北京医院、国家老年医学中心

苟　波　西安体育学院

范超群　国家体育总局体育科学研究所

罗曦娟　中山大学

周敬滨　国家体育总局运动医学研究所

胡晓青　北京大学第三医院

柳鸣毅　武汉体育学院

徐　凯　南京体育学院

郭　振　天津体育学院

曹立全　天津体育学院

甄志平　北京师范大学

谭思洁　天津体育学院

戴剑松　南京体育学院

学术秘书　　戴剑松

陈竺院士
说健康

总　序

人民健康是现代化最重要的指标之一，也是人民幸福生活的基础。党的二十大报告明确到 2035 年建成健康中国。社会各界，尤其是全国医疗卫生工作者，要坚持以人民为中心的发展思想，把保障人民健康放在优先发展的战略位置，加快推进健康中国建设，全方位全周期保障人民健康，为实现"两个一百年"奋斗目标、实现中华民族伟大复兴的中国梦打下坚实健康基础，为共建人类卫生健康共同体作出应有的贡献。

为助力健康中国建设，提升人民健康素养，人民卫生出版社（以下简称"人卫社"）联合相关学（协）会、平台、媒体共同策划，整合各方优势、创新传播途径，打造高质量的纸数融合立体化传播健康知识普及出版物《十万个健康为什么丛书》（以下简称"丛书"）。丛书通过图书、新媒体、互联网平台等全媒体，努力为人民群众提供全生命周期的健康知识服务。在深入了解丛书的策划方案、组织管理和工作安排后，我欣然接受了邀请，担任丛书专家指导委员会主任委员，主要基于以下考虑：

建设健康中国，人人享有健康。党的十八大以来，以习近平同志为核心的党中央一直高度重视、持续推动健康中国建设。2016 年党中央、国务院印发的《"健康中国 2030"规划纲要》指出，推进健康中国建设，是全面建成小康社会、基本实现社会主义现代化的重要基础，是全面提升中华民族健康素质、实现人民健康与经济社会协调发展的国家战略。健康中国的主题是"共建共享、全民健康"，共建共享是基本路径，

全民健康是根本目的。人人参与、人人尽力、人人享有，实现全民健康，需要全社会共同努力。党的二十大对新时代新征程上推进健康中国建设作出新的战略部署，赋予了新的任务使命，提出"把保障人民健康放在优先发展的战略位置，完善人民健康促进政策"。丛书建设抓住了健康中国建设的核心要义。

提升健康素养，需要终身学习。健康素养是人的一种能力：它能够帮助个人获取和理解基本的健康信息和服务，并能运用其作出正确的判断和决定，以维持并促进自己的健康。2008 年 1 月，卫生部发布《中国公民健康素养——基本知识与技能（试行）》，首次以政府文件的形式界定了居民健康素养，我很高兴签发了这份文件。此后，我持续关注该工作的进展和成效。经过多年的不懈努力，我国健康素养促进工作蓬勃发展，居民健康素养水平从 2009 年的 6.48% 上升至 2021 年的25.4%，人民健康状况和基本医疗卫生服务的公平性、可及性持续改善，主要健康指标居于中高收入国家前列，为以中国式现代化全面推进中华民族伟大复兴奠定了坚实的健康基础。健康素养需要持续地学习和养成，丛书正是致力于此。

健康第一责任人，是我们自己。2019 年 12 月，十三届全国人大常委会第十五次会议通过了《中华人民共和国基本医疗卫生与健康促进法》，该法第六十九条提出"公民是自己健康的第一责任人，树立和践行对自己健康负责的健康管理理念，主动学习健康知识，提高健康素养，加强健康管理。倡导家庭成员相互关爱，形成符合自身和家庭特点的健康生活方式。"从国家法律到健康中国战略，都强调每个人是自己健康的第一责任人。只有人人都具备了良好的健康素养，成为自己健康的第一责任人，健康中国才有了最坚实的基础。丛书始终秉持了这一理念，能够切实帮助读者承担起自己的健康责任。

接受丛书编著邀请后，我多次听取了丛书工作委员会和人卫社的汇报，提出了一些建议，并录制了"院士说健康"视频。我很高兴能以此项工作为依托，为人民健康多做些有意义的工作。丛书工作委员会和人卫社的同仁们一致认为，这件事做好了，对提高国民特别是青少年健康素养意义重大！

2022年11月，在丛书启动会议上，我提出丛书建设要做到心系于民、科学严谨、质量第一、无私奉献四点希望。2023年9月，丛书第一个系列"健康一生系列"将正式出版！近一年来，丛书建设者们高度负责、团结协作，严谨、创新、务实地推进丛书建设，让我对丛书即将发挥的作用充满了信心，也对健康科普工作有了更多的思考。

一是健康科普工作需把社会责任放在首位。丛书为做好顶层设计，邀请一批院士担任专家指导委员会的成员。院士们的本职工作非常繁忙，但他们仍以极高的热情投入丛书建设中，指导把关、录制视频，担任健康代言人，身体力行地参与健康科普工作。全国广大医务工作者也要积极行动起来，把社会责任放在首位，践行习近平总书记提出的"科技创新、科学普及是实现创新发展的两翼"之工作要求，把健康科学普及放在与医药科技创新同等重要的位置，防治并重，守护人民健康。

二是健康科普工作应始终心系于民。健康科普需要找准人民群众普遍关心的健康问题，有针对性地开展工作，方能事半功倍。丛书第一个系列开展的健康问题征集活动，收集了两万余个来自大众的健康问题，说明人民群众的健康需求是旺盛的，对专家解答是企盼的。丛书组织专家对这些问题进行了认真的整理、分析和解答，并在正式出版前后组织群众试读活动，以不断改进工作，提升质量，满足人民健康需求，这些都是服务于民的重要体现。丛书更是积极尝试应用新技术新方法，为科

普传播模式创新赋能，强化场景化应用，努力探索克服健康科普"知易行难"这个最大的难题。

三是健康科普工作须坚持高质量原则。 高质量发展是中国式现代化的本质要求之一。健康科普工作事关人民健康，须遵从"人民至上、生命至上"的理念，把质量放在最重要的位置，以人民群众喜闻乐见的方式，传递科学的、权威的、通俗易懂的健康知识，要在健康科普工作中塑造尊重科学、学习科学、践行科学之风，让"伪科学""健康谣言""假专家"无处遁形。丛书工作委员会、各编委会坚持了这一原则，将质量要求落实到每一个环节。

四是健康科普工作要注重创新。 不同的时代，健康需求发生着变化，健康科普方式也应与时俱进，才能做到精准、有效。丛书建设模式创新也是耳目一新，比如立足不同的应用场景，面向未来健康需求的无限可能，设计了"1+N"的丛书系列开放体系，成熟一个系列就开发一个；充分发挥专业学（协）会和权威专家作用，对每个系列的分册构建进行充分研讨，提出要从健康科普"读者视角"着眼，构建具有中国特色的国民健康知识体系；精心设计各分册内容结构和具有中华民族特色的系列 IP 形象；针对人民接受健康知识的主要渠道从纸媒向互联网转移的特点，设计纸数融合图书与在线健康知识问答库结合，文字、图片、视频、动画等联动的全媒体传播模式，全方位、全媒体、全生命周期服务人民健康等。

五是健康科普工作需要高水平人才队伍。 人才是所有事业的第一资源。丛书除自身的出版传播外，着眼于健康中国建设大局，建立编写团队组建、遴选与培养的系列流程，开展了编写过程和团队建设研究，组建来自全国，老、中、青结合的高水平编者团队，且每个分册都通过编写过程的管理努力提升作者的健康科普能力。这项工作非常有意义。希望未来，越来越多的卫生健康工作者能以高度的社会责任感、职业使命感，以无私奉献的精神参与到健康科普工作中，以更多更好的健康科普精品，服务人民健康。

衷心希望，通过驰而不息的建设，丛书能让健康中国、健康素养、健康第一责任人的理念深入人心，并转化为建设健康中国的重要动力，成为国民追求和促进健康的重要支撑。

衷心希望，能以大型健康科普精品丛书为依托，培养一支高水平的健康科普作者队伍，增强文化自信的建设力量，从而更好地为中华民族现代文明贡献健康力量。

衷心希望，读者朋友们积极行动起来，认真汲取《十万个健康为什么丛书》中的健康知识，把它们运用到自己的生活里，让自己更健康，也为健康中国建设作出每个公民的贡献！

中国红十字会会长
中国科学院院士
丛书专家指导委员会主任委员

2023 年 7 月

十万个健康为什么丛书
出版说明

　　健康是幸福生活最重要的指标，健康是 1，其他是后面的 0，没有 1，再多的 0 也没有意义。提升健康素养，是提高全民健康水平最根本、最经济、最有效的措施之一。党的二十大报告要求，加强国家科普能力建设，深化全民阅读活动。习近平总书记指出，科技创新、科学普及是实现创新发展的两翼，要把科学普及放在与科技创新同等重要的位置。在这一重要指示精神的指引下，人民卫生出版社（以下简称"人卫社"）努力探索让科学普及这"一翼"变得与科技创新同样强大，进而助力创新型国家建设。经过深入调研，团结广大医学科学家、健康传播专家、学（协）会、媒体、平台，共同策划出版《十万个健康为什么丛书》（以下简称"丛书"）。

　　为了帮助读者更好地了解和使用丛书，特将出版相关情况说明如下。

一、丛书建设目标

　　丛书努力实现五个建设目标，即：高质量出版健康科普精品，培养优秀的健康科普团队，创新数字赋能传播模式，打造知识共建共享平台，最终提升国民健康素养，服务健康中国行动落实和中华民族现代文明建设。

二、丛书体系构建

　　1. 丛书各系列分册设计遵从人民至上的理念，突出读者健康需求和

视角。各系列的分册设计经过多轮专家论证、读者健康需求调研，形成从读者需求入手进行分册设计的共识，更好地与读者形成共鸣，让读者愿意读、喜欢读，并能转化为自身健康生活方式和行为。

比如，丛书第一个系列"健康一生系列"，既不按医学学科分类，也不按人体系统分类，更不按病种分类，而是围绕每个人在日常生活中会遇到的健康相关问题和挑战分类。这个系列分别针对健康理念养成，到人生面临的生、老、病问题，再到每天一睁眼要面对的食、动、睡问题，最后到更高层次的养、乐、美问题，共设立 10 个分册，分别是《健康每一天》《健康始于孕育》《守护老年健康》《对疾病说不》《饮食的健康密码》《运动的健康密码》《睡眠的健康密码》《中医养生智慧》《快乐的健康密码》和《美丽的健康密码》。

2. 丛书努力构建从健康知识普及到健康行为指导的全生命周期全媒体的健康知识服务体系。依靠权威学（协）会和专家的反复多次研究论证，从读者的健康需求出发，丛书构建了"1+N"系列开放体系，即以"健康一生系列"为"1"；以不同人群、不同场景的不同健康需求或面临的挑战为"N"，成熟一个系列就开发一个系列。目前已初步策划了"主动健康系列""应急急救系列""就医问药系列"和"康养康复系列"等多个系列，将在"十四五"期间陆续启动和出版。

3. 丛书建设有力贯彻落实"两翼论"精神，推动健康科普高质量创新发展。丛书除自身的出版传播外，还建立编写团队组建、遴选与培养的系列流程，开展了编写过程和团队建设研究，组建来自全国，老、中、青结合的高水平编者团队，并通过编写过程的管理努力提升作者的健康科普能力。丛书建设部分相关内容还努力申报了国家"十四五"主动健康和人口老龄化科技应对重点专项；以"《十万个健康为什么丛书》策划出版为基础探索全方位、立体化大众科普类图书出版新模式"为题，成功获得人卫研究院创新发展研究项目支持。

三、 丛书创新特色

1. 体现科学性、权威性、严谨性。为做好丛书的顶层设计、项目实施和编写出版工作，保障科学性，成立丛书专家指导委员会、工作委员会和各分册编委会。

第十二届、十三届全国人大常委会副委员长，中国红十字会会长陈竺院士担任丛书专家指导委员会主任委员，国家卫生健康委员会副主任李斌、中国计划生育协会常务副会长王培安、中华预防医学会名誉会长王陇德院士、中国健康促进基金会荣誉理事长白书忠等担任副主任委员，二十余位院士应邀担任委员。专家们积极做好丛书顶层设计、指导把关工作，录制"院士说健康"视频，审阅书稿，甚至承担具体编写工作……他们率先垂范，以极高的社会责任感投入健康科普工作中，为全国医务工作者参与健康科普工作树立了榜样。

人民卫生出版社、中国健康促进基金会、中国计划生育协会、中华预防医学会、中国科普研究所、全国科学技术名词审定委员会、健康报、新华网客户端《新华大健康》等机构负责健康科普工作的领导和专家组成了丛书工作委员会，并成立了丛书工作组，形成每周例会、专题会、组建专班等工作机制，确保丛书建设的严谨性和高质量推进。

来自相关学（协）会、医学院校、研究机构等90余家单位的200余位在相关领域具有卓越影响力的专家组成了"健康一生系列"10个分册的编委会。专家们面对公众健康需求迫切，但优秀科普作品供给不足、科普内容良莠不齐的局面，均以极大的热忱投入丛书建设与编写工作中，召开编写会、审稿会、定稿会等各类会议数十次，对架构反复研究，对

内容精益求精，对表达字斟句酌，为丛书的科学性、权威性和严谨性提供了可靠保证。

2. 彰显时代性、人民性、创新性。习近平总书记在文化传承发展座谈会上发表重要讲话，强调"在新的起点上继续推动文化繁荣、建设文化强国、建设中华民族现代文明，是我们在新时代新的文化使命"。丛书以"同中国具体实际相结合、同中华优秀传统文化相结合"理念为指导，彰显时代性、人民性、创新性。

丛书高度重视调查研究工作，各个系列都会开展面向全社会的问题征集活动，并将征集到的问题融入各个分册。此外，在"健康一生系列"即将出版之际专门开展试读工作，以了解读者的真实感受，不断调整、优化工作思路和方法，实现内容"来自人民，根植人民，服务人民"。

在丛书整体设计和 IP 形象设计中，力求用中国元素讲好中国健康科普故事。丛书在全程管理方面始终坚持创新，在书稿撰写阶段，即采用人卫投审稿平台数字化编写方式，从源头实现"纸数融合"。在图书编写过程中，同步建设在线知识问答库。在图书出版后，实现纸媒、电子书、音频、视频同步传播，为不同人群的不同健康需求提供全媒体健康知识服务。

3. 突显全媒性、场景性、互动性。丛书采取纸电同步方式出版，读者可通过数字终端设备，如电脑、手机等进行阅读或"听书"；同时推出配套数字平台服务，读者可通过图书配套数字平台搜索健康知识，平台将通过文字、语音、直播等形式与读者互动。此外，丛书通过对内容的数字化、结构化、标引化，建立与健康场景化语词的映射关系，构建场景化知识图谱，利用人们接触的各类健康数字产品，精准地将健康知识推送至需求者的即时应用现场，努力探索克服健康科普"知易行难"这个最大的难题。

四、 丛书的读者对象、内容设计和使用方法

参照《中国公民健康素养 66 条》锁定的目标人群，丛书读者对象定为接受九年义务教育及具备以上文化水平的人群，采用问答形式编写，重点选择大众日常生活中"应知道""想知道""不知道"和"怎么办"的问题。丛书重在解决"怎么办"，突出可操作性，架起大众对"预防为主"和"一般健康问题"从"为什么"到"怎么办"的桥梁，助力从"以治病为中心"向"以健康为中心"转变。

丛书是一套适合普通家庭阅读、查阅和收藏的健康科普书，覆盖日常生活中会遇到的常见健康问题。日常阅读，可以有效提升健康素养；遇到健康问题时查阅对应内容，可以达到答疑解惑、排忧解难的目的。此外，"健康一生系列"还配有丰富的富媒体资源，扫码观看视频即可接收来自专家针对具体健康问题的进一步讲解。

《庄子·内篇·养生主》提醒我们："吾生也有涯，而知也无涯，以有涯随无涯，殆已！"如何有效地让无穷的医学知识转化为有限的健康素养，远远不止"授人以渔"这么简单，这需要以大型健康科普精品出版物为依托，培养一支高水平的健康科普作者队伍；需要积极推进相关领域教育、科技、人才三位一体发展，大力弘扬科学精神和科学家精神；还需要社会各界积极融健康入万策，并在此基础上努力建设健康科学文化，增强文化自信的建设力量，从而更好地为中华民族现代文明建设贡献健康力量。

衷心感谢丛书建设者们和读者们的大力支持，让我们共同努力，为健康中国建设和中华民族现代文明建设作出力所能及的贡献。

丛书工作委员会

2023 年 7 月

前　言

　　健康是人类生存和发展的基础，人民健康是民族昌盛和国家强盛的重要标志。我国自 1995 年实施"全民健身计划"以来，群众健身意识大幅提升，经常参加体育锻炼的人群占比逐步提高。习近平总书记在党的二十大报告中指出："广泛开展全民健身活动，加强青少年体育工作，促进群众体育和竞技体育全面发展，加快建设体育强国。"在体育强国和健康中国建设的大背景下，越来越多的人认识到，体育运动不仅有助于增强体质，更是促进健康、主动健康和健康生活方式的重要内容。"体医融合""体卫融合""体教融合"等多领域协作已成为政府部门的共识和促进群众健康的必然要求，也推进了体育成为健康中国建设的重要组成部分。生命科学的发展从理论、机制和方法等角度，均证明了运动在提升身心健康、预防疾病、控制慢性疾病的进程和疾病康复中的重要作用，从而证明体育作为生活方式中最积极、最易主动实现的重要因素，是保障人们身心健康，使人们拥有充沛的体力、快乐的精神和享有高质量生活的保障。

　　与此同时，通过运动健身促进健康也具有一定的特殊性，需要一些专业的技能、技巧。信息时代，各种各样的传播方式虽然丰富了科普知识的传播途径、提高了传播速度，但权威性、科学性的运动健身知识却相对不足，如何引导大众科学运动、避免运动误区，传播正确的运动健身知识、理念和技能，与时俱进地将运动健身的新方法、新理念传递到千家万户，一直是运动科学领域专家努力的目标。

《十万个健康为什么丛书——运动的健康密码》作为"健康一生系列"其中一个分册，从运动促进健康的密码、科学运动的密码、减肥塑形的运动密码、疾病防控的运动密码、运动安全与防护的密码5个部分，本着科学准确、易理解、可操作的原则，以浅显易懂的语言，回答了运动健康的200个问题，以期能够使大众在运动健身中获益。

本书由王梅研究员、王正珍教授担任主编，来自国家体育总局体育科学研究所、北京体育大学、天津体育学院、武汉体育学院、南京体育学院、西安体育学院、北京师范大学、天津师范大学、北京大学第三医院、国家体育总局运动医学研究所、中山大学、北京医院等单位的运动人体科学、体质研究、运动医学、运动训练学、临床医学等领域的20位专家共同担任编委。希望通过科普传播的方式，为促进全人群健康、增进民生福祉、提高人民生活品质尽绵薄之力。

感谢陈君石院士欣然担任本分册"院士说健康"栏目的嘉宾！

由于编写时间仓促，本书同时汇集来自多家单位的专家共同创编，内容难免存在疏漏和不妥之处，恳切希望读者和同道们提出宝贵意见和建议。

王　梅　王正珍

2023 年 7 月

第一章 运动促进健康的密码

第二章　科学运动的密码

第三章　减肥塑形的运动密码

第四章 **疾病防控的运动密码**

第五章　运动安全与防护的密码

三　防损伤早康复的密码　407

第一章

运动促进健康的密码

运动促进
身体健康的密码

1. 为什么
经常运动的人**更健康**

很多人会认为，健康就是没有疾病，实际上健康主要包括 3 个方面，分别是身体健康、心理健康和良好的社会适应能力。而有规律的运动无论是对身体、心理的健康还是对社会适应能力都具有良好的提升作用。

健康

健康不仅为疾病或羸弱之消除，而系体格、精神与社会之完全健康状态。这是《世界卫生组织组织法》对健康的定义。该法案由 61 个国家代表于 1946 年 7 月 22 日签署，并于 1948 年 4 月 7 日生效。此后该法案虽经数次修改，但对于健康的定义从未改变。

健康术语

专家说

经常运动可以促进身体健康

经常运动可以全方位促进身体健康，主要包括提高心肺功能，增强肌肉力量和肌肉耐力，改善身体柔韧性，强健骨骼，维持身体合理的脂肪含量。此外，还可以促进身体的平衡性、灵敏性、协调性、爆发力和反应能力。

关键词

运动　身体健康　心理健康

经常运动可以促进心理健康

现代人由于生活和工作上的压力，往往处于焦虑、抑郁的状态中，而规律运动可以减轻心理压力，改善焦虑、抑郁等不良情绪。经常运动的人会更加积极乐观，而运动中经常遭遇的轻微挫折也会提升人的抗压能力。

经常运动可以促进社会适应能力

运动同时还有着一定的社交功能。比如和球友一起打球，和跑友一起跑步，和车友一起骑车……在这个过程中不但人们的身体素质得以提升，同时还可促进人们的社会交往，社会适应能力也得以提升。

经常运动可以改善睡眠状况

现代人经常要面对睡眠时间短、睡眠质量差等问题，而规律运动可以改善睡眠质量。规律运动可以促进人体更快地进入深睡眠状态，清醒后精力也会更加充沛。

经常运动可以提升自信

经常运动可以改善身体形态，良好的身体形态也是充满活力的象征。在规律运动的过程中，自律性和掌控感均会得到提升，这一点不仅体现在运动过程本身，还体现在日常生活的其他方面，如合理控制日常饮食，保持更有规律的作息，戒烟、限酒，以及过更有节制的生活。

规律运动还可以延长健康寿命

比单纯寻求长寿更重要的是延长有质量的健康寿命。规律运动不仅可以延长寿命，还可以形成从器官到细胞，乃至基因表达等一系列的改善，延缓机体衰老，延长寿命。

（王 梅 徐 凯）

2. 为什么经常运动的人
心脏更强大

经常运动可以促进心脏健康，主要表现为心脏体积增大，心肌收缩力增强，心脏效能更高，促进心率适当减慢，血压适当降低，发生心脏疾病的风险也得以减少。

健康术语

每搏输出量

每搏输出量为心脏每搏动一次，从一侧心室射出的血量。可以简单地理解为心脏每跳动一次，从心脏射出的血量。普通人在安静状态下，每搏输出量为60~80毫升。而经常运动的人每搏输出量明显增大。

有氧运动可以增大心脏体积

在进行有氧运动时，人体血液循环加速，更多富含氧气的血液被运输到肌肉，同时回流到心脏的血液量也相应增加，导致心脏被血液"撑大"。如同拉长的橡皮筋会产生更大的回缩力，被撑大的心脏会产生更大的收缩力，由此导致每次心脏跳动时射血量也有所增加。

力量训练可以增加心肌厚度

运动不仅可以促进心脏的体积增加，同时也会促进心肌厚度增厚，这点在力量训练时会更加明显。在进行力量训练时，为对抗负荷，肌肉收缩增强，同时肌肉收缩会导致血管受到一定程度的压迫，此时心脏为了将血液输入血管，会更多地对抗肌肉压迫血管所产生的阻力。长此以往，心肌得到锻炼，导致心肌变得更厚、更有力。从表面上看，力量训练是强健骨骼肌肉的，但是这种练习的效果是可以"传递"到心脏的。

运动增强心脏功能

运动对心脏功能的增强还表现在微观层面，例如运动会促进心脏的线粒体、代谢酶、心肌蛋白、心肌基因表达等功能的完善，从而使心脏更好地收缩和舒张。

普通人和经常运动的人在心脏射血上的差异

人群	每搏输出量 /mL	心率 / 次·分钟$^{-1}$	每分钟心输出量 /mL
普通人	70	80	5 600
经常运动的人	100	56	5 600

经常运动不仅会使心脏更强大，同时心功能也会得到改善。经常运动的人心脏迷走神经功能会更强，表现为心脏可以更稳定地工作，同时发生高血压的可能性也会降低。经常运动还可以消耗多余脂肪，减少动脉硬化、心肌梗死等心血管疾病的发生。

（王 梅 徐 凯）

3. 为什么经常运动的人
不容易气喘吁吁

完成同样的运动，有些人只是有轻微的呼吸加快，而有些人则会累得"上气不接下气"。这种情况，除了和心功能有关外，还和肺功能密切相关。经常规律运动的人，拥有更好的肺功能，在运动时的呼吸也能更加平稳。

专家说

经常运动可以提高呼吸肌的功能

维持呼吸的肌肉主要包括肋间外肌、胸锁乳突肌、斜角肌和膈肌等。在运动时，需要的氧气量增加，促使呼吸肌更快、更大幅度地收缩，在此过程中呼吸肌的力量和耐力得到了锻炼，其功能得以加强。

经常运动可以提高肺组织的弹性

经常运动，肺组织的弹性会得到加强，肺通透性增强，功能提高。因此，在呼吸时可以更快、更多地吸入氧气和呼出二氧化碳。如果肺组织的弹性很差，即便有基本正常的肺活量，也不能较快地完成呼吸运动。

经常运动可以提高呼吸的深度

在呼吸时不是所有吸进来的气体都可以被充分利用，有部分（约 150 毫升）会残留在呼吸通道中无法进入血液被人体利用。这意味着如果呼吸深度越深，则这部分"浪费"的气体所占的比例就会越小，呼吸的效率也会越高。经常运动可以促进呼吸深度的提高，从而提高呼吸效率。

健康术语

肺活量

肺活量为最大深吸气后再做最大呼气，所呼出的气量，是评价呼吸功能最主要的指标。成年男性约 3 500 毫升，女性约 2 500 毫升，运动员则通常在 5 000 毫升以上。

提高肺功能的运动项目

游泳和划船是能提高肺功能的典型运动。游泳时，呼吸肌在完成呼吸动作时，需要额外对抗水压，因此呼吸肌会得到更充分的锻炼。而划船时的划桨动作对呼吸肌是强有力的训练。除此以外，跑步、骑车等常见的有氧运动对于提升肺功能也具有很好的作用。

（徐 凯 王 梅）

4. 为什么经常运动的人
不容易生病

经常运动可以促进免疫系统的功能完善，促进免疫力的提升。简单来说就是不容易生病，即便生病也会更快痊愈。

健康术语

免疫力

免疫力指机体抵抗疾病侵袭的能力，是身体内部的一种保护机制。免疫系统由一系列细胞、器官和分子组成，可以识别、攻击和清除入侵的病原体，如病毒、细菌、真菌、寄生虫等，在感染或疾病出现时迅速反应，加速病情的消除和机体的修复。

经常运动可以促进免疫细胞产生

经常运动可以刺激身体产生更多的免疫细胞从而增强免疫力。规律运动还可以增强免疫细胞活性，提高对病原体的识别和攻击能力。

经常运动可以促进细胞因子的生成和释放

提高免疫细胞对细胞因子的识别度，从而使免疫细胞之间能更好地协同作战，增强免疫系统的整体功能。

经常运动可以调节炎症反应

经常运动可以调节体内炎性因子水平和产生适度的炎症反应，一方面能提高机体的抵抗力，另一方面也可避免过度免疫反应。因此，经常运动对炎症反应是一种有效的双向调节。

为什么有些人在大强度运动后反而更容易生病

经常运动通常可以提升免疫力，但是在一次长时间高强度运动后的几小时到数天时间内，身体的免疫系统确实有出现下降的可能性，这种现象被称为"免疫空窗"。这主要是因为剧烈运动导致肌肉出现轻微损伤和炎性反应，同时体内存贮的营养被快速大量消耗，也延长了身体损伤的修复和再生。不过对于普通人的日常运动强度，一般还不足以形成"免疫空窗"，但要是刚参加完一场马拉松比赛，则需要特别注意赛后的休息和营养补充，避免出现"免疫空窗"。

（徐 凯 王 梅）

5. 为什么经常运动的人拥有更**强健**的**骨骼和肌肉**

关键词

骨骼　肌肉

经常运动的人通常会拥有更发达的肌肉和更强健的骨骼，因为经常运动可以促进肌肉发育，促进骨骼生长和骨密度增加，使人拥有更强大的骨骼肌肉系统。

专家说

经常运动可以更好地刺激骨骼生长发育

在运动时，骨骼会承受较大的压力和冲击力，这些刺激可以激活骨细胞增殖和分化，特别是儿童青少年时期的骺软骨，促进骨组织的生成和维持，从而增加骨骼的强度和密度，使骨骼更加坚固耐用。

经常运动可以更好地刺激肌肉生长发育

与骨骼生长类似，肌肉发育也需要刺激。在进行运动时，肌肉组织会被拉伸和发生轻微的损伤。但是不用担心，这些微小的损伤反而会促进一系列生物化学反应的发生，其中就包括肌肉蛋白质的分解和合成。在此过程中肌肉组织逐渐适应负荷，变得更为强健有力。

经常运动可以供应骨骼肌肉更充足的营养

骨骼和肌肉的生长需要大量的营养素，如肌肉生长需要大量的优质蛋白质，维持骨健康则需要充足的

钙质。如果单纯依靠改善饮食来增加营养的摄入量，机体并不能充分吸收利用其中的营养素。如果同时辅以适量运动，机体对营养素的消化利用率则会加强，有助于骨骼和肌肉的生长。

骨骼和肌肉的健康协同作用

肌肉附着在骨骼上，两者对于健康共同发挥着作用。强健的骨骼为肌肉提供支撑，肌肉则通过收缩和舒张协助骨骼完成运动。

强健的肌肉一方面会对骨骼产生一定的压力刺激，促使骨骼更好地吸收钙质。另一方面，强健的肌肉也可以分担骨骼承受的过多负荷，减少骨骼的磨损。同时发达而均衡的肌肉可以提高身体的平衡能力，减少跌倒的风险，从另一个角度保护了骨骼的健康。

健康加油站

经常运动对老年女性的骨骼和肌肉健康尤为重要

骨质疏松症是老年人面临的重要健康问题，特别是对于老年女性。主要是因为老年女性雌激素分泌减少，而雌激素对于女性钙的吸收是重要的保护因素。运动可以促进女性雌激素的分泌，促进骨的合成，帮助骨细胞的生长，增强骨密度，降低老年女性骨质疏松症的发生风险。所以在日常运动中，提升肌肉力量的训练对于老年朋友，特别是老年女性尤为重要。

（徐　凯　孙　飙）

6. 为什么经常运动的人
感觉和**神经**功能更好

关键词

我们常会有这样一种认知：运动员的反应会特别快。这其实与其进行规律运动是分不开的，经常运动的人确实会有更敏锐的感觉功能和更完备的神经功能。

专家说

经常运动可以提高感觉器官的功能

经常运动可以提高感觉的敏感度，更快速地捕捉到外界信息变化。例如一个高速运动的乒乓球，在乒乓球运动员眼中就比在普通人眼中"感觉"更慢一些。

经常运动还可以提高感觉的准确性。例如同样一个篮球，篮球运动员就比普通人能更准确地感觉到篮球是否充满了气。

经常运动还可以促进感觉器官的发育、成熟和延缓衰老。例如经常进行户外活动的儿童青少年更不容易近视；经常进行户外活动的老人也更不容易患上青光眼及白内障。

经常运动可以促进外周神经的功能

人体在运动时，需要感觉系统、运动系统和中枢神经系统高

感觉功能　神经功能

度协调配合，这一过程有赖于外周神经传递信号的功能。而长期运动，可以提高神经传导的速度，以及信号传递的准确性。

经常运动还可以加强神经元与神经元之间的联系，促进神经的发育和改善。

经常运动还可以促进血液循环，更多的氧气和养料也会被带到神经系统，为神经系统提供支持。例如缺乏运动的人的神经系统，就像村与村之间的乡间小路；经常运动的人的神经系统则像是城市和城市之间建立的发达的高速公路网。

经常运动有助于提高迷走神经功能

迷走神经的一个重要功能是控制血压和心率。经常运动会促进人体在安静时迷走神经更好地工作，维持更稳定的血压和心率，减少高血压发生的可能。良好的迷走神经功能还可以减轻身体和心理的过度应激，使身心处于相对平衡和放松的状态，减缓焦虑和抑郁情绪的发生。规律运动不但对感觉和外周神经有益，对中枢神经系统同样有着不可忽视的作用。

健康术语

神经系统
神经系统包括中枢神经系统和外周神经系统。中枢神经系统主要包括大脑、小脑和脊髓。外周神经系统主要包括躯体神经系统（包括感觉神经和运动神经）和内脏神经系统（包括交感神经和迷走神经）。

（王　梅　徐　凯）

7. 为什么经常运动的人有更好的**性功能**

经常运动无论对男性还是女性的生殖系统都有健康效益，这对于不孕不育持续高发的当代社会有格外重要的意义。

专家说

经常运动对女性生殖系统的益处

大量女性会受到经前期综合征的困扰，主要表现为月经到来的前几天出现情绪波动，这可能与雌性激素分泌的剧烈变化有关。而经常运动可以帮助调节激素分泌，缓解经前期综合征。

经常运动还可以调节月经周期，使月经周期更加稳定，同时可以在一定程度上减缓痛经的发生。由于经常运动对内分泌的调节，还可以减少某些女性恶性肿瘤的发生，如经常运动可以降低约 20% 的卵巢癌和乳腺癌的发病率。

对于怀孕的女性，经常运动还可以减少妊娠高血压、妊娠糖尿病的发生率。运动可以强健肌肉，良好的肌肉力量在分娩时在一定程度上可以辅助子宫收缩，有助于更顺利地分娩。

关键词

生殖系统　性功能

经常运动对男性生殖系统的益处

经常运动可以改善男性阴茎的血液循环，从而使阴茎获得更充足的血流，这有助于改善勃起功能，减少勃起功能障碍（俗称"阳痿"）的发生。经常运动还可以增强阴囊对温度的调节能力，避免高温对精子造成的伤害，从而提高精子质量。

经常运动可以减少由于久坐造成的前列腺肥大的问题。良好的前列腺功能对于提高精液质量，提高射精能力均有帮助。经常运动同样可以减少男性某些恶性肿瘤的发病率，这就包括与生殖系统相关的前列腺癌和睾丸癌。

经常运动可以促进雄性激素分泌（如睾酮），同时更好地调节其他与生殖能力相关的激素，促进生殖系统健康。

经常运动对男性和女性的共同益处

无论对于男性还是女性，运动都可以改善整体健康。例如促进血液循环，减少肥胖的发生，这些对于生殖系统的健康都具有积极影响。

运动还可以使人们拥有更健康的外貌、更积极的情绪，减少焦虑、减缓压力，这些也有助于更好地增加性吸引力，改善性功能。

另外，和伴侣一起运动，还可以增加交流、促进情感沟通，这些无疑有助于提高生活质量，当然也包括性生活质量。

（孙　飙　徐　凯）

二

运动促进
心理健康的密码

8. 为什么运动
能让人**更快乐**

激素是人体各个腺体产生的化学物质，它们在血液中传播，充当使者，并在体内发挥作用。其中，多巴胺类激素重要功能之一是帮助调节情绪，它们有助于促进积极的感觉，包括幸福和快乐。运动能促使人体释放更多快乐激素，并增强自信。

专家说

运动可产生"体育锻炼的短期情绪效应"

美国心理学家研究发现，人们在运动后，原本焦虑、抑郁的情绪可得到显著缓解，愉快程度会显著提高，这种现象被称为"体育锻炼的短期情绪效应"。

运动可促进内啡肽的分泌

内啡肽被称为"快乐激素"，它能让人感到欢愉和满足，并帮助人排遣压力和不快。除了缓解压力和负面情绪，内啡肽还具有调节体温、调节心血管和呼吸系统功能、提高免疫力的作用。

运动可促进内源性大麻素分泌

最新研究发现，运动可使体内的内源性大麻素水平增加，其作用是维持大脑和身体的平衡，也就是内环境的稳定。这种体内激素的自然化提升能更好地解释运动对大脑和身体的一些有益影响。

运动可促进心理健康

体育锻炼作用不仅能够增强体质，提高身体机能，而且能对心理健康有一定促进。通过锻炼，人们能够对强迫、焦虑、抑郁等情绪进行控制。研究发现不同程度的体育锻炼会对心理健康产生不同影响。

运动可促进人际交往能力

运动总是在一定场景下进行的，人们相互发生交往和联系，是人与人或群体的互动方式。因此，参加体育锻炼能够给人们提供一种社交环境，满足个体的社交需求。

健康加油站

促进内啡肽分泌的运动建议

内啡肽的分泌需要一定的运动强度和运动时间。一般认为，中等偏上强度的运动，如跑步、登山、游泳、打羽毛球等，维持 30 分钟以上才能刺激体内内啡肽的分泌。

（孙　飙　甄志平）

9. 为什么运动
有助于**摆脱焦虑情绪**

关键词

焦虑 减压

通过运动来摆脱焦虑具有许多优势。运动的形式丰富多样，可以是个人活动也可以是群体活动，可以是无器械运动也可以通过使用工具进行运动，都有助于改善不良情绪。

专家说

运动刺激天然快乐激素的释放

运动对大脑功能的影响可能与人类进化过程有关，因为身体活动与生存有关，运动的人可能比久坐的人表现出生物学上的优势，运动可以摆脱焦虑情绪并缓解压力。

其主要机制可能与运动会刺激天然抗忧郁、焦虑激素的释放有关。通过对动物的研究表明，运动能增加 5- 羟色胺的释放；促进神经元表达因子，如脑源性神经营养因子、β内啡肽的释放，刺激下丘 - 脑垂体 - 肾上腺轴。这些变化能直接改变情绪状态或激活其他通路，如海马神经。这些改变可能是运动改善焦虑并影响心理健康的生理机制。

运动促进血液循环和新陈代谢

运动可以降低身体的应激反应，减少肌肉紧张。在运动时全身肌肉被调动，肺部收缩以吸收更多氧气供给机体，从而使供给

脑部的氧气量以及心脏的血液循环量增加，汗液又可将体内有害废物排出，从而起到振奋精神、改善循环的作用。

并且，运动可以促进社交活动，增加社交支持，这也有助于缓解焦虑。运动具有迁移作用，能使人暂时忘记工作、学习等压力，给了大脑放松的时间和机会。

健康加油站

运动量的标准

一般而言，每次运动持续 30 分钟以上、一周累计 5 小时，大概在两周后会有进一步缓解焦虑的效果。不同的运动方式都有助于缓解焦虑，包括跑步、游泳、瑜伽等，建议根据自身的体质和爱好尝试不同的运动，找到最适合自己的运动项目。

（王　梅　甄志平）

10. 为什么运动有助于**缓解抑郁**

抑郁是一种常见的精神障碍，表现为心境低落、思维迟缓、意志活动减退、认知功能损害等。抑郁影响工作、学习、生活和社交，严

重时会出现自杀观念及行为。运动是抗抑郁的良药，运动有助于海马神经元细胞的生长，改善神经连接，进而达到缓解抑郁的目的。

专家说

在大脑重组和补偿功能里，中枢神经系统起着重要的调节作用，运动干预被认为是刺激中枢神经系统的有效方式之一，运动可触发中枢神经系统感觉、运动、反射信号……

作为一种情绪调节形式，运动被认为是精神障碍患者治疗的重要组成部分。研究证实，运动可以提高重度抑郁症患者的幸福感和活力，而且运动可改善抑郁症患者的大脑结构，并激活大脑相关区域功能，促进行为适应，令海马体和白质体积的完整性得到保护并延缓认知能力的退化，最终促进抑郁症患者的大脑神经调节功能得到改善。

规律运动可以促进脑中突触标记蛋白高表达，具有改善突触形态和功能的作用。运动能增强神经细胞的可塑性，对大脑皮层突触功能有正向促进作用。

运动常被用作抑郁症的一种附加治疗方法，以缓冲与标准治疗相关的风险，例如减少药物带来的不良反应或填补抑郁症未开始标准治疗时的空缺时间。

总的来说，运动锻炼不仅可以提高一般人的认知能力，而且可以预防神经和精神类疾病或者延缓此类疾病发展。有氧运动、抗阻训练和身心运动是最常见的运动干预措施。

（甄志平）

11. 为什么运动
有助于**改善孤独**

孤独是一种主观自觉与他人或社会隔离与疏远的感觉和体验，常伴有寂寞、无助、郁闷等不良情绪反应和难耐的精神空落感。虽然轻微的、短暂的孤独不会导致心理与行为紊乱，但长期的或严重的孤独则可引发某些情绪障碍，降低人们的心理健康水平。运动可以从心理、生理和社会层面帮助人们克服和战胜孤独。

专家说

运动能够培养健全的人格

运动一般都具有疲劳、激烈、紧张、对抗及竞争性强等特点，可以满足多种多样的情感需求，不仅有助于建立自信心，提升自我效能感，还提供了一个主动和被动体验社交互动的良好平台。

足球、篮球、团体操等团队体育活动，可以加强人与人之间的联系，展示自我能力，提高社交技能，有助于减轻孤独感，增强亲和力和安全感，摆脱猜忌、不信任等心理障碍。

运动能够提高人际交往和社会适应能力

在参加各类体育活动时，通过相互沟通交流，合作竞争，可以促进人际交往。尤其是集体活动，每名

成员以共同的兴趣爱好为基础，协同互助，妥善处理交往过程中的矛盾，为实现团队共同目标而努力。在团队运动过程中，不仅可以接受来自他人的社交支持，同时也主动给予他人支持，与队友积极配合完成比赛。因此，体育运动可以促进和谐人际关系的发展，提高交际能力，帮助其更好地融入集体。

运动能够稳定情绪

运动除了可以强身健体，还可以帮助机体释放一定压力，改变身体的不适感，促进分泌多种神经递质，进而帮助消除焦虑情绪，使运动者产生一种愉悦的运动快感。

美国加利福尼亚大学的研究人员指出，经常参加体育锻炼，能松弛紧张的神经，产生良好的心理感受，改善自我评价，消除低落情绪，从而利于展示自我，能使人主动进行社交互动，是防治心理疾病的重要方法。

健康加油站

有氧运动或抗阻训练可以改善孤独。例如持轻器械的、与人互动的、具有有氧特征的、伴随音乐的、具有一定竞争性的隔网对抗或同场竞技项目能够很好地缓解孤独感，改善生活质量。球类运动、挥拍类运动、操舞运动、中华传统养生功法都是优选的排遣孤独的运动项目。

（甄志平）

12. 为什么运动能促进青少年**人际交往能力**

关键词

体育锻炼 人际交往能力

人际交往能力是指个体具有交际意图，能够积极参与交际，并表现出有效、恰当的交际行为，使自己与他人的关系处于和谐状态的能力。

青少年时期是个体学习和成长的重要时期，人际交往问题广泛存在，且往往会贯穿整个青春期甚至延续到成年时期。良好的人际交往能力不仅能体现其心理健康状况，也是他们今后步入社会的重要技能。

然而，有研究结果表明，我国青少年在情绪调节、人际交往和环境适应方面存在一些问题，且情况不容乐观。体育锻炼作为青少年课内外文化活动的重要组成部分，富有激情、项目选择性较多，对其身心健康发展，尤其是合作能力、人际交往能力等具有较好的效果。

专家说

运动可促进青少年人际交往动力

在体育锻炼中，青少年可以结合自身兴趣选择活动内容，活动的组织形式自由、灵活、不拘一格。在这一过程中，青少年不仅能充分发挥一个人的自主性，而且在过程中通过非语言交流表达自己对他人的真诚，拉近彼此间的距离，无形中提升了人际交往能力。在锻炼过程中，青少年可以结识各种各样志同道合的朋友，进一步增进人与人之间的接触，从而培养个体的交往能力。

运动可促进青少年人际交往能力

体育锻炼是一项有计划、有规律，以发展身体、增进健康为目的的体育活动，在参与团体运动时，可通过获取同伴的手势、眼神等非语言沟通，从而对周围环境有充分的认识，实现群体目标，缩小群体中人与人之间的心理距离，同时增强个体的自我效能感和自信心，这都有利于人际交往能力的提高。

健康加油站

人际交往能力与个体心理健康密切相关，在群体工作中，具有良好的人际沟通能力，不仅能提高群体的凝聚力和工作效率，还能有效促进个体行为。

（甄志平）

13. 为什么运动能够改善孤独症谱系障碍

孤独症谱系障碍（autism spectrum disorders，ASD），是一类常见的、高度遗传且异质性的神经发育障碍疾病，具有潜在的认知受损特征，且常与其他疾病伴生。2023 年 3 月，美国疾病控制与预防中心发布发病率和死亡率周报显示，每 36 名 8 岁儿童中就有 1 名

被确认患有 ASD。ASD 发病率呈显著增长趋势，已成为影响儿童健康的重大公共卫生问题。

专家说

运动促进神经可塑性，在改善社会交往、提高执行功能、注意力、记忆力等领域的作用日益凸显。因其低成本、易开展、副作用小、便于融入教育干预体系等优势，广泛应用于儿童青少年体脑疾病的教育、干预和康复治疗领域，成为 ASD 非药物干预的首选方法之一。运动结合丰富环境中的多元感官刺激与体力活动中的运动感觉刺激，是促进神经发育可塑性的关键教育渠道和信息媒介。

健康加油站

ASD 患儿运动治疗方法

1. 以社会交往为核心的运动教育　ASD 患儿的核心障碍是社交障碍，社交动机和技能是早期干预治疗的核心。而运动是患儿融入社会的有效载体。

2. 以行为干预为核心的运动疗法　运动行为疗法即以行为主义理论为指导，针对患儿基本生存和学习技能采用正性强化、负性强化、消退、渐隐等技术，达到促进良好行为、适应性行为，减少和消除不良行为和非适应性行为。

3. 以生活技能为核心的结构化教育　对 ASD 患儿采用基于家庭和正常生活状态的自然养育、生活起居、户外运动、室内游戏等，安排有序的生活，建立每日生活常规，寓教于乐。

4. 以动作技能为重点的应用行为分析法　在经典的结构化教育，如人际关系发展干预、地板时光、早期介入丹佛模式中，都突出动作技能对儿童社交干预的媒介作用，通过促进基本动作发展以调控儿童社交能力、改善情绪。

（王　梅　甄志平）

≡

运动促进
脑健康的密码

14. 为什么运动能够**健脑**

关键词

大脑 记忆力 专注力

大脑有上百亿个神经细胞，成年后神经细胞数量会以每天 1 万个的速度衰减，从而影响大脑功能。运动对人体具有全身性的健康效应，不仅可以预防疾病，也可以锻炼大脑，让你变得更聪明，做事更有效率。

专家说

运动可以提升记忆力

运动会促使身体释放神经素营养因子，有助于脑细胞的沟通，生成更多神经元和血管，增加大脑的运行速度。跑步、骑行、瑜伽等有氧运动，可以刺激大脑的海马体，增加血液中血红蛋白的含量，从而提升记忆力。

运动可以改善注意力

球类运动或团队运动会促使参与者的注意力集中，如足球项目对身体的判断力和动作的精准度都提出了更高要求，随着反复不断的练习和运动中的配合度训练，使人们在参与运动的过程中全神贯注，长此以往注意力会得到锻炼，学习和工作效率也随之提高，并在长时间学习或工作中不疲劳。

运动可以击退抑郁和焦虑

抑郁、焦虑等不良情绪会减弱大脑处理信息的能力，使人情绪痛苦，运动分泌的内啡肽是"天然止痛药"，也是快乐激素，

使人积极向上，甚至可以影响周围的人，这是运动改变负面情绪的原因。

运动可以提高学习成绩

早起运动后，学生的注意力和专注力更强，再进行文化课学习可以提高学生的阅读能力、理解能力。经常参加运动的学生比不参加运动的学生有更好的学业表现，这是因为运动时身体会产生多巴胺、5-羟色胺和肾上腺素，这些神经传导会提高学生的心肺功能，促进血液循环和新陈代谢，增加大脑的氧供应量，使学生变得更有活力。

（王　梅　甄志平）

15. 为什么运动
能够防治大脑衰老

大脑衰老是人体随年龄增长而出现大脑结构和功能等方面的退行性变化。大脑的衰老使人的反应能力下降，影响精确协调和复杂动作的质量，注意力时间缩短，执行多任务困难，学习新知识的能力下降。运动健脑的作用不容忽视。

运动可以减缓大脑衰老

随着年龄的增长，很多人会出现记忆力下降、嗅觉和听力减退、身体平衡困难等问题，这些都是大脑衰老的表现，严重者会在老年时患上阿尔茨海默病，也就是老年痴呆症。

大脑是人体较早开始衰老的器官之一，所以抗衰老要从年轻时开始。研究表明，经常运动可以将患阿尔茨海默病的风险降低50%，且运动还可以减缓已经开始出现认知问题的人们病情进一步恶化。与不常运动的人群相比，运动人士肌肉含量和力量没有随衰老而丢失，身体脂肪和胆固醇水平没有增加，并且免疫系统更强健。

运动减缓大脑衰老的机制

运动对海马体的影响最为明显，海马体是参与学习和记忆的脑区。持续12个月的有氧运动会使老年人脑源性神经营养因子水平升高、海马体体积增大，从而改善记忆力。与久坐人群相比，花更多时间进行中等强度或剧烈体育锻炼的人海马体体积更大。

有氧运动对大脑其他部位也有益处，包括前额叶皮层的发展，这一区域的增强与更敏锐的认知功能，包括规划、决策和多任务处理能力直接相关。这些能力与记忆一样，会随着人的衰老而衰退。

脑源性神经营养因子

健康术语

脑源性神经营养因子是脑中的一种蛋白质，由脑源性神经营养因子基因生成。其是神经营养因子中的一种，这种因子存在于人的神经系统中，主要影响神经元的生长、发育、分化和存活。

（甄志平）

16. 为什么经常运动有助于提升**专注力**

专注力是有意注意的高度表现，是个体通过情绪和行为的自我调控，来让自己主动并全心地投入既定目标的一种心理状态。儿童的年龄越大，专注力的时间会越长久。

专家说 **运动可以提升儿童青少年的专注力**

有研究显示，对初一和高一年级学生进行为期 18 周的中等强度的运动教学干预，能够有效改善和提高学生的注意力，并且初中组的提高幅度更好。对五年级学生进行为期 14 周的武术教学后发现，儿童注意力水平得到有效改善，调控能力协同积极情绪都产生了

明显的提升。对高中学生进行为期 3 个月的乒乓球运动教学后发现，乒乓球运动对提高中学生的专注力有显著促进作用。

多运动的儿童青少年专注力更强，运动能改善儿童青少年注意力和专注度，主要表现在活泼好动的儿童青少年在识别视觉刺激方面比不爱运动的要快得多，注意力也更加集中。

运动多的儿童青少年能够为一项任务配置更多的认知资源，并保持很长一段时间。同时有充足运动量的儿童青少年，在课堂上不仅更专注，而且很少有失控行为。且参与运动的儿童青少年能更好地分配注意力资源，不易受噪声等因素的影响。

任务获得是运动提升专注力的关键

专注力是指专注于一项任务并忽略干扰的能力，主要表现为两个方面：一是长时间专注于某些信息的能力；二是在复杂层次上进行思考和决策的能力。在运动过程中，重复多次完成动作并达到目标任务的效果是锻炼注意力的关键过程。另外，由于某些心理机制，例如运动后感觉更机敏和心情更好，以及运动后大脑各部分区域的血流量贯通及变化都是运动提升注意力的关键。

（甄志平）

17. 为什么经常运动的人
睡眠更好

关键词

快节奏的生活，使得失眠症、睡眠呼吸暂停综合征、睡眠节律障碍等睡眠问题高发。经常参加有氧运动，有利于保持平和的心态，缓解压力，从而提高睡眠质量。运动还可以锻炼肌肉、增强体质、促进大脑分泌出抑制兴奋的物质，促进深度睡眠、缓解疲劳。

专家说

运动可以延长深度睡眠时间

睡眠问题已经成为严峻的公共卫生问题。调查发现，我国学龄儿童在工作日睡眠不足的发生率为71.4%，近50%的老年人存在慢性睡眠障碍。运动可以延长人们的睡眠时间是因为运动会造成身体疲惫，大脑对于身体疲惫的自我反应是增加深度睡眠的时间。

运动可以降低阻塞性睡眠呼吸暂停的患病率

阻塞性睡眠呼吸暂停是指由阻塞原因导致的睡眠状态下反复出现呼吸暂停或低通气引起低氧血症、高碳酸血症、睡眠中断等。60%的中度至重度的阻塞性睡眠呼吸暂停病例与肥胖有关。运动能间接改善睡眠质量，因为运动可以降低肥胖患病率，这使阻塞性睡眠呼吸暂停的患病风险降低。

关键词：睡眠障碍　深度睡眠

运动可以增加抗忧郁递质释放，改善睡眠质量

压力和焦虑是失眠的重要原因，运动会刺激天然抗忧郁神经递质脑内啡肽的释放，调节情绪、缓解压力，运动有利于促进血液循环，提高大脑的供氧量，这些都会间接提高睡眠质量。

运动可以调节体温，改善睡眠质量

运动可引起躯体温度的相对升高，人体通过外周散热机制来降低体温，使人们在睡眠过程中血管扩张减少，拥有更适宜的温度与血流量，从而缩短睡眠潜伏期，增加深睡眠。

健康加油站

每周进行大约 150 分钟的有氧运动，能够起到较好的安神助眠效果。抗阻训练能有效缩短受试者入睡期的时长，使受试者进入睡眠状态的时间缩短，加快个体进入深度睡眠的速度，在晚间睡眠阶段，身体机能得到充分恢复。因此，在运动形式的选取上，有氧运动与抗阻训练均能够作为改善睡眠质量的手段，应用于普通健康人群以及睡眠障碍患者中，一般将运动强度控制在中等强度为宜。

（甄志平）

18. 为什么经常运动
有助于**缓解脑疲劳**

关键词

脑疲劳　抑制控制

　　人们在经过高强度或持久的脑力劳动后，经常会出现脑疲劳，表现为记忆力下降、不想运动、精神差。调查显示在我国青少年群体中，至少有 50% 的人存在不同程度的脑疲劳，这种现象有逐步上升的趋势，应引起广大家长与教师的高度重视。

专家说

脑疲劳产生的原因

　　脑疲劳的产生有 3 个原因：一是用脑过度，久而久之，大脑容易疲劳，恢复十分缓慢；二是身体状况不佳，疾病影响了脑功能的正常发挥，如颈部血流不畅，造成营养物质的输送困难；三是由于社会竞争日趋激烈，知识经济时代强调体脑结合，或者面对严峻的升学与求职形势，被迫加大了大脑的工作强度，消耗过大而摄入不足导致脑疲劳。

脑疲劳的主要表现

　　脑疲劳主要表现为大脑血氧供应不足，使人出现头昏脑涨、记忆力下降、注意力难以集中、食欲缺乏、周身不适等症状。

缺乏运动会导致脑疲劳

缺乏运动会影响大脑功能。因为运动过少，可使血液在内脏器官懈怠，脑细胞得不到充足的氧气供应和血液供应，易出现疲劳。人们会感到大脑反应能力下降，工作效率降低。

运动会缓解脑疲劳

运动时，与肌肉有关的脑细胞处于兴奋状态，使大脑皮质管理思维的部分得到了休息，有利于缓解脑疲劳，运动还可以锻炼神经系统对疲劳的耐受能力和对外界环境的适应能力。

健康加油站

运动是一种积极性休息。适量运动可以抑制压力传导机制，缓解身体的应激反应，对大脑产生保护效应，是恢复脑疲劳的有效手段。其中，灵活多样的运动方式，使小胶质细胞更有效地发挥功能，抵消损害脑功能的神经炎症，以改善脑疲劳。

健康术语

抑制控制

抑制控制是日常生活中很重要的一项基础认知能力，是指个体在完成一个目标的过程中需要抑制正在进行中的或者有强烈倾向性的不恰当的反应。

（甄志平　王　梅）

四

运动增强
体质的密码

19. 为什么运动
能够**增强体质**

　　运动能够从各方面让体质得以提升与改善。在进行体育运动时，要坚持科学运动的原则，按照推荐运动量进行适度运动。规律且科学的运动可以有效提升身体形态、生理机能、身体素质、运动能力、心理发育和适应能力等。

专家说

运动促进全民体质

　　"发展体育运动，增强人民体质"是毛泽东主席在1952年提出的。运动促进体质，增强健康水平也是我国群众体育工作的根本任务。保持良好的体质，从小的方面说可以维持个人的健康状态，提高生活质量，让人们能够游刃有余地去应对和平衡工作、生活、休闲等。从大的方面说，广大人民群众良好的体质状态，是国家生产力和战斗力的保证，更是实现中华民族伟大复兴目标的必然要求。

运动对体质的影响

　　规律且科学的运动可以有效地从各个方面全面提升人体体质。从身体形态方面看，经常参加体育锻炼，可以更有效地让体脂率保持在正常范围，使体形匀称、体格健壮。从生理机能方面看，规律的体育运动对改善和增强心血管系统、呼吸系统功能都有着积极的影响。经常进行体育锻炼的人会有更好的身体素质和运动技能。体育锻炼还有助于促进人的心理健康，对改善抑郁与焦虑有显著效果。此外，经常参加体育锻炼能够有效防病、治病，提高学习和工作效率，对自然与社会的适应能力会更强。

促进体质的科学运动原则

1. 安全性　尽量避免运动者发生运动伤害，做好运动前的准备活动和运动后的整理放松。

2. 全面发展　要选择全身主要肌群参与的运动项目，使身体各部位都参与，使各器官和系统功能普遍得到提高。既要提高心肺功能和免疫力，又要提高肌肉力量、柔韧性等身体素质。

3. 循序渐进　要科学地、逐步地增加体育活动时间和运动强度，使身体机能和运动能力不断提高，以取得最佳运动效果。

4. 个性化　要根据每个人的遗传特征、体质状况、运动习惯和锻炼目的，在完成必要的医学检查和运动能力测试的基础上，选择适宜的运动方式和运动起始强度，使运动健身方案更科学有效。

健
康
加
油
站

　　不同的运动方式对体质的影响也有所不同，如长时间进行有氧运动能够提高心肺功能，各种力量训练能够增强肌肉力量，牵拉练习能够提高柔韧性，球类运动能够全面提升体能，提高速度、灵敏性、协调性及反应能力等。建议运动者结合实际需求和情况合理安排。

在工作繁忙、时间紧张的情况下，也强调"动则有益、多动更好、适度量力、贵在坚持"的 16 字原则。

（范超群）

20. 为什么说
体质好的人更健康

人们常说："一个人体质好，免疫力强，就不容易生病。"那么，为什么体质好的人，不容易生病，更健康呢？优秀的体质水平是通向健康的重要保障。

健康术语

体质

体质即人体的质量，是在遗传性和获得性的基础上表现出来的人体形态结构、生理机能和心理素质的综合的、相对稳定的特征。

体质包含身体的发育水平、身体的功能水平、身体的素质及运动能力水平、心理的发育水平和适应能力五大范畴。

专家说

体质与健康的关系

体质是人体质量的外在表现，也是机体完成日常生活的能力和应对各种突发环境变化的应激能力。国民体质是和谐社会发展的基础。

体质是生命活动的最基本要素，也是健康的物质保障。我国《第五次国民体质监测公报》表明，成年人和老年人的体质水平越高，自我报告的患病率就越低。体质达到"合格"及以上的成年人和老年人与体质"不合格"的同龄人相比，自我报告患病率分别低5.0%和8.5%，这表明良好的体质为高水平的健康提供了基础和保障。

此外，该监测结果还显示，运动促进体质的作用明显，参加体育锻炼的人，身体机能、身体素质好于不参加体育锻炼的人，且锻炼频率、运动强度越高，体质越好。同时参加锻炼的人也表现出更加积极、健康的情绪和心理状态。由此可见，动员更多的人参与运动健身，是增强体质、提高健康水平的重要且有效的举措。

体质保障健康的具体表现

1. **身体形态方面**　体质好意味着身体发育良好，体格健壮，体形匀称。如体脂率处在正常水平意味着没有超重、肥胖，发生高血压、高脂血症等疾病的风险较低。

2. **生理机能方面**　体质好说明心血管系统、呼吸系统和运动系统功能良好，意味着发生心血管疾病的风险较低。

3. 身体素质方面 体质好说明人体的力量、速度、耐力、柔韧、平衡、灵敏协调等方面都处于较好的水平，有较强的身体活动能力，也就是能轻松自如地应对日常生活和工作中的体力劳动。同时具有较强的环境适应能力。

4. 心理健康方面 体质好说明心理发育健全，情绪乐观，意志力强，能够应对生活和工作中的各种心理压力，降低抑郁或焦虑等心理疾病的发病风险。

5. 适应能力方面 体质好表明能更好地应对挑战和压力，更好地处理工作和生活中的变化，做到情绪平和稳定，不焦虑，思维敏捷，自信从容。

（范超群）

21. 为什么体质好的人
身体素质更好

身体素质是体质的一个重要组成成分，一般是指人体在运动和日常活动中，在中枢神经系统的调节下，各器官和系统功能的综合表现，如力量、速度、耐力、柔韧、平衡、灵敏及协调等机体能力。因此，体质水平高的人，身体素质各个方面都表现较好，行动力更强。

力量素质好的优势

力量是生命活动的物质基础之一，肢体的一切活动都是依靠肌肉收缩产生的力量来完成的。良好的力量素质意味着人体的肌肉含量较多，而更高的肌肉则能带来更高的基础代谢，较高的基础代谢则可以降低肥胖及肥胖引起的一系列疾病的发生。

速度素质好的优势

良好的速度素质代表着可以对外界的各种环境变化作出快速反应，同时身体能够快速完成各类动作，对各种突发情况有更良好的应对。此外，良好的速度素质也意味着神经系统对感受与运动的协调能力较强。

耐力素质好的优势

耐力素质的提高表现为更长时间地保持特定强度或动作质量，或在一定时间内承受更高强度的能力。良好的心肺耐力素质可以有效降低人体患心脑血管疾病的风险。同时，研究表明良好的心肺耐力水平可以显著延长寿命。

柔韧素质好的优势

柔韧素质较好的人在运动中可以更快地掌握运动技术，同时降低运动损伤发生的可能性。柔韧性也对肌肉保持弹性和增强爆发力有着显著作用。此外，在良好地维持身体姿势方面具有重要意义。

平衡素质好的优势

良好的平衡素质有利于提高运动器官的功能和前庭器官的

机能，改善中枢神经系统对肌肉组织与内脏器官的调节功能，保证身体活动的顺利进行，提高适应复杂环境的能力和自我保护的能力。尤其对于老年人来说，提高平衡素质可以显著降低跌倒风险，避免跌倒损伤的发生。

灵敏及协调素质好的优势

灵敏及协调素质指人体在各种突然变化的条件下，能够迅速、准确、协调、灵活地完成动作的能力，是人各种运动技能和身体素质在运动中的综合表现。随着灵敏及协调能力的提升，人体的平衡能力、反应能力等都会有所提升，有利于动作的学习和掌握，从而获得更好的运动表现。

（范超群）

22. 为什么**久坐少动**是**"健康杀手"**

在日常生活中，久坐少动已经成为一种全球公共卫生问题。随着社会发展和生活方式改变，人们长时间坐着办公，开车出行，使用手机或电脑，使人们的生活变为"活动更少、久坐更多"。有研究证明，久坐少动的静态生活行为有很大的健康隐患，是慢性疾病的独立危险因素。

专家说

久坐少动的危害

久坐少动会引发代谢类疾病，如冠心病、心绞痛、心肌梗死、高血压、肥胖症、糖尿病和高血脂等，引发运动功能性疾病，如颈椎病、椎间盘突出症等，严重的还会引发乳腺癌、前列腺癌、结肠癌等恶性疾病，以及引发抑郁症、社交恐惧症、认知能力下降等精神性疾病。研究表明，即使每天都进行运动也不能完全抵消连续数小时静坐带来的坏处。

在心血管疾病方面，有研究发现，与总静坐时间每天小于 9 小时的人相比，总静坐时间每天超过 11 小时的女性患心血管疾病的风险增加 62%。每多坐 1 小时，患心血管疾病的风险就增加 12%，心脏病发病风险增加 26%。坐姿保持 1 小时，血液集中在下肢，循环作用减弱，容易出现脑供血不足、缺氧、头晕、情绪低下、思维活力降低等情况，甚至是阿尔茨海默病的一个重要病因。

在肥胖风险方面，久坐少动行为会增加肥胖的发生率。长期久坐，会造成脂肪燃烧减少，体内胆固醇含量增加，增加心脑血管疾病的发生风险。

久坐少动，会造成血管中的钙化物堆积，可引起动脉硬化，每天多坐 1 小时，患冠状动脉硬化的风险升高 12%。

在心理健康方面，研究发现，青少年久坐、不运动会增加出现抑郁症的风险。

因此，在日常生活中尽量避免长时间的久坐少动，每隔 1 小时左右就起身适当活动一下，哪怕只是花 1~2 分钟进行走动，都可以对改善体质、预防疾病起到积极作用。

健康术语

久坐少动

在清醒状态下，坐位或卧位时，人体的所有能量消耗不超过 1.5 METs 的行为都被叫作"久坐少动"。世界卫生组织指出，身体活动不足是 21 世纪重大公共卫生问题之一。目前，全球约 6% 的死亡是由身体活动不足引起的，身体活动不足已经成为全球第四大死亡原因。

（范超群）

23. 为什么**身体活动**
可以促进人体健康

适当的身体活动能够促进人体健康，一定量的身体活动能够带来健康收益。除体育运动外，职业活动、家务活动、交通出行活动等一系列的活动都是身体活动，适当的身体活动有助于身体健康。

专家说

身体活动的构成

身体活动包括职业活动、家务活动、交通出行活动、闲暇时间的活动，如休闲娱乐以及体育运动等，其中体育运动作为重要组成部分，是有别于其他身体活动的。

身体活动的推荐量

身体活动强度用来描述进行身体活动时费力／用力的大小，可以用代谢当量（metabolic equivalent，MET），心率或者自我感知的疲劳程度来衡量。通常中等强度身体活动的 MET 值为 3~5.9，自觉疲劳程度或用力程度为"有些费力，或有些累、稍累"。换句话说，中等强度身体活动是指需要用一些力气，心跳、呼吸加快，但仍可以在活动时连贯讲话的活动。

对于 18~64 岁的成年人来说，建议每周进行 150~300 分钟中等强度或 75~150 分钟高强度有氧运动，或等量的中等强度和高强度有氧运动组合；对于 65 岁及以上老年人来说，上述的成年人推荐量同样适用于老年人；同时老年人应该坚持平衡能力、灵活性和柔韧性练习，从而降低发生跌倒的风险；如果身体不允许，每周进行 150 分钟中等强度有氧运动，应尽可能地增加各种力所能及的身体活动。

满足推荐量的身体活动对健康的效益

每日身体活动包括日常交通出行活动、家务活动、休闲活

动、体力工作等，都会有一定的健康益处，对单次身体活动时长并没有特殊要求，也就是说，只要动起来就比静坐少动的状态要更健康。

但是，日常的家务劳动和体力劳动并不能完全替代体育运动。体力劳动和家务活动，大多数是在重复相同的动作，容易引起局部肌肉负担过重，而且容易引起精神上的疲劳。

身体活动

身体活动是指任何由骨骼肌收缩引起的导致能量消耗的身体运动。

（范超群）

健康术语

体质测定标准　体质综合评价　锻炼效果

24. 为什么要用 **体质测定标准**来 衡量**运动健身的效果**

体质强健是人体状态的外在表现，运动是增强体质的最佳手段，反之体质水平的变化也体现了运动健身的效果。经过一段时间的运动锻炼，人的体质状况会有明显改善，例如有氧运动对心肺功能、抗阻训练对肌肉和骨骼的促进作用等，这些可以通过测量体质指标的变化进行衡量。衡量的"尺子"就是体质测量与评价标准。

专家说

依据体质测定结果制定运动健身计划

个人的体质水平如何，需要优先进行哪种运动，如何确定运动强度，这些需要通过体质测定来衡量；运动锻炼是否达到了预期效果，也需要通过体质测定结果来判断。因此，国内外有各种体质测量与评价标准，各国基于本国人群的数据制定相应的评价标准，评价结果是相对于本国人群而言，个人体质的相对水平，即处于优秀、良好、合格或者不及格的等级。

《国民体质测定标准》是评价体质状况的"尺子"

《国民体质测定标准》（以下简称"《标准》"）是基于国家国民体质监测的全国数据制定的中国人的体质测量与评价标准。《标准》按年龄、性别分组，选用身体形态、机能、素质的代表性，并通常与人体健康密切相关的指标，如身体成分（体重指数、体脂率），心肺耐力，力量和力量耐力，柔韧性，平衡能力，反应时等指标，每个单项指标的测量值均对应一个得分，根据各单项指标对总体体质水平的贡献对分数进行加权，再计算个人各单项指标总分，根据总分进行体质综合评价，分为优秀、良好、合格、不合格四个等级，总分及评级反映的是个人体质的综合情况。

《标准》就像一把尺子，可以客观衡量每个人的体质状况或者变化、可以进行个体间相互比较，也可以通过人群总体达到合

格或者其他等级的人数比例来说明群体（地区、国家）国民体质状况。在我国达到《标准》合格等级以上人数比例是健康中国和全民健身计划的重要考核指标。

此外，这类综合性的标准还有《国家学生体质健康标准》和《国家体育锻炼标准》等。

要对体质状况进行综合评价

人的体质就像一个车轮，每项指标就像支撑轮子的车条，均衡发展，不能有短板才能使轮子正常运转。因此，需要对体质进行综合评价，将人体的形态、机能和身体素质结合起来，体现体质的综合水平。

（王　梅）

五

运动促进
全人群健康的密码

25. 为什么运动会促进
儿童青少年**生长发育**

身体素质　生长发育

生长发育是青少年时期的主要特征，在这一时期，青少年不仅在身体外观（身体形态）上会发生量的变化，同时在身体内部（身体机能）也会发生质的改变。

专家说

运动可促进体格发育

规律的运动对人体的内分泌系统具有调节作用，在青春期时可使生长激素分泌更加旺盛，进而促进青少年的体格发育。

运动可促进大脑发育

经常运动可以使大脑的额叶、枕叶等得到良好的刺激，使大脑在结构和功能上得到不断完善。在结构上有利于复杂逻辑和思维能力的形成，在功能上促进记忆力和注意力的提升。

运动可提升身体素质

运动健身能够促进骨量的积累，增强骨密度，进而提升骨骼的承压能力；同时可使肌肉更加粗壮，肌肉的收缩力量和耐力明显增强，促进儿童青少年力量和耐力素质的提升。运动还能加强

关节周围的肌肉力量，有利于柔韧素质的提升。运动还能提高大脑处理信息的能力，反应速度加快，有利于提升速度、灵敏和协调素质。

运动可改善身体肥胖或消瘦问题

通过参加有氧运动可以有效消耗多余的能量，减少脂肪堆积，将体脂率控制在适宜范围内。进行适度的力量训练，可促进肌肉生长，增加瘦体重的比例，使身材更加匀称。

关键词

生长发育　身高

健康加油站

儿童青少年正处于身体的快速成长期，请注意运动强度和运动量都不宜过大，因为该时期的一些重要器官，包括心、肺等内脏器官都还在发育过程中，尚不能承受较大强度的运动。

（甄志平）

26. 为什么运动可以促进
儿童青少年长高

适宜的运动可使人体的生长激素加速分泌，生长激素能使骨两端的骺软骨受到刺激，促使骺软骨细胞分裂增速，软骨细胞不断地纵向

分裂、繁殖，促进软骨生长，生成新的软骨。软骨长出后，促进骺软骨不断增生和骨化，下肢骨骼不断增长，使身高不断增长。

专家说

运动带来的肌骨效应

在骨化过程中，经常锻炼可增加长骨的长度，还可以使骨内的骨松质排列更加整齐而有规律。同时，体育运动可使肌肉收缩更持久有力，提高拉伸能力，改善肌肉营养和代谢，有助于骨的生长。但是，过量的压力会导致不良效果。单杠悬垂、跳绳练习、起跳摸高等，均可以有效促进长高。

运动带来的生理效应

儿童青少年经常运动，可以促进体内生长激素的分泌，可以促进微循环，增加血管分布，促进糖、蛋白质、脂肪等能量物质更好地消化吸收，有利于骨质合成。体育运动可以改善人的情绪有利于内分泌腺的工作。有研究表明，持续 60 分钟中等强度的运动，生长激素的分泌量是安静时的两倍。

运动量的建议

建议多进行户外运动，户外运动能让孩子得到较长时间的阳光照射，促进体内维生素 D 的生成，有利于钙的吸收，也可促进身高增长。运动时最好保证孩子的心率达到 120~140 次 / 分钟，运动到出汗、发热、面色红润为宜。

促进长高的运动项目

1. **跳跃运动**　如跳绳、单双足跳起摸高、篮球等。打篮球时的跑、跳、投等动作对骨骼产生爆发性刺激，骨骼肌作用在骨骼上，产生纵向压力，对长骨的软骨细胞增殖具有显著作用，有利于身高发育。但要注意的是，跳跃动作的量不能过多，儿童骨骼的弹性好但坚固性不足，易在外力的作用下发生弯曲和变形，过量运动易使儿童骨骺提前骨化，造成骨向两端生长提前终止，从而影响身高发育。

2. **伸展运动**　伸展运动可以延展韧带和关节，能增加躯干肌肉和脊椎的柔韧性，也会促进长高。同时，拉伸可改善弯腰、驼背等不良状态，使人变得挺拔、匀称。

（甄志平）

27. 为什么运动可以促进儿童青少年**保持健康体态**

体态是指身体的姿势和形态，指在没有刻意控制的情况下，身体执行坐、站、走、跑等行为时的惯用姿态。不良体态会影响人体的呼

吸、消化、循环、神经等系统，以及人的活动能力。运动是维持健康体态、矫正不良体态的最有效的方法。

专家说

健康体态的要素

1. **姿势正确**　正确的体态应该是直立的、稳定的，保持头部、颈部、脊柱和骨盆的自然对齐。

2. **平衡稳定**　健康的体态应该具有良好的平衡能力，不易失去平衡或倾斜。

3. **肌肉协调**　主动肌、协同肌、拮抗肌协调工作，不应过于紧张或松弛。

4. **柔韧性**　健康的体态应该具有一定的柔韧性，肌肉和关节应该有适当的运动范围。

运动促进体态健康的原因

1. **强化核心肌肉**　核心肌肉包括腹部肌肉、背部肌肉和骨盆底肌肉等，通过锻炼这些肌肉可以增强身体的稳定性和平衡能力。

2. **提高姿势和姿态**　适当的运动可以帮助改善姿势和姿态问题，如圆肩、驼背等。通过加强相关肌肉群的锻炼，纠正不良姿势。

3. **增加柔韧性**　进行伸展运动可以增加肌肉和关节的柔韧性，有助于改善身体的灵活性和动作的流畅性。

4. 提升心肺功能　心肺健康对于体态健康也很重要。有氧运动可以提高心肺功能和代谢率，有助于维持适当体重和脂肪含量。

不良体态有哪些

1. 圆肩和驼背　前肩部过于内收，背部弯曲过度。

2. 膝外翻或膝内翻　膝关节向内或向外弯曲过度。

3. 前倾或后倾　身体过于前倾或后倾，可能由于肌肉不平衡或错误姿势造成。

4. 扁平足或高弓足　足弓过度平坦或过度凸起，可能导致步态异常或不稳定。

5. 脊柱侧弯　脊柱在水平面上出现侧向弯曲，通常称为"脊柱侧弯"或"脊柱侧凸"。

健康加油站

运动对于脊柱侧弯的管理和预防很重要。一些体育活动，如游泳、瑜伽、体操等，可以加强核心肌肉，改善身体的对称性和平衡性，有助于减轻脊柱侧弯的发展。此外，一些矫正训练和物理治疗也可以在医生或专业人士的指导下进行，以帮助纠正姿势和减轻脊柱侧弯的程度。

（孙　飙　甄志平）

28. 为什么运动能够
更好地**促进人格完善**

人格即个性，是指一个人所拥有的各种重要的与相对稳定的心理特征的总和，它是一个人整体精神面貌的体现。一般来说，人格由智慧、道德、意志三个因素构成，这三个因素互相依赖、相互制约，共同构成统一的人格特质。

专家说

运动有利于培养坚强的意志与拼搏精神

运动一个最主要的特点就是竞争性强，而竞争的本质是不断超越他人与超越自我。无论是参加比赛还是参加竞争性的游戏，都是为了最终取胜，从而更好地表现自我。而要达到超越他人的境地，就必须持之以恒地努力，要有不落于人后、开拓进取的拼搏意识和精神。

运动有利于培养团队协作精神与集体荣誉感

任何人都不可能离开社会而独立存在。经常参加足球、篮球、排球等集体运动项目，更能体会到团队配合的重要性，在训练与比赛中会不断强化集体战术配合，这对培养团队合作精神与集体荣誉感大有裨益。

运动有利于培养公正思维与平等意识

每项运动的顺利进行均是在公正、平等的原则下完成的，任何人都没有特权，尤其是在体育比赛中裁判的诞生其实就是为了保证运动的公正性。在公正与平等的氛围下从事运动，便能自然而然地培养公正与平等的思维意识，端正自己为人处世的心态。

运动有利于形成真善美的人生价值观

运动潜移默化地培养着参与者们的各种思想意识、塑造着性格、改变着气质以及在提高能力的同时，也深刻影响着其价值观的形成。在坚持与放弃、个人与集体、顺境与挫折、循规和投机的各种矛盾中，运动培养了参与者坦坦荡荡、光明磊落的主流价值观。

健康加油站

团体运动，如足球、篮球、排球等，能使个人具有外向型人格特质和宜人性人格特质，使个人具有更稳定的情绪和更理智的行为。有利于培养团队协作精神与集体荣誉感。

个人运动，如乒乓球、羽毛球、网球等，需要个人单打独斗，使其具有更强的独立性、竞争性与专注性，有利于培养坚强的意志与拼搏的精神。

（甄志平）

29. 为什么儿童青少年 经常参与体育运动 可**预防和改善近视**

关键词

近视 眼部肌肉

国家卫生健康委员会发布的数据显示，2020 年全国儿童青少年总体近视率为 52.7%，低龄化、进展快等已成为当下儿童青少年普遍的眼健康问题。长时间近距离用眼、缺乏户外活动是近视发生的主要原因，每天保证 1~2 小时的户外活动，能有效减缓近视。

专家说

运动有助于缓解眼部疲劳

在进行球类运动时，追踪运动物体有利于晶状体与瞳孔得到锻炼，维持眼睛功能；追踪高速运动的物体可以锻炼眼部肌肉，提高眼睛的反应能力。对于儿童青少年而言，体育运动可以提高注意力，改善睫状肌的弹性与活力，从而促进眼部疲劳的恢复。

运动有助于增强体质

儿童青少年正处于身体发育的关键阶段，很多因素都可能造成眼睛近视，而体质也是其中的一个重要因素。因为视觉器官与身体其他组织有着密切

关系，具有相互影响、相互作用的特征，所以提高儿童青少年体质，也是预防和改善近视眼及其他视力不良的有效措施之一。

运动能促进眼部营养物质的吸收

体育运动可以有效促进儿童青少年眼球内部的血液循环和供应，促进眼部营养物质的吸收。我们都知道营养物质对眼部发育的重要性，尤其是儿童青少年处于发育阶段，给予充足的营养物质是保证眼部组织正常发育的关键。此外，长时间用眼或近距离用眼导致眼部疲劳时，摄入足够的营养元素，可使眼部组织积累的自由基得到有效消除，进而加速眼部疲劳的缓解。

健康加油站

抖空竹或打乒乓球、羽毛球等运动有助于锻炼儿童青少年的眼部肌肉，促进眼部血液循环，消除眼部疲劳，从而有效预防和缓解近视。另外，多进行户外运动，多欣赏绿色植物都有助于眼睛的健康。

（甄志平）

30. 为什么运动有助于 儿童青少年**领导力**的养成

领导力的概念归纳起来主要有两种观点：一种观点认为领导力是一种单一的能力，即影响力；另一种观点认为领导力是由多种能力、素质构成的。领导力是领导者向追随者表达意愿并要求其服从、尊重、忠诚及合作的能力。

专家说　对于儿童青少年领导力的不同理解

1. 儿童青少年领导力是指处于领导地位或担任领导职务的儿童青少年已经具备的或需要掌握的一系列能力。

2. 儿童青少年领导力不仅包括其自身能力，而且包括引导他人或者促使他人合作实现共同目标或愿景的能力。

儿童青少年时期是领导力发展的最佳时期

儿童青少年时期是人生非常重要的一个时期。在这个时期，他们逐渐建立个性，并乐于尝试新事物，开始学习和掌握包括领导力在内的各种重要的生活技能。而且，儿童青少年领导力的发展对于其个体的成长和社会的发展都具有重要的意义。

对个体而言，儿童青少年阶段是由童年向成年过渡的转型期，青少年的身心开始迅速发展且波动很大，尤其表现在情绪、态度、行为、自我认识、人际关系和责任感等方面。领导力作为儿童青少年诸多能力的核心部分，对其他各方面能力或素质的形成和发展具有重要的影响。

体育活动和素质训练是促进领导力发展的有效途径

体育课和体育活动以其区别于文化课的广泛的身体活动参与性为特点，对儿童青少年各种能力的发展和社会化的促进起着推动性作用。如体育教育的直观性，能够促进儿童青少年认知能力的发展；体育教育的活动性，有助于儿童青少年心智能力的发展；体育教学组织的灵活性，能够增强儿童青少年的情绪体验；体育教学的团体性，能够启发儿童青少年的社会意识和责任感；体育教学内容的多样性，为促进儿童青少年的社会适应能力和人格特质发展提供了条件。

健康加油站

不论是篮球、足球、跑步、骑行还是游泳，无论是参与体育运动或是担任教练，都可以让参与者学会尊重对手，并认识到强与弱的差别，学会谋划制胜策略并更好地管理时间。

（甄志平）

31. 为什么经常运动
可以**延缓衰老**

人的衰老从根本上看，是由于细胞的修复、再生能力下降，自由基不能得到清除。经常运动的人看上去会更年轻、更有活力，特别是人到中年以后更为明显。这种改变多是由于运动带来身体内部的改善，有助于延缓衰老。

专家说

经常运动可以促进细胞的修复和再生

经常运动可以改善血液循环，更好地将氧气和营养物质运输到细胞，提供细胞修复和再生的物质基础。经常运动还可以促进干细胞的生成。干细胞是具有再生和分化潜能的特殊细胞，可以定向分化为需要修复的组织和器官，从而促进细胞的增殖和修复过程。经常运动还可以促进新陈代谢的提升，增强细胞的代谢，这包括蛋白质的合成、核酸的合成和其他维持生命重要分子物质的生成，从而有助于细胞修复和再生。

经常运动可以提高自由基的清除能力

过量的自由基会加速衰老的进程。在运动的过程中，一方面机体对氧气的消耗量增加可使自由基的生成增加，但与此同时，自由基的清除能力也会得到加强。适量运动会刺激机体产生抗氧化酶，抗氧化酶能够清除自由基，保护细胞免受氧化应激的损伤。运动还可以通过调节基因表达，提高抗氧化基因表达水平，减少自由基造成损伤。

经常运动可以提高端粒酶活性

端粒与衰老密切相关，经常运动可以调节基因表达和信号通路，促进端粒酶的产生和活动性的增强，使端粒酶可以更好地保护端粒，从而减缓端粒长度的缩短。细胞拥有更长的端粒，则意味着可以进行更多次数的分裂，从而延长细胞寿命。

健康术语

自由基

自由基是一类具有活性的分子或原子，它们在身体的正常代谢过程中产生。但是如果自由基产生过量或抗氧化防御系统功能不足时，会导致氧化应激的发生，这是一种引起细胞结构和功能损伤的化学反应。

（徐　凯）

32. 为什么经常运动可以提高老年人**生活自理能力**

随着年龄的增长和身体的衰老，很多在年轻时能够轻而易举完成的日常生活动作，在老年后会变得困难。不难想象一位老年人颤巍巍地

穿脱衣物、刷牙洗脸的画面，甚至这些日常活动常需要在他人的协助下才能完成，而规律运动则有助于提升老年人的日常生活自理能力。

强健的骨骼和肌肉有助于提升老年人生活自理能力

肌肉力量是完成所有身体动作的基础，随着年龄的增长，肌肉逐渐减少，对于很多老年人来说，肌肉减少会严重影响生活质量。和肌肉退化相伴随的，还有骨密度的降低。通过运动，特别是有计划的力量训练，可以有效减少肌肉质量的退化、强健骨骼，从而更好地完成日常生活中的动作和活动。

良好的柔韧性有助于提升老年人生活自理能力

穿脱衣物、刷牙洗脸这些看似简单的动作都与肩关节的柔韧性密不可分，日常步行、迈台阶等动作也与下肢柔韧性相关。通过运动可以改善关节的灵活性和活动范围。通过进行柔韧练习、瑜伽、太极等运动，可以减少关节僵硬和肌肉紧张，提高身体的柔韧性和运动能力，有助于进行日常生活中的抬肩、迈腿、弯腰、转身等动作。

良好的心肺功能有助于提升老年人生活自理能力

有氧运动对心血管系统非常有益。老年人可以选择散步、游泳、广场舞等有氧运动，这些运动可以提高或保持心肺功能，增强心脏和血管的健康，降低心血管疾病发生的风险。良好的心肺功能可以为机体提供足够的能量和氧气，帮助老年人更好地完成日常活动。

良好的认知能力和情绪有助于提升老年人生活自理能力

如果老年人的认知能力、反应能力出现下降，生活自理能力也将大幅度下降。而经常运动可促进大脑的血液循环，增加氧气和营养物质的供应，有助于改善反应能力、记忆力、注意力和思维能力，有助于认知功能的改善。

运动还可以促进身体内多巴胺、5-羟色胺等神经递质的释放，改善情绪状态，减轻焦虑和抑郁的症状。这些对于提升老年人的生活自理能力同样有着非常重要的作用。

〔孙　飙　徐　凯〕

33. 为什么经常运动可以预防和改善老年人常见**慢性疾病**

很多慢性疾病会严重影响老年人的生活质量，比如糖尿病、心血管疾病、骨关节疾病等，而经常运动有助于预防老年人常见的慢性疾病。

老年人　慢性疾病

专家说

经常运动有利于保持健康体重，避免肥胖问题

肥胖是多种慢性疾病的风险因素，包括 2 型糖尿病、心血管疾病和骨关节疾病等。通过运动可以增加能量消耗，提高基础代谢率，维持健康的体重。即便是每周散步 150 分钟，也可以消耗 400~500 千卡的热量，这相当于消耗了 60 克左右的脂肪。同时，运动有助于老年人保持肌肉和骨骼健康，避免低体重。

经常运动有助于降低心血管疾病发生风险

经常运动可以增强心肌收缩力，增加心输出量，减慢安静心率，提升心脏健康水平；运动还提高体内高密度脂蛋白胆固醇水平，同时降低低密度脂蛋白胆固醇和总胆固醇水平。运动还可以增强血管弹性，改善血管内膜功能，降低高血压和脑卒中的发生风险。

经常运动有助于控制血糖

运动时肌肉会消耗更多能量，可以促进葡萄糖的摄取和利用，降低血液中葡萄糖的含量。而且，这种效应会在运动结束后持续一段时间，有助于维持血糖水平的稳定。此外，运动还可以帮助降低糖尿病并发症的风险，如糖尿病导致的心血管疾病、肾脏疾病和神经病变。

经常运动有助于改善肺功能

经常运动可以增加呼吸肌力量，减少呼吸阻力，增强肺功能，控制老慢支等肺部疾病的发生。

经常运动有助于老年人预防常见的消化系统疾病

消化系统疾病常常困扰着老年人，如消化不良和便秘。经常运动有助于促进消化系统的正常运作，增加肠道蠕动，促进排便，有助于预防便秘的发生。同时，消化系统功能良好有助于吸收食物中的营养物质，避免营养不良导致的体重过低等问题。

（徐　凯）

34. 为什么经常运动有助于避免**老年人跌倒**

对于很多老年人来说，一旦跌倒很可能就是在经历所谓的"最后一次骨折"。在老年人中，骨折风险逐渐增加，尤其是与骨质疏松症相关的骨折。一旦老年人经历了一次骨折，特别是受伤部位发生在髋部、脊椎或桡骨，其骨折风险将显著增加，进一步影响其自理能力和生活质量，严重者甚至从此卧床不起，导致各种并发症的出现，乃至影响健康寿命。所以，对于老年人来说如何避免跌倒至关重要。

经常运动有助于增强肌肉力量

随着年龄的增长，老年人的肌肉力量逐渐减弱，尤其是下肢肌肉，这会导致肌肉不能很好地承担运动中的载荷。通过力量训练，如身体自重的力量训练，使用小哑铃、弹力带等小器械进行的抗阻训练等，可以有效增强肌肉力量。强健的下肢肌肉有助于支撑身体，提高机体的稳定性和平衡性，减少跌倒的风险。

经常运动有助于提高平衡能力

平衡能力的好坏主要取决于前庭感觉和视觉，老年人的这些感觉往往开始退化，容易因失去平衡而摔倒。通过进行平衡相关的运动训练，如单脚站立、安全环境下的倒退行走等，可以有效提高平衡感觉。同时，这些训练还可以提高本体感觉（一种判断身体姿态的内在感觉），使身体能够更加准确和及时地监测到姿态发生的变化，提升身体控制能力。这也有助于老年人在日常生活中保持稳定，降低跌倒的可能性。

经常运动有助于增加灵活性和机动性

老年人的关节活动范围可能受限，缺乏灵活性和机动性。通过进行伸展运动和灵活性训练，如瑜伽、太极等，可以增加关节的灵活性，改善身体的机动性，有助于老年人在完成行走、转身、躲避障碍物等动作时行动更加准确、敏捷和高效，减少跌倒的风险。

经常运动有助于预防骨质疏松症

经常运动特别是力量训练，有助于促进骨质形成和骨密度增加。通过给骨骼施加适度的压力和负荷，例如一定的抗阻训练、有

一定冲击性的跳跃运动等，可以激活骨细胞，增加骨密度。力量训练同时可以增加肌肉力量，强壮的肌肉对骨骼起到良好的支持和保护作用。这样即便在老年人发生跌倒后，也可以减少骨折的发生。

（徐　凯）

35. 为什么运动有助于更好地**孕育生命**

在准备孕育一个生命之前，科学适宜的运动可以帮助身体维持在更健康的状态，顺利迎接一个健康小宝宝的到来。除此之外，也建议孕妇在孕期进行科学、适当的运动。运动带来的好处能够贯穿孕前、整个孕期及产后的整个过程。

专家说

备孕期运动的好处

备孕期运动的好处包括增强机体免疫力、提高受孕概率、维持健康的身材等，加快身体调整到最佳状态。备孕期运动，可以改善盆腔的血液循环，为受精卵着床提供动态平衡的环境，同时还可以促进输卵管蠕动，有利于精子和卵子结合，提高受孕概率。

如果你是一个经常运动的准妈妈，恭喜你已经具备了较强的心肺功能，有力的腹肌和盆底肌为孕育和分娩做好了准备。

怀孕期间运动的好处

适当运动可以改善准妈妈的血液循环，有助于预防或缓解便秘、痔疮、静脉曲张、下肢水肿、小腿抽筋、腰背部疼痛等不适症状。孕期适当运动有助于情绪的控制。同时，适当的运动有助于孕妇控制体重、血糖及血压，降低妊娠期糖尿病、妊娠期高血压等疾病的发生风险。户外运动不仅能够增加孕妇晒太阳的机会有助于钙质补充，还利于其保持良好的心情。此外，加强孕妇腰腹部肌肉和盆底肌肉的锻炼，更有利于生产时用力，保障胎儿的顺利产出。

需要注意的是，怀孕期间孕妇应避免进行大强度的有氧运动，或者跳跃、旋转，以及突然转动等较激烈动作，可选择散步、游泳、瑜伽、太极拳等舒缓的运动。运动时间不宜过长，避免孕妇疲劳。同时还需要注意及时补充水分，穿着舒适衣物，避免在炎热、闷热等环境下运动，保障孕妇运动的安全性。

产后运动的好处

产后运动的主要目的是促进身材恢复、增强体力并提高免疫力，使产妇有更好的精力去照顾孩子。产妇通过一些瑜伽和盆底功能锻炼可以帮助盆底肌肉的恢复。在经历了分娩及产褥期后，产妇通常免疫力较差，并且分娩之后盆底肌松弛，容易出现阴道壁脱垂、尿失禁的情况，这些都是可以通过产后运动来帮助恢复的。

运动对预防产后抑郁的影响

大部分女性在生产后都会出现情绪上的变化，这些变化大多可以自行缓解，但也会有少部分人，症状越来越严重，甚至出现自杀倾向。多运动可以促进新陈代谢，使女性心情放松，有效预防产后抑郁症。

（范超群）

36. 为什么经期适当运动
可以**缓解痛经**

经期适当运动对女性有益。月经是指伴随卵巢周期性变化而出现的子宫内膜周期性脱落及出血。这个时期，伴随着子宫内膜剥脱引起阴道流血，还会有铁离子、钙离子的流失，出现机体免疫力下降的可能。

通常情况下，月经期女性会出现痛经、腰酸等身体不适，经常听到人们说月经期不能运动，实际上适当运动能帮助经血流通，缓解腹部不适，还能增强免疫力，缓解压力。

健康术语

月经不调

月经不调是妇科常见疾病，表现为月经周期或出血量的异常，可伴月经前、经期时的腹痛及全身症状。病因可能是器质性病变或是功能失常。

运动对女性月经的调节作用

女性可以通过适当的体育活动来调节大脑皮层的兴奋和抑制过程，从而改善机体功能，可有效缓解月经不调的症状。适当的体育运动可以起到交替收缩和舒张女性腹部肌肉以及盆腔肌肉的作用，对子宫来说，相当于效果很好的轻柔按摩，有利于经血的排出。适当的体育运动还能够促进机体血液循环，改善盆腔生殖器的功能，有效调节月经不调症状。

经期适当的运动量

经期可以在原有运动习惯的基础上，适当减小运动强度，缩短运动时间。经期前两天最好以调整练习为主，第 3~4 天的活动量可以增大，参加一些平时经常练习的运动项目，如慢跑、体操、打拳、乒乓球、投篮等，放慢速度，活动时间不要过长，一般在 15~30 分钟为宜，以达到放松肌肉的目的。

经期运动方式的选择

经期应多做一些伸展与呼吸相结合的舒缓性运动，同时松弛腰、腹、背等紧张部位。避免参加剧烈和震动过大的运动，如跳高、跳远、百米赛跑、踢足球等，这些项目容易造成精神高度紧张而导致内分泌功能紊乱，出现月经不调；也不宜进行俯卧撑、哑铃推举等增加腹压的力量性锻炼，以免经期流血过多或子宫位置改变。还要避免参与跳水、游泳、水球等水中运动，以免造成感染和月经不调。

（范超群）

37. 为什么经常运动能帮助女性更好地**度过更年期**

关键词

更年期 绝经期

更年期是女性生理状况发生很大变化的特殊时期，是女性身体由有生育功能过渡到无生育功能的时期，在这个时期由于身体激素水平波动明显，女性通常会出现潮热、出汗、失眠和心情不佳等状况。适当进行体育锻炼，不仅可以保持良好的身体机能，缓解更年期的症状，而且可以通过大量排汗，改善更年期症状，心情愉悦。因此可以说，运动能够有效促进更年期女性的身心健康。

专家说

更年期运动可帮助女性维持正常体重

女性进入更年期后，由于雌激素水平下降，使其保护作用减弱，导致出现体重快速增长、脂肪增加、过度肥胖等状况，容易加速关节和骨骼退行性改变，增加慢性疾病的患病风险。更年期坚持锻炼，可以促进身体各项功能，加快胃肠蠕动，提高更年期女性的消化吸收能力，加快能量消耗，有效改善失眠、便秘等情况，达到控制体重的目的。

更年期运动可预防骨质疏松

女性进入更年期后，因卵巢功能衰退，雌激素水平下降，影响钙质吸收和在骨骼中的沉积，容易导致

骨质疏松。对于骨质疏松，预防比治疗更重要。更经期女性需要加强运动，特别是有规律的负重运动，可以有效增加肌肉对骨组织的应力，使骨量增加，有效预防骨质疏松。

更年期运动可改善全身循环，增强免疫力

女性进入更年期后，如果长时间运动量不足，将会导致血管老化速度加快，血液循环不畅，某些部位缺乏血液供应会引发多种不良症状，通过运动能够改善全身循环。加强体育锻炼，可以扩张血管，促进循环速度加快，血液第一时间循环到身体需要的部位，有利于提高各器官和系统的功能。

更年期运动可有效促进人际交往，改善心情，调整情绪

女性进入更年期后，常伴随出现情绪烦躁，爱发脾气，焦虑抑郁等症状。运动过程中能够分泌多巴胺，有效缓解不良情绪，愉悦身心。

健康加油站

更年期的运动方式

更年期女性往往存在体力不足的问题，因此要根据自身情况来选择适合的运动方式，建议选择快走、游泳、散步、瑜伽、太极拳等舒缓的运动。进入更年期后，身体状况和锻炼习惯较好的女性可以做一些中等强度的运动，如慢跑。

需要注意的是，抗阻训练能够有效预防和改善更年期女性的骨质疏松状况。另外，更年期女性如果伴

有心脑血管疾病，尤其需要注意进行运动前的风险评估，选择合适的运动方式和强度，避免运动后立刻坐下休息或者洗澡。

（范超群）

38. 为什么经常运动
可以**预防骨质疏松**

适量运动有助于骨骼健康。运动过程中通过肌肉的活动，对骨骼产生作用力，促进骨形成，提高骨密度及骨的生物力学特性，改善骨代谢，促进骨骼发育，起到预防或治疗骨质疏松的作用。

健康术语

骨密度

骨密度的全称是骨骼矿物质密度，是骨骼强度的一个重要指标。

专家说

抗阻训练防治骨质疏松

渐进的抗阻训练能够增加肌肉的横截面积、肌纤维数量，从而提高肌肉力量；同时能够提高机体的骨

密度，防止骨质流失，从而起到预防骨质疏松的作用。因为在进行抗阻训练时，肌肉的牵拉力以及重力通过器械传递到骨骼的力量能对骨骼产生一定的刺激，促进骨形成。

但是对于老年人而言，抗阻训练在执行过程中较容易出现急性损伤，在进行时需要注意强度并加强防护。

有氧运动防治骨质疏松

在一定的负荷范围内，有氧运动预防骨质疏松的效果与其运动强度及运动量成正比，但促进作用相对较弱，其优点是易于掌握，有较高的执行性。有研究报道，30~60岁受试者进行每周3次、持续12周的中等强度有氧运动，能够提高其骨密度，增加骨钙素、碱性磷酸酶等骨形成标志物的分泌，促进骨形成，可有效缓解骨质流失。

冲击性运动防治骨质疏松

冲击性运动是指在运动过程中，受力瞬间受力点对机体产生冲击性反作用力的运动，如跳跃后落地瞬间地面的反作用力等。这些反作用力的冲击能刺激骨骼，防止骨质流失。冲击性运动能够提高绝经前期、绝经后期女性髋部、股骨、胫骨、股骨颈等部位的骨密度，防止骨质流失，从而达到预防及治疗骨质疏松的目的。

营养加运动有效防治骨质疏松

骨骼健康需要钙和维生素D，但再好的钙制剂的吸收率也超不过40%。研究表明，经常参加运动有利于维生素D的形成和对钙的吸收，经常运动还能够增加关节灵活性和肌肉协调性，刺激成骨细胞发育，减少钙丢失。因此可以说，营养加运动的手段可以使骨质疏松防治达到事半功倍的效果。

（范超群）

39. 为什么说**残障人士**
也要进行体育锻炼

残障人士经常运动能够提升本体感觉和感知力，有效改善残障带来的感知觉、控制能力等的缺陷。运动能防止肌肉萎缩，促进对残障辅助工具的适应和使用。运动可以改善身体机能，提高身体素质，有效促进康复进程，同时还能扩大活动范围。

健康术语

肢体残障
肢体残障是指人体运动系统的结构、功能损伤，造成四肢残缺或四肢、躯干麻痹（瘫痪）、畸形等，而致人体运动功能出现不同程度的丧失，以及活动受限或社会参与障碍。

肢体残障人士适宜参与的运动项目

肢体残障根据残疾情况分为截肢和其他残疾、脊髓损伤、脑瘫三种类型，可根据残疾程度和功能损伤程度参加举重、健身操、棋类、田径、游泳、射箭、射击、轮椅羽毛球、轮椅篮球、轮椅击剑、乒乓球、轮椅网球、轮椅排球、轮椅舞蹈、棋类等体育运动。

听障人群适宜参与的运动项目

听障人群参与的运动项目与健全人的项目差不多，如篮球、排球、足球、乒乓球、田径、自行车、体操、游泳等。有区别的是，由于自身听力功能的缺陷与不足，在日常指导或比赛时，要通过使用某些专用的辅助指挥器械来给其发出指令。

视障人群适宜参与的运动项目

适宜视障人群参与的运动项目有健身操、棋类、田径、游泳、盲人门球、盲人乒乓球、柔道等。在参加此类运动时，运动负荷、强度不宜过大，以避免因不合理的运动方式和运动环节带来的视力压迫。

残障人士进行体育锻炼的注意事项

应根据残障人士的身心状况，从实际出发开展体育项目，以促进身心的健康发展。残障人士通过身体锻炼不仅能够促进健康，还能增强对生活的乐趣和信心，促进人际交往。在运动内容的选择上不仅要有个人活动，还应多多参与集体娱乐性的活动。

（孙　飙　范超群）

40. 如何科学、合理地制订运动**健身计划**

要达到安全、有效的运动健身目标，制订科学、合理、适合自身健康和体质水平的运动健身计划至关重要。制订运动健身计划要包括运动强度、运动频率、运动时间等要素，也要按照一定的程序进行。

专家说

医学健康检查和运动风险筛查

在开始运动或要加大运动强度或运动量前，运动者应先进行医学检查，明确自身的健康、疾病状况，是否有运动禁忌，然后再进行运动风险评估，确定是否能够从事运动锻炼。运动风险评估通过后即可制订运动健身计划。

评定体质水平，确定健身目标

通过体质测定，可以全面了解自身体质状况，明确个体体质的优势与不足，确定需要重点改善和提升的目标，如改善心肺耐力、提升肌肉力量、提高反应能力、减脂塑形等。

健身计划三要素

运动方式、运动强度和运动时间是运动健身计划的三个基本内容。

运动方式是运动健身者采用的具体运动形式和健身方法。根据运动特征，可以是有氧运动、力量练习、柔韧性练习、平衡和灵敏练习等。具体可以采取跑步、游泳、球类运动、中国传统运动项目、抗阻训练、牵伸等运动方式。

运动强度是运动健身的核心内容。运动强度过小，没有明显的健身效果；运动强度过大，则会导致疲劳不能及时恢复，还可能造成运动伤害。可以根据体质测定结果确定初始运动强度。无健身习惯或体质较弱的人，从低等强度起步，逐步进阶到中等强度。有规律运动习惯或体质较强者，可进行中等强度、较高强度运动。对运动强度的掌握，既要根据每次健身时的身体状况适当调整，也要根据体质水平阶段性地调整，即运动进阶，以达到不断增强体质的目的。

运动时间即每次运动的持续时间。对于经常参加体育锻炼的人，每天有效运动时间通常为 30~90 分钟。在运动健身初期，运动时间可稍短，经过一段时间锻炼，身体对运动产生适应后，可延长运动时间。运动时间过短，提高身体机能效果甚微，而运动时间过长，则容易造成疲劳累积。

健康加油站

运动健身的注意事项

每次运动健身都要有准备活动和运动后的整理放松，这是保证运动健身效果、运动疲劳恢复和防止运动损伤的重要环节。

第二章

科学运动的密码

一

有氧运动
强健心肺的密码

1. 为什么**心肺耐力**很重要

人体有四大生命体征：呼吸、脉搏、血压和体温。但是除此以外人体还有第五大生命体征——心肺耐力。

关键词

专家说

评价心肺耐力的指标

评价心肺耐力的指标被称为最大摄氧量（maximal oxygen uptake，VO_2max），是指在进行有大量肌肉参与的长时间剧烈运动时，当心肺功能和肌肉利用氧的能力达到人体极限水平时，单位时间（通常为1分钟）每千克体重所摄取的氧气的量。VO_2max 越大，说明身体对氧气的摄取和利用效率越高，运动能力也越强。

心肺耐力成为"第五大生命体征"

心肺耐力是对人体机能的一个综合反映，良好的心肺耐力意味着呼吸系统、循环系统、血液系统和运动系统都处于良好状态。较差的心肺耐力与心血管疾病密切相关；而通过提高心肺耐力，可以有效降低心血管疾病的发病风险，心肺耐力每增加3.5mL/（kg·min），冠心病的发病率降低20%，脑血管疾病的发病率降低16%，心血管疾病的死亡率降低13%，脑血管疾病的死亡率降低17%。心肺耐力还与某些恶性肿瘤有关，心肺耐力好的人群相较于心肺耐力差的人群癌症死亡率会下降20%~45%。

心肺耐力　生命体征

经常运动能提高心肺耐力

在进行运动时，机体需要的氧气量增加，通过长期训练身体对这种需求产生适应性。在运动时呼吸深度加深，心肌收缩力加强，同时血管的容量和弹性加强，血液流动更为通畅；血液携带氧气的能力提高；肌肉对氧气的利用率提升，以上各器官、系统的改变均会提升心肺功能。这些正向的改变不仅发生在系统、器官水平，也出现在细胞层面乃至基因表达层面。因此，规律运动可以全方位地提升心肺耐力。

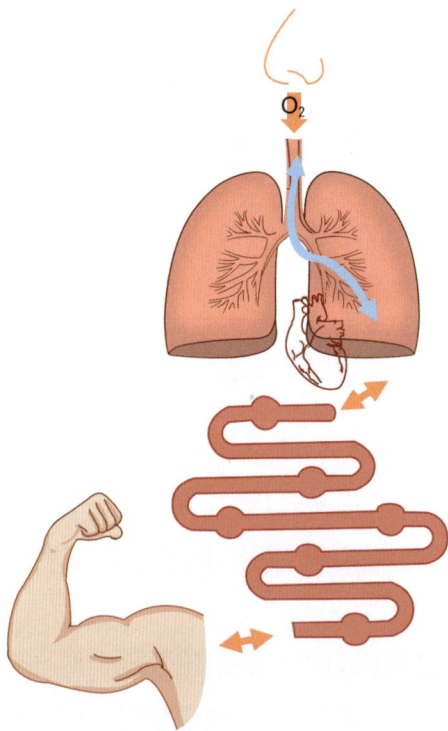

氧气运输示意图

健康术语

心肺耐力

心肺耐力是指心血管系统、呼吸系统在机体进行长时间身体活动时向肌肉供应氧气，完成有氧运动的能力。

（徐 凯）

心肺耐力 最大摄氧量

2. 为什么要对
心肺耐力进行评价

心肺耐力对于健康至关重要，反映心肺耐力最重要的指标是最大摄氧量（VO_2max），可以通过不同方式的运动进行测试和评价。

专家说

简易测试心肺耐力

通过爬上五楼的主观感觉可以对心肺耐力进行初步简易评估。如果较为轻松，很可能心肺耐力较好。相反，如果爬上五楼"累得气喘吁吁"，甚至无法一次爬完，需要中途休息，则可能心肺耐力较差。

对于老年人来说，可以采用原地高抬腿踏步的方式进行评估。踏步时大腿要抬到尽量水平，计算两分

钟的总踏步次数。如果能踏步 100 次，则表明其心肺耐力尚可，否则可能较差。上述两个方法虽然简便，但是能粗略地对心肺耐力进行定性了解。

简易测试 VO₂max

步行测试可以更准确地反映心肺耐力，同时可以获得 VO₂max 的具体数值。选择一段安全平坦总长 1 600 米的路线，步行时需要较快地、匀速地走完全程，记录用时和走完后的即刻心率，通过以下公式计算出 VO₂max。

$VO_2max = 132.853 - 0.169\,2 \times$ 体重（千克）$- 0.387\,7 \times$ 年龄（周岁）$+ 6.315 \times$ 性别（男为 1，女为 0）$- 3.264\,9 \times$ 时间（分钟）$- 0.156\,5 \times$ 心率（次/分钟）

其中，最大摄氧量单位为 mL/（kg·min）

精确测试 VO₂max

VO₂max 的精确测试通常要在专业的运动医学实验室进行。测试时需要骑行固定自行车，包括 3 分钟低强度骑行和 3 分钟高强度骑行，在此过程中会同时监控心率变化。测试结束后通过计算心率变化情况得出 VO₂max 的数值。更精确的做法是，在跑步机上进行由慢速到快速的跑步，直到接近或达到最大心率。与此同时，通过心肺功能仪直接测试出 VO₂max 的精确值。

健康加油站

也可以通过下面的方法粗略计算 VO_2max 的评分（百分制）。

男性：评分 = （5 × VO_2max）+（1.5 × 年龄）– 208

女性：评分 = （5 × VO_2max）+（1.4 × 年龄）– 180

需要注意的是，这是一个大致的计算方法。如果 VO_2max 特别低，计算出的得分可能会小于 0 分，相反如果 VO_2max 特别优秀，也有可能超过 100 分。

（徐　凯）

3. 为什么步行、跑步、骑车、游泳可以**提高心肺耐力**

心肺耐力对于健康至关重要，怎么做才能提高心肺耐力呢？最重要的方式就是进行有氧运动。

专家说　什么是有氧运动

有氧运动是以低强度至中等强度，持续较长时间的运动，在此过程中身体的氧气供应充足，机体可以

关键词

步行　跑步　骑车　游泳

持续运动，从而提高心肺耐力。有氧运动过程中，身体可以几乎将碳水化合物完全分解为二氧化碳和水，并释放出大量能量以满足运动需要。常见的有氧运动包括快走、慢跑、中低速骑车或游泳、健身操、广场舞等。

为什么步行特别适合没有运动经验的人

对于大部分人，特别是缺乏运动的人来说，开始进行有氧运动初期，最好的选择就是步行。步行强度低，对身体的负担小，持续时间、运动总量可以进行灵活调节。步行对于减轻体重、改善血糖、控制血压都有良好效果。

为什么慢跑适合有一定运动基础的人

和步行相比，慢跑更适合有一定运动基础的人。慢跑是一种中等强度到高强度的有氧运动，相比快走消耗的能量更多，完成同样速度的慢跑较快走能增加一倍的能量消耗。慢跑对心肺耐力的提高也更为显著。慢跑可以增加最大摄氧量，提高心输出量、肺活量和肺通气功能，对腿部力量的锻炼也优于快走。同时，慢跑还可以更有效地降低血压、改善血脂代谢、预防心血管疾病等。

为什么骑车是一项很好的有氧运动

骑车的运动强度通常高于快走。骑车时需要调动大量的下肢肌肉，对肌肉力量产生较好的锻炼效果，特别是在有些起伏的道路骑行上坡时，这种效果会得以加强。对于身材较胖的人来说，

无论是在室内还是室外平坦的道路上骑行，运动时的下肢关节压力较小，可以减少运动不当带来的膝关节、踝关节损伤风险。

游泳对于心肺功能的益处

游泳时水的浮力可以抵消大部分重力，是一种非冲击性的有氧运动，对于肥胖和有骨关节疾病的人更为友好。游泳时身体处于卧位，有助于下肢血液更多地流回心脏，因此对心脏的功能改善也更好。游泳时水对呼吸肌给予了额外的压力，会有更强的呼吸锻炼效果。游泳存在一定的技术门槛，对于不会游泳的人来说，在水中步行或进行水中健身操也可以达到类似的效果。

（徐　凯）

4. 如何安排**有氧运动的频率和时间**

每周进行几次有氧运动才是合适的呢？通常来说，每周 3~5 次是比较常见的选择。有些人只在周末进行一次长时间的有氧运动，被称为"周末勇士"；而有些人则每天都要进行有氧运动，这些做法是否可以？

每周 150 分钟的有氧运动是主流运动方式吗

无论是世界卫生组织，还是中国或美国的身体活动指南，都建议成年人每周应该进行 150 分钟中等强度的有氧运动，或者 75 分钟的大强度有氧运动。通常较好的做法是把这些时间均匀分配到每周的几天进行，而且最好连续进行。所以每周 5 次，每次 30 分钟的中等强度有氧运动或每次 15 分钟大强度有氧运动成为主流做法。

每天都进行有氧运动可以吗

以前有种说法认为，每天进行有氧运动有可能增加运动损伤的风险，但是目前主流的看法认为，每天都进行有氧运动没有问题。不过对于刚刚开始进行有氧运动的人来说，还是从每周 3~5 天开始更加合适，这样可以避免运动后过度劳累而丧失运动兴趣。

只在周末进行有氧运动可以吗

这和上面的问题类似，目前主流看法认为只在周末一天锻炼也是可以的。与缺少身体活动相比，只要达到所推荐的运动量，无论是分散进行还是只在周末进行，都对健康有益处。这对于那些在工作日异常繁忙而没有时间锻炼的人来说，可以成为一个新的选择。不过只在周末进行锻炼，需要做好准备活动、运动防护和运动后恢复，减少或避免运动损伤的发生和出现过度疲劳的情况。

分段练习每次只有 10 分钟可以吗

虽然建议有氧运动最好连续进行，但是分段练习也许实现起来会更加容易。所谓分段练习就是将一天运动所需的 30 分钟，分为 3 个 10 分钟进行。只要每个时段都能达到所需的强度，一天和一周总的运动量能达到要求也是可行的。甚至每次运动时间不到 10 分钟，哪怕只有 5 分钟，只要能累计运动量，也是有益于健康的。

总之，对于运动时间和运动频率可以略微"随性"一些，时间长点、短点，频率高点、低点都不是特别重要，只要能达到总量就能有良好的健康收益。

（徐　凯）

关键词

运动强度　心率

5. 怎么做才能判断
合适的**有氧运动强度**

有氧运动对于提高心肺耐力很重要，但是运动强度过小无法达到锻炼的效果，运动强度过大又容易造成运动损伤，每个人都应该选择适合自己的运动强度。

怎样通过心率判断合适的有氧运动强度

用心率判断运动强度相对简单，在此过程中需要安静心率、最大心率和运动心率3个数值。

安静心率的测试可以安排在早上醒来后，起床前进行。

最大心率 =207-0.7×年龄。

运动心率测试过程中需要注意：运动一旦结束，心率则会下降，所以最好在运动的同时进行测试。也可以采用运动手表或手环监测心率，但需要注意的是需要较紧地佩戴，以提高准确性。

普通人在运动中应该达到的目标心率可以用以下公式进行计算。

运动心率 = 安静心率 +0.5×（最大心率 - 安静心率）

如果身体条件较差，可以将上述公式中的 0.5 换成 0.3~0.4；如果身体条件较好，则可以换成 0.6~0.7；如果达到 0.7 则可以认为是大强度有氧运动了。

怎样通过最大摄氧量判断合适的有氧运动强度

如果进行了最大摄氧量（VO_2max）测试，则可以通过最大摄氧量来评估运动强度。用 $VO_2max÷7$，得到的数值大致相当于跑步的时速。如某人 VO_2max 为 42mL/（kg·min），则跑步时速为 6km/h 较为合适。如果身体条件较差，可以把上述公式中的 7 换成 8~9；反之则可以用 5~6 替换。

怎样通过观察自身表现判断合适的有氧运动强度

自身的身体主观感受同样是评价运动强度的非常重要的指标。主观感觉可以用下图进行自我评价。

一般来说，日常进行有氧运动时的评分应该在 11~15 分，也就是感觉从"轻松"到"累"的范围。身体条件差的，可以在这个范围内取较低的值，反之则可以取较高的值。

还可以通过谈话法评价运动强度。在运动时，应该可以进行简单的交谈，但是无法进行连贯的长时间表达。

通常在进行合适强度的有氧运动后，第二天早晨醒来后会感觉精力充沛，并且有想继续运动的愿望，这也可以用于评价有氧运动强度。

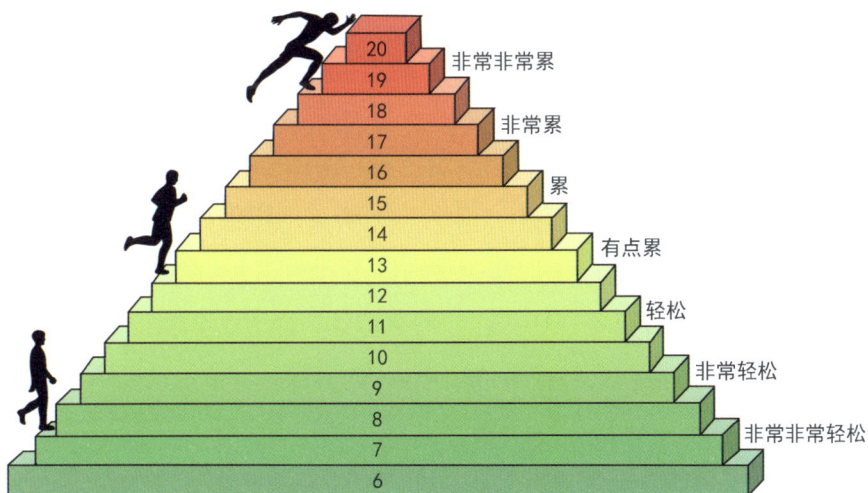

20	非常非常累
19	
18	非常累
17	
16	累
15	
14	有点累
13	
12	轻松
11	
10	非常轻松
9	
8	非常非常轻松
7	
6	

运动时感觉累不累

（徐　凯）

6. 怎么评估
运动进程和运动总量

运动进程和运动总量对于安全和有效地进行有氧运动至关重要，需要进行科学合理的安排。

专家说

合理安排运动进程

1. **明确目标**　合理安排运动进程首先需要明确运动目标，这应当是一个具体的目标而不能是一个笼统的目标。例如"每周减重 500 克"，就比"我要减肥"更好。目标越清晰明确，才越有可能实现。

2. **缓慢起步**　在有氧运动的初级阶段，一定要根据自身情况缓慢开始，不能操之过急。特别对于缺乏运动的人来说更是这样。运动初期就进行大强度、长时间的有氧运动，虽然一天两天感觉很好，但是累积的疲劳会让人很快丧失继续运动的动力和能力。相反，运动初期仅仅进行 5~10 分钟的有氧运动，通过达到看似简单的小目标，更容易帮助我们养成坚持锻炼的习惯。

3. **循序渐进**　运动量要逐步增加，在开始建立运动习惯的最初 1~2 个月，每过 1~2 周可以将运动时间增加 5~10 分钟。运动频率也是类似的，可以从每周 2~3 次开始，这样给身体足够的休息时间，然后逐步过渡到每周进行 5 天有氧运动。在习惯于规律锻炼 1~2 个月后，再通过 4~8 个月的时间达到推荐量（每周 150 分钟中等强度有氧运动）。

4. 多样化运动　在运动初期，可以尝试多样化的有氧运动，在此过程中能更容易找到自己喜欢的和适合自己的运动项目。除此以外，多样化的运动还可以避免过度单一地使用某些肌群，一方面可以使全身得到锻炼，另一方面也可以减少运动损伤的发生率。

5. 定期评估，适时调整　定期评估自己的运动量，记录好运动项目、运动强度、运动时间、运动频率和身体感受。这有助于了解运动情况和身体状况，根据这些信息，对运动量进行及时调整，在安全的基础上达到更好效果。

健康加油站

运动总量如何评估

如前所述，每周的运动总量应该是 150 分钟的中等强度或 75 分钟的高强度有氧运动，相当于消耗 1 000~3 000 千卡的热量，也相当于每周消耗 130~400 克脂肪所提供的热量。近期的研究结果表明，如超过这个量，即便达到每周 600 分钟的中等强度或 300 分钟的高强度有氧运动，也并不会增加运动损伤的风险。

（徐　凯）

二

力量训练
增肌的密码

7. 为什么力量训练可以**增肌健骨**

肌肉和骨骼都属于运动系统，共同受机体多种因素的调节。骨以不同形式连接在一起，构成骨骼，形成了人体的基本形态，并为肌肉提供附着点。在大脑支配下，会产生肌肉收缩，牵拉其所附着的骨，人体就产生了运动。肌肉是骨与骨连接的纽带，与骨的生长和发育密切相关。

经常参加体育锻炼的人（尤其是一定强度的训练），肌肉含量特别多，肌肉力量大，骨密度也相对较高。这主要是由于肌肉收缩对骨骼产生应力刺激，骨骼所承受的力学刺激对骨密度增强有积极作用，肌肉和骨骼同时受人体内部神经、内分泌和外部力量的因素影响，肌肉分泌的相关因子参与骨骼调控，对骨骼的生长、发育、发展有重要作用。

健康术语

关键词

肌肉增长　骨密度

骨密度

骨密度全称为"骨骼矿物质密度"，是指单位面积或者是单位体积内所含骨矿物质的含量，是骨骼强度的一个重要指标。骨密度也是骨质量的一个重要标志，反映骨质疏松程度，是预测骨折危险性的重要依据。

肌肉是如何增长的

肌肉的增长就是肌肉细胞的扩大和增长，一定负荷的肌肉收缩运动会使肌细胞产生部分破裂的现象。一旦肌细胞出现破裂，细胞的体积在细胞恢复过程中，就会利用身体的能量以及蛋白质逐渐变大。这种现象会让肌肉维持一定的力量和耐力，不断的强有力的肌肉收缩运动会使肌肉细胞不断发生破裂、再生、扩大和增长，人体力量就会得到增加。

如何保持骨骼健康

随着年龄的增长，骨骼健康变得越来越重要，骨密度过低会出现腰背疼痛、行走困难、全身乏力、易骨折等情况。保持骨骼健康除了多吃蛋白质以及钙质含量丰富的食物外，力量训练是必不可少的健骨方法。在进行力量训练时，成骨细胞会被大量激活，合成骨胶原蛋白纤维，将矿物质沉淀结晶，形成新的骨质，提高骨密度。力量训练可选择负重杠铃、哑铃等，进行深蹲、高位下拉、上举等，建议每周进行2~3次力量训练。

（谭思洁　曹立全）

8. 为什么力量训练可以提升人体**基础代谢率**

基础代谢是指清醒静息状态下维持机体细胞、器官正常功能和稳态所需要的能量消耗。基础代谢就像是身体里的"发动机"，不停燃烧热量补充身体所需，保持体内各项机能的正常发挥。

随着年龄的增长，人体基础代谢的速度会逐渐下降。除了年龄、性别、激素水平、体重等因素以外，肌肉含量是一个非常关键的影响基础代谢率的因素。肌肉含量高，基础代谢率就会相对较高，基础代谢率越高，燃脂效果就会越好，基础代谢要占据总体热量消耗的 60% 左右，提高肌肉含量的方法是力量训练。

健康术语

能量消耗

能量消耗是指人体活动时消耗体内能量的过程，即能量代谢的过程，常用指标为能量代谢率。根据人体活动水平的差异，分为基础代谢、静息代谢和活动代谢。

基础代谢率降低，身体会有什么表现

基础代谢率降低，身体产生的新鲜细胞组织不能及时地把体内老旧、坏死，甚至病死的细胞组织替换掉，身体就会容易衰老，看起来没有精气神。儿童青少年的基础代谢率要明显高于成人，看起来总是充满着青春活力。

基础代谢率过低，在日常生活中身体会经常出现乏力、嗜睡、精神不集中、记忆力减退等问题，并且患肥胖、高脂血症、糖尿病、心血管疾病的风险也会增加。

如何保持身体拥有较好的基础代谢率

首先，保持好的基础代谢率需要合理健康的饮食，减少高糖、高脂食物的摄入，多食高纤维以及高蛋白的食物。其次，要注意作息，避免熬夜，养成良好的睡眠习惯。最后，一定要多进行运动，尤其是力量训练。

力量训练是提高身体基础代谢率的最佳方式，经常进行力量训练，可以使人体基础代谢率提高 6.8%~7.8%。1 千克肌肉每天消耗 100 千卡热量，1 千克脂肪只能消耗 4~10 千卡热量，即使无任何体力活动，肌肉含量多的人能量消耗也明显要高，这也解释了为什么有些人"喝凉水也长胖"。因此，良好的肌肉含量能延缓身体衰老，使身体充满活力。

（谭思洁　曹立全）

9. 为什么随着年龄增长
力量训练越来越重要

随着年龄的增长，我们的肌肉力量会逐渐变弱，关节也会变得更加脆弱，使身体活动更加困难，并增加了受伤的风险。力量训练有助于增加和维持肌肉质量，保护关节并改善整体身体功能。因此，力量训练变得更加重要。

力量训练的好处包括增加肌肉质量，改善骨密度，控制体重，提高生活质量，保护关节免受损伤，减轻慢性疾病的症状等。

力量训练还可以帮助老年人预防跌倒，并提高其身体平衡和协调能力。此外，力量训练还有助于提高老年人的基础代谢率，加快身体的新陈代谢，降低心血管疾病和糖尿病的风险。

健康术语

肌肉衰减综合征

肌肉衰减综合征也称"肌少症"，是一种表现为骨骼肌肉含量下降、力量减少和功能减退的进行性骨骼肌萎缩疾病，是人体衰弱、老化的表现。它会导致人体活动障碍、跌倒及代谢紊乱等，是影响健康常见的疾病之一。

年龄与肌肉的关系

随着年龄的增长，从 30 岁左右开始，肌肉就会以不同速度开始流失，到了 40 岁以后，肌肉流失的速度就会加快，肌肉以每年约百分之一的速度流失，到了 60 岁以后肌肉流失的速度就会更快，肌肉衰减综合征发生的概率显著增加。

随着年龄的增长，人体内分泌系统的功能逐渐减弱，生长激素、睾酮等关键激素的分泌量下降，导致肌肉的合成速率降低，而分解速率却相对增加，这样就导致了肌肉质量的减少。

此外，肌肉流失还与神经系统的变化有关。神经系统控制肌肉收缩，年龄增长后，神经元数量和功能都会逐渐下降，使肌肉受到的神经刺激减少，肌肉的收缩力度和协调性降低，进而加速肌肉流失。

如何减少人体肌肉的流失

首先，要养成一个良好的生活习惯，戒烟限酒、补充足够的蛋白质、避免熬夜。另外，就是要进行力量训练，来提高自己的肌肉含量。这就像是在银行存钱一样，在年轻时或者是能力允许时，多存一些肌肉，等能力不允许时，我们可用的部分就会更多一些。所以，进行力量训练越早越好。

当然，这并不代表年龄大了做力量训练就没有用了，不管年龄有多大，只要能够有意识地对肌肉进行主动的刺激，肌肉就会生长或保持良好的状态。所以，什么时候开始力量训练都不算晚。

（谭思洁　曹立全）

10. 为什么力量训练中不能忽视**肌肉耐力的训练**

关键词

最大肌力 肌肉耐力

在日常锻炼中，很多人认为拥有发达的肌肉、健硕的体型是力量训练的目标，却忽视了对肌肉耐力的训练。肌肉力量是肌肉最大收缩产生力以对抗阻力或负荷的能力。肌肉耐力则是在一段时间内连续收缩产生力的能力，例如连续蹲起、长距离跑步等，两者虽有区别但均对促进人体健康有着重要的作用。

专家说

肌肉力量与肌肉耐力训练的区别

从训练目标上来看，肌肉力量主要训练肌肉对抗外加的重量或阻力，目标是增加肌肉强度，增加肌肉纤维的数量或增大肌肉纤维的体积。肌肉耐力训练着重于肌肉持续性的运动，主要的目标是提升肌肉使用氧气的能力，使肌肉胜任长时间的工作。

从训练方式上来看，肌肉力量训练是通过重量训练来增强肌肉力量，特点是大重量、低次数、长位移、多组重复性。肌肉耐力训练是通过高重复次数的训练来增强肌肉的耐力和持久力，特点是长时间、较轻负重、组数相对少。

从训练效果上来看，肌肉力量训练可以增加肌肉

围度，塑造强壮的体型。肌肉耐力训练可以增肌减脂，维持良好的体型、体态。

如何提高肌肉耐力

肌肉耐力的重要性在于可以帮助人体在日常活动中变得更有效率，例如搬运东西、长距离跑步等。

肌肉耐力的提高需要通过合理的训练计划来实现，采用的负荷比增加肌肉力量的负荷要小，一组动作的重复次数要大于 12 次，完成动作的时间要大于 1 分钟。例如做俯卧撑 25 个（完成动作的时间要大于 1 分钟），或是不停做俯卧撑 1 分钟为 1 组（完成动作重复次数要大于 12 个）。训练组数要比增加肌肉力量的组数少，一般安排 2~4 组的重复训练。同时每组的间歇时间小于 40 秒。

在肌肉耐力训练过程中，应该根据自身身体状况来调整训练强度，训练的强度不能过大，否则会造成身体伤病，过低的强度也无法达到训练效果。

健康加油站

推荐几个简单有效提升肌肉耐力的方法

1. 平板支撑　平板支撑可以很好地训练全身肌肉的耐力。

2. 跑步　进行长距离、长时间的跑步，可有效锻炼腿部肌肉群的耐力。

3. 连续引体向上　锻炼手臂肌肉的耐久力。

4. 跳绳　可以训练全身肌肉的协调能力，并增加下肢肌肉的耐力。

5. 俯卧撑　针对上肢和胸肌的耐力训练。

（谭思洁　曹立全）

11. 为什么力量训练中
运动强度的控制很重要

随着全民健身运动的普及，越来越多的人都开始进行力量练习，但很多人都有一个困扰，进行力量训练很久了，但是力量增加并不明显，效率低下。

其实，不同力量的训练方式和不同的负荷强度将产生不同的结果，力量训练的强度控制是其中最重要的一个因素，是高效增肌和提升肌肉力量的"法宝"。

专家说

如何科学监控力量训练运动强度

心率是许多运动的强度评价指标，但是心率不适合评价力量训练强度。在力量训练中，常用主观

肌肉的疲劳感觉来控制运动强度，但此方法有一定的主观性，不易进行统一的量化。而最大重复次数（repetition maximum，RM）指标可以很好解决这个问题，RM 是指在肌肉疲劳前完成某一力量训练动作次数的最大负荷。

如何测定 RM 的具体数值呢？这里以深蹲举例，如果 100 千克的重量你只能正确地蹲 1 次，到第 2 次就无法做一个完整的深蹲，那这 100 千克就是你的 1RM。把重量降到 75 千克，你能够完整的蹲 10 次，到第 11 次就无法再蹲起来，这就是你的 10RM。在实际应用中，我们常用不同力量训练动作的 RM 作为标准，控制运动强度。

怎样使用 RM 来控制运动强度

使用 RM 可以帮助你更科学地选择训练负重，更高效达到锻炼目的。对于增长绝对力量和爆发力来说，1~5RM 是较合适的；增肌肌肉维度的训练通常选择 6~12RM 的负荷。

15~20RM 主要是对小肌肉群和增强肌肉线条弹性，也是对肌肉耐力的训练，重量较轻、重复次数较多，塑形多用于这个强度范围。

RM 训练需要注意以下事项

1. 注意安全，由专业教练或者经验丰富的人员辅助测试。

2. 测试者要有一定的训练基础。

3. 使用正确的技术动作，减少受伤风险。

4. 组间进行充分休息，避免运动疲劳影响测试结果。

（曹立全）

12. 为什么力量训练后 体重会增加

以减肥为目的的运动人群普遍会发现一个问题，在开始一段时间的力量训练后，发现自己的体重不但没有下降，反而上涨了。另外，经常参加力量训练的人群，体重也会随着训练时间的增长，逐渐增加。出现上述情况，实际上是肌肉组织在力量训练刺激下进行的适应性变化。

专家说

力量训练初期体重增加的原因

在开始力量训练初期，体重的增加主要是因为体内水分含量的增多，经过持续的训练，这一现象就会缓解。因

为在力量训练时，身体会在短时间内以糖原来供给能量，糖原代谢需要很多的水分，此时体重不降反而上升，主要是被需求水分增多。另外，力量训练会导致肌肉纤维被破坏，出现炎症反应，炎症的修复也会增加水分摄入，当肌肉修复完成后，炎症消失，水分会被自然排出。

力量训练稳定期体重增加的原因

经过一段时间规律、合理的力量训练后，体内脂肪逐渐被消耗，肌肉开始增长。肌肉的密度比脂肪大得多，1 千克肌肉的体积相当于 3 千克脂肪的体积，当身体成分达到稳定状态时，体重的增加是因为肌肉变得更加丰满。

力量训练更应该关注瘦体重的变化

大多数人会用体重的高低或视觉的直观感受来衡量一个人的胖瘦，但实际上，有很多人虽然体重较大，但是身材并不臃肿，这是经过长期力量训练后瘦体重较高、体型健壮的表现。

瘦体重又叫"去脂体重"，是身体成分测量的重要指标之一，是除脂肪以外身体其他成分的重量，肌肉是其中的主要部分。瘦体重是运动能力提升的基础，瘦体重高说明身体强壮。

（曹立全）

13. 为什么力量训练
不建议每天都练

关键词

训练计划 超量恢复

坚持力量训练可以有效提升身体素质、增强抵抗力，生活中有一部分人非常重视力量训练，甚至将力量训练日常化，但是训练的次数越频繁，越会发现训练并没有达到预期效果。而且长此以往，还容易导致机体出现劣变，如疲劳及运动损伤。

以增肌为目的的力量训练通常是爆发性的肌力训练，属于无氧运动。肌肉的重复性收缩造成神经疲劳和肌纤维的轻微撕裂，需要一段时间来恢复和生长。与有氧运动相比，力量训练更要注意运动和休息之间的平衡，避免过度训练对身体产生伤害，不建议每天进行训练。

健康术语

超量恢复

超量恢复是指人体在训练后，能量恢复过程的阶段之一。在此阶段，机体在运动时消耗的能量以及各器官、系统的机能不仅得以恢复甚至超过原有水平。待保持一段时间后，又会回到原有水平。

专家说

如何合理制订力量训练计划

力量训练的频率应该根据个人的运动基础、健康状况和目标进行制订。一般原则是，要在训练同

一肌肉群或多个肌肉群之间留出至少 1 天的恢复时间，也就是每周训练 2~3 次。力量训练时间一般控制在 30~60 分钟，过长的训练时间会导致肌肉疲劳和受伤。

力量训练的强度应该逐渐增加，可以通过增加重量、减少休息时间等方式来进行。

力量训练的内容应该包括全身肌肉群的训练，可以选择使用器械或者自由重量进行。适当的水分和蛋白质摄入对于力量训练后的恢复非常关键。

肌肉增长的基石——超量恢复

肌肉或者肌群在训练之后，会使肌肉产生适度的疲劳和形态功能等方面一定程度的下降。通过适当的休息，可以使肌肉的力量、形态和功能等恢复到运动前的水平，并且在一定时间之内，还可以继续上升并且超过原有水平。

在这个时间内进行第二次力量训练，肌力的增强效果会比运动前要高出许多。长期保持在超量恢复期内进行力量训练，力量的增长速度会显著提升。需要注意的是，随着休息时间的延长，超量恢复期会消失，之后再进行力量训练，可以对肌肉力量的维持起到延续效果。

（曹立全）

14. 为什么力量训练后会感觉到**肌肉酸痛**

很多人在进行力量训练时会经历肌肉酸痛的情况，特别是不经常参加力量训练和停止训练一段时间后重新恢复训练的人，这种肌肉酸痛的情况会更加明显。那么，为什么会出现这种情况，并怎么去缓解呢？

专家说

肌肉酸痛产生的原因

肌肉酸痛是出现在运动过程中的一种生理表象，主要分为急性肌肉酸痛和延迟性肌肉酸痛。

急性肌肉酸痛是指运动时或运动后一段时间内所感受到的酸痛，运动强度越高酸痛感越强，一般来说在运动后几个小时内就会完全消失。这是由于运动时肌肉供血不足和乳酸堆积所致。

延迟性肌肉酸痛是指肌肉超过平时负荷的压力，会导致微小的肌肉撕裂和出现炎症反应，进而产生酸痛。延迟性肌肉酸痛一般出现在运动后 12~24 小时，24~48 小时达高峰，3~7 天可自行缓解并消失。延迟性肌肉酸痛的疼痛不同于肌肉拉伤、扭伤等急剧性疼痛，其在安静状态时不产生自发的慢性疼痛，只有当肌肉进行收缩、被牵张等机械刺激时，才会诱发产生疼痛的感觉。

关键词

肌肉酸痛　乳酸堆积

如何缓解肌肉酸痛

拉伸　在力量训练过后，可针对目标肌群进行拉伸训练，能有效提高该部位的营养输送和血液循环，排除堆积在体内的代谢垃圾，加速身体恢复。

有氧运动　在训练后可进行 5~10 分钟的低强度有氧活动，比如走步或慢跑、太极拳等。

按摩　是缓解肌肉酸痛的重要方式之一，可以缓解肌肉的联结组织紧张，还可以使用自我筋膜松弛技巧，如泡沫轴滚动或按摩枪来缓解酸痛。

健康术语

乳酸堆积

乳酸堆积是指在运动过程中，体内葡萄糖代谢过程中产生的中间产物。由于运动相对过度，超过了有氧运动的强度，而导致体内产生的乳酸不能在短时间内进一步分解为水和二氧化碳，氧气供应不足而形成无氧代谢，从而导致大量乳酸在体内堆积。

（曹立全）

15. 为什么力量训练长期停止后
肌肉会退化

很多进行力量训练的人以为，肌肉练出来就可以了，不需要再去加以维持。但是，过不了多久就会发现，之前练出来的肌肉渐渐"退化"了，肌肉线条也逐渐不明显。

如果此时饮食不加以控制，那么你很快就会发现自己长胖了不少。很多人会想当然地认为是肌肉变成了肥肉，如果你也有这样的想法那就错了，肌肉和脂肪是两种不同的物质，不会相互转化。长胖只不过是脂肪覆盖住肌肉，让人们错以为是肌肉变成了脂肪。

关键词

肌肉退化　运动习惯

专家说

肌肉退化流失到哪里去了

肌肉一定要经过抗阻力的刺激和适度撕裂之后，才会渐渐增长，肌肉围度才会增加。当我们的身体停止训练之后，身上的肌肉还会维持一段时间，然后肌肉围度会减小，包裹肌纤维的肌质网减少。此时，肌肉会通过消耗自身能量来维持，时间一长，身体最先消耗的就是肌糖原和蛋白质，所以肌肉会慢慢退化，肌肉线条也会越来越模糊。

如何保持适当的肌肉含量

要想长期保持良好的肌肉含量，贵在坚持力量训

练。力量训练对于肌肉保持和增长尤为重要，建议保持规律的训练和合适的负荷，推荐每周进行 2~3 次全身力量训练。

另外，每天要摄入足够的优质蛋白质，如瘦畜肉、禽类、鱼类、蛋类、豆类和奶制品，并保持良好心理、睡眠状态。如果因为某些原因暂时无法进行力量训练，应尽量保持其他形式的体育锻炼，如有氧运动、动静态拉伸等。

容易被忽视的引起肌肉退化的因素

健康加油站

1. 长期缺乏运动是导致肌肉退化的主要因素之一。肌肉需要刺激和负荷才能保持健康和强壮，如果长期处于久坐不动或缺乏运动的状态，肌肉就会逐渐退化和萎缩。

2. 随着年龄的增长，人体的新陈代谢率下降，肌肉蛋白质的合成和修复能力也会减弱，就会导致肌肉退化和肌肉力量下降。

3. 日常饮食如缺乏蛋白质、维生素和矿物质等必需营养素，肌肉也会受到影响，导致退化和功能下降。

4. 不健康的生活方式，如吸烟、酗酒、缺乏睡眠和过度应激等会干扰肌肉的营养供应、代谢和修复过程，导致肌肉退化。

（曹立全）

16. 为什么有些人 **肌肉不明显** 但力量却很大

关键词

生活中，我们经常会看到有些人看起来身材瘦小，肌肉也不是很明显，但却有着很强的力量表现。比如搬家工人可以轻松搬起沉重的家具，往返于楼层之间，挑山工挑着百余斤的货物，在陡峭的山间健步如飞，而体型健硕的健身教练却很难做到。事实上，除了肌肉大小，还有很多因素可以影响一个人的力量表现。

专家说 **肌肉力量的影响因素**

在日常的力量训练中，骨骼肌纤维的数量不会发生改变，围度的增加和力量增大，主要是肌纤维的肥大性增粗导致的。虽然肌肉的大小和围度可以影响力量的大小，但并不是唯一的决定因素。除了年龄、性别外，骨骼肌肉纤维的类型（红肌纤维和白肌纤维比例）和数量、中枢神经对肌肉活动的协调和控制能力、肌糖原和肌红蛋白含量都会对肌肉力量产生影响。

骨骼肌纤维 代偿发力

力量和力气的不同之处

力量是指肢体作随意运动时肌肉收缩的力量。力气是我们日常语境中的用词，常指个人劳动和运动过程中用力的表现。日常生活中，人们常说的"力量大"往往是指"力气大"，如劳动中的搬运货物。力气大的人在长期的体力活动中，对发力方式和习惯已经有了很强的适应性，更倾向于全身协同代偿发力和肌肉耐力的表现。而在健身房参加力量训练的人群，更关注的是目标肌群的发力，比如卧推、蹲起、哑铃飞鸟等动作，追求的是肌肉围度的增加或某一局部肌肉力量的增加。所以说，力量的大小要综合来考虑，最大肌力、肌肉耐力、爆发力都是评价力量的重要指标。

健康术语

骨骼肌纤维

骨骼肌纤维又称"骨骼肌细胞"，是组成骨骼肌的一种多核细胞，形态呈长圆柱状。骨骼肌纤维分为红肌纤维与白肌纤维，因外观不同而有红白不同的称呼。红肌纤维也叫"慢缩肌纤维"，能持续、剧烈地收缩。白肌纤维又称"快缩肌纤维"，收缩快，但不持久。

（曹立全）

柔韧性练习
与牵伸的密码

17. 为什么我们要有
良好的**柔韧性**

健康术语

关节活动度

关节活动度是指关节活动时可达到的最大弧度，又称"关节活动范围"。关节活动度的测定是评定肌肉、骨骼、神经受损患者的基本步骤，是评定关节运动功能损害的范围与程度的指标之一。

柔韧性是指人体关节在不同方向上的运动能力以及肌肉、韧带的伸展能力。由于人体伸肌和屈肌的活动是密切联系的，在身体各部分做动作时，某些肌肉由于收缩而发展了力量，但另一部分肌肉则在放松和拉长，肌肉的柔韧性就得到了发展。随着年龄的增长，人体的柔韧性会慢慢降低。作为基本运动能力之一，柔韧性是重要的身体素质指标。

专家说

拥有良好的柔韧性会有哪些好处

良好的柔韧性能增加肌肉和关节活动度，改善肌肉和关节周围结缔组织的功能，避免关节僵硬，维持良好的体姿，减少在激烈运动中的肌肉疼痛，提高身体活动效率。经常进行柔韧性练习的人，动作灵活、身手敏捷，发生颈椎病、腰椎间盘突出症、肩周炎、

腰腿痛等疾病的风险也较低。

如何更好地练习柔韧性

1. 做好准备活动　骨骼肌、韧带和关节囊等软组织是黏滞体，在充分热身后，肌肉在黏滞性小的情况下拉伸效果好，而且不易受伤。

2. 循序渐进　在练习中，动作应先易后难、逐渐增加拉伸的难度，方法要柔和，用力要缓慢，切忌快速用力。

3. 以静力拉伸为主、动静结合　在练习时要掌握练习的幅度、力度和持续时间，一般以练习部位感受到伸展并拉长的程度能停留一段时间为宜。例如，训练腿部肌群的柔韧性，可采用压腿和摆腿两种方法交替进行，但以前者为主，后者为辅，这样既可提高伸展性，又可提高软组织的弹性。

4. 柔韧性与力量性相结合练习　通常单纯的力量性训练会降低柔韧素质，而单纯的柔韧素质训练又会影响关节的稳固性，两种方法交替进行、更能事半功倍。

（谭思洁　曹立全）

18. 为什么在运动后一定要进行
柔韧性练习

肌肉紧张 乳酸堆积

一些运动爱好者没有在运动后进行柔韧性拉伸练习的习惯。这使运动造成的肌肉紧张、弹性下降得不到有效缓解，容易出现疲劳积累、肌肉酸痛、动作僵硬等问题。

专家说

运动后进行柔韧性练习的益处

柔韧性拉伸能改变肌肉的形态，可通过拉伸变长。肌肉是富有弹性的，在用力时会紧绷，放松时又可恢复正常状态。肌肉本身无法自己变长或缩短，而拉长肌肉唯一的做法是通过运动后拉伸。

运动后进行柔韧性练习的益处

1. **缓解运动后身体酸痛** 由于运动后乳酸堆积在体内，运动后的 2~3 天会出现肌肉酸痛现象。运动后及时进行拉伸，可加速乳酸排出，从而有效改善身体酸痛。

2. **预防肌肉僵硬** 运动后身体肌肉处于紧张和充血的状态，肌肉会比平时更紧张、更僵硬。如果不及时拉伸放松，肌肉长时间处于紧张状态，就会变得僵硬、不灵活。

3. **让身材线条更好**　运动后拉伸可以拉长肌肉，让肌肉恢复弹性。坚持拉伸，会让身材线条变得更柔软和更流畅，四肢变得更修长。

4. **快速恢复体力**　运动后身体会处于紧张疲劳的状态，拉伸可以让体内的营养物质快速输送到需要的组织。同时，身体也处于休息的状态，达到快速恢复体力的效果。

健康加油站

运动后进行柔韧性练习的注意事项

　　柔韧性拉伸时间要根据运动量来决定，如果运动量较小，拉伸 5~10 分钟即可。如果运动量较大，则要适当延长拉伸时间。运动后，人体体温升高，应尽快进行拉伸。人体体温较低或天气较冷时，肌肉会收缩，这种身体状态下进行拉伸，不仅不能缓解肌肉酸痛，还可能造成肌肉损伤。

（谭思洁　曹立全）

19. 为什么柔韧性练习主要采用**静力拉伸法**进行

关键词

静力拉伸 牵张反射

柔韧性是人体关节以及跨过关节韧带、肌肉等组织的伸展能力。静力拉伸法在柔韧性训练中被普遍运用，因其可减少或消除超过关节伸展能力的危险，比动力拉伸法更安全，可以防止肌肉、韧带、肌腱等组织损伤，还不会激发牵张反射。

专家说

静力拉伸法的特点

静力拉伸法是在一定时间里，缓慢地将肌肉、肌腱、韧带拉伸到一定活动范围，保持静止不动状态的伸展活动。主要在热身和运动后进行，有助于防止受伤并提高柔韧性，使肌肉中大部分肌肉纤维快速投入运动中，同时增加肌肉的延展性，不会激发牵张反射，减少肌肉纤维和韧带在运动中的拉伤、撕裂、断裂。

在关节的活动范围方面，可加大关节的活动角度，提高动作质量。静力拉伸法是一种相对安全、保守的拉伸方法，它可以通过增加肌肉柔韧性和运动范围，减少疼痛和僵硬，缓解压力，促进血液循环和提高运动表现。

如何使用静力拉伸法

静力拉伸练习的动作有很多，比如肩胛部拉伸、上背部拉伸、腿内侧拉伸、侧腰拉伸等。静力拉伸法有两种形式，即主动性伸展和被动性伸展。主动性伸展要求拉伸者始终依靠自身力量完成练习，被动性伸展是指在自己练习的同时，需要借助外力来协助完成。

拉伸过程中，我们要进行正确呼吸以确保动作安全有效。一般单个静力伸展动作坚持 15~30 秒就可以了，对于深度伸展，60 秒是最高限度。建议在锻炼前先热身，并专注于被伸展的肌肉，每天或每周 2~3 次，可以获得最佳的柔韧性。需要注意的是，在做静力拉伸运动时，要顺应身体状况，在拉伸过程中，如果感到疼痛或不适，应停止练习。

健康
术语

牵张反射

牵张反射是指骨骼肌受到外力牵拉时所引起的反射性收缩，是与肌肉收缩密切相关的非条件反射，其反射中枢位于脊髓。牵张反射可分为腱反射和肌紧张反射。

（曹立全）

20. 为什么**坐位体前屈**成绩如此重要

健康术语

国民体质监测

国民体质监测是国家为系统掌握国民体质状况，以抽样调查的方式，按照国家颁布的国民体质监测指标，在全国范围内定期对监测对象进行统一测试和对监测数据进行分析研究的工作。

坐位体前屈是国民体质监测、学生体质健康标准测试中经典的测试方法，测试目的是测量在静止状态下的躯干、腰、髋等关节可能达到的活动幅度，主要反映这些部位的关节、韧带和肌肉的伸展性、弹性及身体柔韧素质的发展水平，一个人的柔韧性程度越好，表示其关节的活动幅度越大，灵活性越强。

柔韧素质与健康的关系极为密切，柔韧性的提高对增强身体的协调能力，更好地发挥力量、速度等相关身体素质，提高运动技能，防止运动损伤等都有积极的作用。

专家说

坐位体前屈的标准动作是什么

坐位体前屈的标准动作要求受试者两腿伸直，两脚平蹬测试仪纵板，坐在测试垫上，两脚分开 10~15 厘米，上体前屈，两臂伸直向前，用两手中指尖逐渐

向前推动游标，直到不能前伸为止。

注意要在测试前做好准备活动，在测试过程中身体前屈，两臂向前时两腿不能弯曲，并且推动游标时应匀速向前，不能突然发力。

如何提升坐位体前屈成绩

坐位体前屈成绩一方面受到躯干及腰部后侧肌群的柔韧度影响，一方面也受到关节活动度（range of motion，ROM）的影响，取决于骨盆绕髋关节的前屈能力。因此，改善骨盆前倾的运动幅度能有效提高坐位体前屈的成绩。

从解剖学角度分析，改善骨盆前倾的运动幅度主要通过提高脊柱伸肌群以及脊柱后部软组织、骨盆背侧肌群、股后肌群、后纵韧带、棘间韧带等的伸展性和柔韧性来实现，在加强以上肌群、组织和韧带的柔韧性时也可以有效提升髋关节的前倾角度，有助于提高坐位体前屈的成绩。

坐位体前屈可以采用上肢伸展练习、正压腿、侧压腿、站位体前屈、正踢腿、盘腿体前屈、跨栏坐等辅助方法进行练习。在练习坐位体前屈之前，一定要做好充分的热身活动，让身体韧带、肌肉黏滞性降低之后，再进行活动与拉伸，以免出现韧带与肌肉的损伤。坐位体前屈成绩的提高不是一时可以完成的，需要循序渐进，从易到难，持之以恒，通过自己的努力，逐步来提高。

（谭思洁　曹立全）

21. 为什么**柔韧性练习**
会让人产生疼痛

健康术语

肌梭

肌梭是指分布于骨骼肌中感受牵张刺激的本体感受器。形如梭状，外面有结缔组织膜包围，有感觉神经末梢缠绕，内中一般含有2~12条细骨骼肌纤维，两端一般附着于肌腱或梭外肌纤维。肌梭一旦侦测出快速伸展，肌肉就会反射性地收缩，产生牵张反射，来保护并防止肌肉被过度拉伸。

在健身房的拉伸区或瑜伽教室里，时常会看到有人皱着眉头或表情痛苦地进行拉伸动作，甚至有人因为腰弯不下去或腿伸不开而寻求伙伴们的协助。这些都源于人们既有的错误观念——"拉伸越痛苦才越有效"，其实过度拉伸反而会造成肌肉和韧带的伤害，甚至还会降低身体的柔韧性，适得其反。

拉伸最主要的目的就是放松肌肉，但如果在拉伸时用力过度，反而会让紧绷的肌肉不易伸展开来。只有通过适当的力度，慢慢地进行拉伸，紧绷的肌肉和筋膜才会在过程中放松，进而顺利提升肌肉的弹性。

专家说　柔韧性练习中的疼痛是如何产生的

柔韧性拉伸产生疼痛主要有三个原因：①目标拉伸肌肉长时间缺乏练习，可导致关节或关节周围包括

肌肉等软组织发生变性、挛缩，甚至粘连，因而限制了关节的运动幅度，牵拉时就会产生疼痛；②在运动后，运动区域局部肌肉可能会缺氧、血液循环变差、乳酸堆积刺激神经系统等情况出现，引起疼痛；③因为肌肉中含有一种名叫肌梭的特殊传感受体细胞，当我们进行拉伸时，这种细胞将信号传递给肌肉中的神经元细胞，进而传递给中枢神经，提示肌肉受到过度拉伸。最终，肌肉会因为牵张反射产生收缩、紧绷，来对抗拉力，这样的反应会造成疼痛。

如何安全、合理地避免过度拉伸

首先，要避免疼痛，并不是说越疼拉伸效果就越好，一旦肌肉出现疼痛，会通过收缩来进行自我保护，则无法达到拉伸的目的。其次，要缓慢拉伸，尽量避免大幅度甩动手脚，缓慢稳定地拉伸，感受肌肉拉伸产生的牵张感，学会判断终止点，避免过度拉伸。最后，要活动正确的肌肉，大力不能出奇迹，纯靠蛮力拉伸，容易导致疼痛和伤病，因此，掌握正确的发力肌肉和发力方向非常重要！

牢记拉伸黄金准则：以最低程度的关节活动，达到最大限度的拉伸。

（曹立全）

22. 为什么

柔韧拉伸运动不能过度

韧带 被动拉伸

健康术语

肌腱

肌腱位于肌腹两端的索状或膜状致密结缔组织，肌腱是一根强壮、灵活的组织，类似于绳索，具有传递能量、保护肌肉、维持身体稳定的作用。

柔韧性应作为一个整体去看待，所谓"刚柔并济"，拉伸不能仅作用于"柔"这方面，"韧"也很重要。"柔"简单理解就是柔软度，代表着正常的关节活动范围，"韧"则是坚韧，代表着对关节的保护，防止关节过度运动。拉伸可以提高身体的柔韧性，让身体更灵活，更柔软，但是过度的拉伸，就会破坏关节周围肌腱、筋膜、韧带的韧性及肌肉纤维的断裂，导致受伤。

专家说

过度拉伸的危害

柔韧性拉伸主要分为主动拉伸和被动拉伸。主动拉伸是指主要依靠收缩肌肉的力量，而不是其他外力使动作保持在某一个特定的位置上，被动拉伸是指利用自身的体重、器械或者是外力使肢体保持一定的伸展位置。过度拉伸不仅对身体无益，反而会伤害到肌

肉。一般来说过度拉伸，多指的是被动拉伸，例如使用把杆压腿、强制劈叉、踢腿、抓住脚背拉伸大腿前侧等动作。

在拉伸的过程中，身体可能会发出一些"警报"，我们要格外留意。通常拉伸时不应感到疼痛，若出现轻微的不适感是正常的，但如果出现明显的疼痛就要格外警惕，最好立即停止。拉伸过度会产生肌肉拉伤、肌腱拉伤、韧带拉伤等问题，对身体的韧性造成伤害。

怎样拉伸更安全

对于普通人，较为推荐的是进行主动拉伸锻炼，例如肩胛部伸展、背阔肌伸展、腿后肌伸展、小腿伸展等，在拉伸动作的结束位置保持一段时间。当我们在进行主动拉伸时，肌肉和筋膜不是放松的，而是紧绷的张力状态，虽然本身感觉是一种放松的状态，但肌肉不是如此，在这种状态下，我们的肌肉才有"韧性"可言，关节也会更稳定。主动拉伸可以让肌肉、筋膜处于有力的拉伸状态，而不失灵活性，同时也可以为身体储能，让身体更具爆发力。因此，我们在日常生活中可以强化这种拉伸方式，以减少受伤的风险。

（曹立全）

四

灵敏、平衡
运动的密码

23. 为什么发展
平衡能力很重要

平衡能力对于我们的日常生活、运动锻炼具有十分重要的作用，例如我们在体育锻炼中为了完成不同的动作，必须维持或者保持一定的身体姿势，来确保运动过程中的身体平衡，从而实现完成运动动作的目的。

专家说

什么是平衡能力

平衡能力是指我们的身体保持一种姿势以及在运动过程中或身体受到外力作用时能够自动调整并保持身体姿势的一种能力。平衡能力是人体维持站立、行走以及协调地完成各种动作的重要保障。我们所说的平衡能力与人体的前庭器官、视觉器官、本体感受器、大脑、小脑的平衡调节以及人体四肢的力量等多种因素密切相关。

静态平衡与动态平衡

平衡包括两个方面：一是指身体所处的一种姿势或稳定状态，属于静态平衡；二是指身体在运动或受到外力作用时，能自动地调整并维持姿势的一种能力，属于动态平衡。

平衡能力在日常生活中的作用

提高平衡能力可以帮助我们在日常生活中保持稳

定，减少跌倒和受伤的风险。特别是对于老年人来说，他们的平衡能力有所下降，一旦跌倒可能导致严重的后果。

平衡能力是开展许多运动项目的关键因素。发展平衡能力可以提高身体的协调性、敏捷性和反应速度，从而提高运动表现。

在日常生活中，平衡能力的发展与正确的姿势和姿态密切相关。良好的平衡能力可以帮助我们保持正确的身体姿势，减少不良姿势对身体的负面影响。

良好的平衡能力可以增加身体的稳定性和灵活性，使我们更加自信地进行日常活动，如上下楼梯、走路、站立等。平衡能力的提高还可以帮助预防运动损伤和意外事故的发生。良好的平衡能力可以提高身体的控制能力，减少运动中的失误和意外。

发展平衡能力的方法

平衡能力与人的力量、灵活性、感觉系统和生活习惯等多个方面相关。我们可以结合自身需求选择平衡训练的手段，如单脚站立、平衡板训练、倒立训练等，这些训练可以帮助人们加强核心肌群的稳定性和平衡控制能力。此外，还可以进行感觉系统的训练，如闭眼平衡训练、触觉训练等，来提高感觉系统的反应能力和平衡控制能力。

（戈　莎）

24. 为什么说**肌肉力量**是发展平衡能力的影响因素之一

肌肉力量是平衡能力发展的重要因素之一，因为肌肉力量可以帮助我们更好地控制身体的姿势和平衡。想象一下，如果我们的肌肉力量不够强大，就像没有一个稳固的支撑物。当我们试图保持平衡时，肌肉无法提供足够的力量来维持身体的稳定，导致身体容易失去平衡，从而增加摔倒或受伤的风险。

专家说

怎样做才能发展肌肉力量

想要发展肌肉力量，可以通过适当的运动和锻炼来实现。这包括进行一些力量训练，如举重、俯卧撑、深蹲等。这些运动都可以帮助我们增强肌肉力量，在提高身体稳定性的同时，帮助发展平衡能力。此外，还可以在日常生活中增加一些简单的活动，如步行、跑步、爬楼梯等，这些活动对发展肌肉力量也有一定的促进作用。

发展肌肉力量的练习需要持之以恒，不能急于求成。建议大家从小而稳的运动开始，逐渐增加运动的强度和难度，既能更好地保持肌肉力量，又可以避免出现运动损伤。

平衡能力的其他影响因素有哪些

1. 人体的感知觉系统　我们人体的感知觉系统包括视觉系统、前庭系统和本体感觉系统。这些系统与人体的平衡能力息息相关，其敏感程度在一定程度上反映着平衡能力的强弱。

2. 体重　体重过重或过轻都会影响身体的平衡能力，过重或过轻在站立和行走时都需要更强的下肢肌肉力量去实现，从而影响平衡能力的发展。

3. 年龄　随着年龄的增长，平衡能力通常会下降。这是由于肌肉力量和神经系统的退化，以及对感觉和运动的处理能力减弱。

4. 疾病和损伤　某些疾病和损伤，如脑卒中、帕金森病、内耳问题等，会对平衡能力产生负面影响。

健康加油站

人体所有的运动都是在对抗各种阻力的情况下产生的，肌肉力量在运动中具有重要作用。以下为大家介绍几个关于力量的概念。

1. 绝对力量　一个人所能举起的最大重量。

2. 相对力量　某人的绝对力量除以体重，可得到相对力量，即每千克体重的肌肉力量。

3. 绝对肌力　某一块肌肉做最大收缩时所产生的张力。

4. 相对肌力　肌肉单位横断面积（一般为 1 平方厘米肌肉横断面面积）所具有的肌力。

（戈　莎）

25. 为什么进行平衡能力训练
可以**预防跌倒**

平衡能力的强弱直接影响我们日常生活中的行动能力和安全性。平衡能力差的人容易跌倒，从而导致骨折等意外事故的发生。而平衡能力好的人则能够更加自如地进行各种运动和活动，同时也能够减少跌倒和发生骨折的风险。

专家说

进行平衡能力训练有哪些益处

平衡能力训练可以预防跌倒，原因在于平衡能力训练可以提高人体的稳定性和协调性，从而使身体更加稳健。

平衡能力训练可以通过加强肌肉力量和对感知觉系统的训练来实现。肌肉力量的加强可以提高人体的支撑能力和稳定性，感知觉系统的训练可以增强人体对于身体位置和运动状态的感知能力，从而提高人体的协调性和平衡能力。

哪些运动项目可以帮助提升平衡能力

瑜伽和太极拳是在日常生活中很好的运动选择，因为这两种运动对于场地和器材的要求不高，同时都是结合呼吸和身体控制的运动形式，可以有效地提高平衡能力。在运动中要注重身体的稳定性和平衡，通过不断练习可以增强肌肉力量，提高协调性和平衡能力。

哪些练习可以帮助提升平衡能力

1. 单脚站立　这是一种简单但有效的平衡练习手段。开始时，可以将脚尖轻轻触碰地面，然后逐渐尝试在不借助外力的情况下保持平衡。逐渐延长站立时间，最终目标是能够稳定地站立30 秒钟以上。可以逐渐增加难度，如闭上眼睛或将脚抬高到小腿上。

2. 平衡板　平衡板是一种特殊的设备，可以帮助训练平衡能力。站在平衡板上，尽量保持平衡，可以尝试不同的姿势，如双脚并拢、单脚站立等。逐渐增加训练时间和难度，可以尝试闭上眼睛或进行其他活动，如转身、弯腰等。

3. 走平衡绳　走平衡绳是一种有趣而有效的平衡练习手段。可以在两个支点之间拉紧绳子，然后尝试在上面走过。开始时可以保持双脚并拢，逐渐尝试走得更快或进行其他动作，如单脚走、转身等。

关键词

运动　平衡训练计划

**两种简易的人体静态平衡能力
测量与评定方法**

1. 闭眼单脚站立测试　测试者闭眼站立，双手叉腰，听到"开始"口令后，抬起非优势腿将脚掌紧贴于优势脚踝内侧。记录保持此姿势的时间，时间越长静态平衡能力越好。一般认为可保持 60 秒以上为良好，30~60 秒为一般，30 秒以下为较差。

2. 踏木测试　测试者单脚或双脚前脚掌踏在高度为 10~20 厘米的木板或台阶上，双手叉腰，测试维持身体平衡的时间。测试过程中，可以选择闭眼或睁眼。包括双脚踏木睁眼、双脚踏木闭眼、单脚踏木睁眼、单脚踏木闭眼 4 种测试方案，难度依次增加。

（戈　莎）

26. 为什么运动
可以改善**平衡能力**

　　运动是改善平衡能力的有效方法。平衡能力是人体保持稳定姿势的能力，它依赖于肌肉力量、感知觉系统和神经控制的协调。通过运动，我们可以刺激和提高这些方面的功能，从而改善平衡能力。

运动是怎样改善平衡能力的

1. 运动可以增强肌肉力量 肌肉是我们身体的支撑系统，强壮的肌肉可以提供更好的支持和稳定性。通过力量训练，可以增加肌肉的质量和力量，从而改善身体的稳定性和平衡能力。如做一些腿部肌肉训练，可以增强大腿和臀部的力量，提高站立和行走时的稳定性。

2. 运动可以提高感知觉系统的功能 感知觉系统的协同工作可以帮助人体感知身体的位置和运动状态。通过进行平衡训练，如单脚站立在平地或平衡板上，可以刺激和训练这些感知觉系统，提高人们对身体位置和运动状态的感知能力。

3. 运动可以改善神经控制的协调性 平衡能力的发挥需要神经系统的精确控制和协调。通过进行协调性训练，可以训练神经系统的协调性，使其更加灵活和敏捷。

通过运动改善平衡能力的注意事项

1. 在进行平衡训练时，要确保自身安全 选择一个平坦、干燥、无障碍物的场地进行训练，避免滑倒或碰撞。如果需要使用辅助工具，如平衡板或支撑物，要确保其稳定性和安全性。

2. 在运动过程中要注意运动的适度和渐进性 开始时要选择适度的训练强度和时间，避免过度训练导致疲劳和受伤。逐渐增加训练的难度和时间，让身体逐渐适应和提高。如果感到疲劳或不适，要适时停止训练并休息。在进行平衡训练时还要注意保持正确姿势。身体要保持挺直，核心肌群要紧绷，腹部要收紧，肩膀要放松。避免猛烈　摇晃或扭转，以免造成伤害。

平衡训练计划

1. **热身**　进行 5~10 分钟的热身活动，如快走、跑步、跳绳等。

2. **站立平衡**　选择一个平坦的地面，双脚并拢，保持站立姿势，尽量保持平衡。可以尝试闭上眼睛，每次进行 1~2 分钟，逐渐增加时间。

3. **单脚站立**　将一只脚抬起，保持另一只脚的站立姿势，尽量保持平衡。可以尝试闭上眼睛，增加训练难度。每次进行 1~2 分钟，逐渐增加时间和换脚次数。

4. **行走平衡**　选择一个平整的地面，进行前进、后退、侧移等行走动作，保持平衡。可以尝试在走路时进行转身等动作，增加训练难度。每次进行 2~3 分钟，逐渐增加时间和难度。

5. **平衡板训练**　选择"U"型板或底部垫有圆木的硬板，训练时站立在板上保持平衡，可以进行前后倾斜、左右倾斜、单脚站立等动作。每次进行 1~2 分钟，逐渐增加时间和难度。

6. **恢复** 进行 5~10 分钟的放松活动，如慢走、拉伸等，以缓解肌肉疲劳和恢复身体状态。

建议每周进行 2~3 次的平衡训练，每次 20~30 分钟。根据个体情况和进展，适当调整训练强度和方式。同时，注意休息和恢复，避免过度训练导致身体疲劳和受伤。

（戈 莎）

27. 为什么进行**灵敏素质**训练可以帮助提高注意力

随着人们生活压力的增大，注意力越来越难以集中，这不仅影响工作和学习效率，还会对身心健康造成负面影响。针对这一问题，灵敏素质训练逐渐被人们关注，它可以帮助提高注意力，改善身体协调性和反应能力。

专家说

灵敏素质训练帮助提高注意力的原理

灵敏素质训练可以刺激大脑的神经系统，促进其发育和成熟。在进行灵敏素质训练时，我们需要通过不同的动作和姿势来刺激身体各个部位的感知系统，

如视觉、听觉、触觉、平衡感等，这些系统的协同作用可以提高神经系统的整体协调性和反应速度，从而提高注意力和反应能力。此外，灵敏素质训练还可以增强身体的协调性和平衡能力，从而提高身体的稳定性和运动效率。

如何进行灵敏素质训练

灵敏素质训练是通过刺激大脑神经系统来提高注意力的训练方法，包括跳跃、踢球、打篮球等各种运动，也可以使用各辅助器材进行训练。

首先，可根据个人兴趣和偏好选择训练方法，并选择合适的场地进行训练。要注意选择适度的训练强度和时间，由易到难，逐渐增加训练的难度和时间。

灵敏素质训练的关键在于刺激身体各个部位的感知系统，如视觉、听觉、触觉、平衡感等。在训练过程中，要注重对感知系统的刺激，通过不同动作和姿势来激活感知系统，促进神经系统的发育和成熟。同时，为了不让大脑过于习惯某种训练方式，可以不断调整训练内容和难度。尝试不同的训练动作和器材，增加训练的变化性和挑战性，让大脑保持活跃和敏锐。

另外，在进行灵敏素质训练时，要保持良好的心态，不要过于焦虑或紧张。放松身心，享受训练的乐趣，这样可以更好地集中注意力，提高训练效果。

影响灵敏素质发展的因素

灵敏素质通常来讲是指人体能够迅速、准确、协调地改变身体运动的空间位置和运动方向的一种能力，如遇到危险时的快速躲闪能力等。具体哪些因素会影响灵敏素质的发展呢？

1. 神经系统作为人体的"指挥家"，控制和调节着人的感知觉和全身各种功能活动，负责调度全身各组肌肉的精确配合。在做出快速反应的同时，我们会做出相应不同的动作，这些动作就是肌肉在神经的"指挥下"所展现出来的。

2. 有研究发现灵敏素质大多受先天性遗传因素影响，通过后天训练可提升的空间有限。

3. 年龄对灵敏素质也有一定影响，提升灵敏素质的最佳时间要从儿童阶段开始。

4. 俗话说"熟能生巧，巧能生精"，掌握运动技能的数量越多，越容易建立起运动条件反射，具体就表现在完成某些动作时更加快速、准确。

5. 积极的心理状态对灵敏素质也有一定影响，集中的注意力和良好的判断力都会促进灵敏素质发展。

（戈　莎）

28. 为什么
儿童发展**灵敏素质**要趁早

儿童灵敏素质的发展存在一个"敏感期"，在这个时间段内，通过一定的体育锻炼，可以更有效地发展儿童的灵敏素质。儿童灵敏素质发展的敏感期一般认为在6~12岁，在这个年龄段内进行灵敏素质训练提高最快，因此，我们要特别注重在儿童阶段发展灵敏素质。

健康术语

身体素质增长敏感期

身体素质增长敏感期是指身体素质增长速度快的年龄阶段。

专家说

儿童阶段如何发展灵敏素质

神经系统是人体发育最早、最快的系统，儿童具有较优越的发展神经系统的条件，如前庭生长发育最快，神经系统灵活性强，模仿能力强等。根据儿童的不同年龄特点，可针对性发展灵敏素质的不同方面，例如6~12岁儿童适于锻炼节奏感；7~11岁儿童适于锻炼空间定向能力；7~12岁儿童适于锻炼反应能力。可从跳绳、绳梯、变速跑、变向跑、掷沙包、躲避球等这些容易开展的练习入手，让儿童在轻松、有趣味

的游戏中由简入繁地掌握走、跑、跳、投等多元动作组合，同时还可提前规定或随机加入视觉、听觉等不同感觉的反应练习，以此提高儿童根据不同的外界刺激对运动形式快速判断的能力。

儿童灵敏素质训练原则

1. **优先性原则** 儿童在疲劳时灵敏素质会变差。因此，灵敏素质训练应安排在儿童体力较好时进行锻炼，一般情况下安排在训练课的前半部分进行，或者在儿童体力比较充沛、精神比较饱满时进行。

2. **先易后难性原则** 儿童灵敏素质的全面提高依赖于多建立有严格要求的条件反射，也就是说，他们学会和掌握正确、随意的动作越多，越有利于灵敏素质的发展。因此，在儿童灵敏素质的训练过程中，应该是先从容易做的简单动作开始，然后是比较复杂的动作，最后进行组合性、复合动作的练习。

3. **趣味性原则** 灵敏素质是由大脑皮层神经活动过程的可塑性和灵活性所决定的。因此，训练方式、方法、内容的设计都必须注重娱乐性、趣味性和游戏性等快乐属性，如设计一些团队体育游戏或应答性游戏就可以全面发展儿童的灵敏素质。

（戈　莎）

29. 为什么**灵敏素质练习**可以提高办公室人群的工作效率

办公室工作往往会给人们带来压力和紧张，而灵敏素质的练习可以作为一种放松身心的方式。在练习过程中，我们可以专注于身体的感知和动作，忘却烦恼和压力，享受运动的乐趣。帮助人们放松心态，提高心理素质，从而更好地集中注意力，提高工作效率。

专家说

办公室人群如何进行灵敏素质练习

针对办公室人群的特点，以下是一个具体的训练计划，旨在提高注意力、改善身体协调性和反应能力，放松身心。

1. 器械训练　哑铃、弹力带都是适合办公室人群的器械，每天可进行 10~15 分钟的器械训练，包括推举、拉伸、蹲起等动作，以增强肌肉力量和身体协调性。

2. 快速反应训练　如反应球游戏、击打反应训练器等。每天进行 10~15 分钟的训练，以提高反应速度和敏捷性。

3. 球类训练　球类项目是一项全身性的运动，能够锻炼身体的协调性和反应能力。可以每周安排 1~2 次球类训练，每次进行 1 小时左右的练习。

4. 呼吸练习　办公室工作往往会带来压力和紧张，进行呼吸练习可以帮助放松因久坐而僵硬的肌肉，改善身体的灵敏度。

5. 动感音乐训练　选择一些动感的音乐，进行有节奏的运动训练，如有氧舞蹈、有氧操等。每周进行 1~2 次，每次 30 分钟左右。

灵敏素质练习的注意事项有哪些

在进行灵敏素质练习时，需要注意选择适合办公室环境和条件的训练方式和器械，确保安全。避免在狭小空间或有障碍物的地方进行高强度的训练，以免发生意外。

同时要综合考虑身体各个部位的训练，不要只注重某一部分。要全面锻炼身体的协调性和灵敏性，包括上肢、下肢、核心肌群等。训练时要给身体足够的休息时间，避免过度疲劳。可以在训练中设置适当的休息间隔，或者在训练期间留出休息日，让身体有时间恢复和修复。

健康加油站

灵敏素质也被称作"身体的智商"。评价灵敏素质时至少应考虑以下几个方面：①是否具有快速的反应、判断、躲闪、转身、翻转、维持平衡和随机应变的能力。②是否能自如地操纵自己的身体，在任何不同的条件下都能准确熟练地完成动作。③在不同的环境下都能准确熟练地完成身体动作。④能否把力量、速度、协调性、节奏感等素质通过熟练的身体动作综合表现出来。

（戈　莎）

30. 为什么运动
有助于提高**灵敏素质**

神经系统是人体的指挥中心，负责传递和处理各种信息，人体在进行运动时，身体的各个部位需要协同配合，这就需要神经系统发挥作用，长期运动可以使神经系统变得更加敏捷和高效，从而提高灵敏素质。

专家说

哪些运动可以提高灵敏素质

如果想通过运动提高灵敏素质，可以选择一些对灵敏性要求较高的运动，如篮球、足球、羽毛球等。篮球运动需要球员在短时间内作出判断并迅速反应，这对提高灵敏素质非常有帮助。足球运动需要球员在大范围内进行快速移动和转换方向，同时还需要控制和传球，这对提高灵敏素质非常有利。羽毛球运动需要球员在短时间内对球的飞行轨迹进行判断并作出反应，同时还需要球员有良好的手眼协调能力和身体协调性。这些运动都需要快速反应和准确动作，对灵敏素质的提高非常有帮助。

如何在运动中更有针对性地进行灵敏素质练习

一般我们把灵敏素质分为程序性灵敏素质和随机

程序性灵敏素质　随机性灵敏素质

性灵敏素质。程序性灵敏素质可以帮助发展某一类相似的灵敏素质和反应，这类练习中，我们一般会安排不同的速度练习，比如 T 字形跑或穿梭跑，一般在练习过程中会让练习者按照提前熟知的运动方向反复练习。随机性灵敏素质练习顾名思义就是培养练习者随机的灵敏性与反应，相对程序性灵敏素质来说，随机性灵敏素质的提高比较困难，但是我们可以通过不同感觉技巧的运用，使练习者根据不同的刺激对反应作出瞬间的判断，如闪躲球移动练习。

健康加油站

通过运动提高灵敏素质的注意事项

首先，灵敏素质训练中要注意适量运动，因为过度运动可能导致身体疲劳，进而降低灵敏素质。其次，在进行运动时，应该注意身体的安全，避免发生运动伤害。提高灵敏素质不是一蹴而就的，需要长时间的锻炼。因此，要有耐心和毅力，持之以恒地进行运动。

（戈　莎）

五

运动处方的
密码

31. 为什么运动也需要开**处方**

关键词

运动处方 运动处方原则 运动处方要素

　　随着人们生活水平的提高和健康意识的增强，越来越多的人开始关注运动对健康的影响，并通过运动来维护高质量的体质健康水平。科学且适量的运动可以帮助人们预防和控制许多疾病（如心血管疾病、肥胖症、糖尿病等），提高身体免疫力和心肺功能，促进心理健康。反之不但不能获得健康收益，还可能对身体造成伤害。因此，运动必须在个体身体状况和能力范围内进行，避免过度或不当的运动。

　　运动处方作为一种科学、系统的运动健康管理方法，可以根据个体的身体状况、运动目的和运动能力等因素，制订适合个人的运动计划，以达到最佳的健康促进效果，这也正解释了"为什么运动也需要开处方"的原因。

专家说

　　运动处方是由专业的运动健康管理人员或医生根据个人身体状况和健康目标开具的一份针对性、个性化的运动计划。它包括运动类型、强度、频率、时间等方面的指导，旨在帮助个体实现健康目标，同时最大限度地减少运动对身体的不良影响。

　　运动处方的制订过程需要依据专业的科学运动原理和生理学知识，通过对个体身体状况的测评，确定适合该个体的运动计划，同时还需要与个体的生活方式和兴趣相结合，以提高运动计划的实施效果和可持续性。

设计标准规范的运动处方必须遵循"八大原则"和"八大要素"。

运动处方的原则

安全性、有效性、个性化、全身性、专门性、可行性、循序渐进、周期性。

运动处方的要素

运动目的、运动方式、运动强度、运动时间、运动频率、运动总量、运动进度、注意事项及微调整。

运动处方的制订与实施基于科学理论下的设计与实践，能够最大限度地发挥运动的效果，达到健康目标的同时，可以避免因运动过度或不当而导致的身体损伤或其他健康问题。

健康加油站

- 运动目的是指运动的主要目标。

- 运动类型是指运动的方式和形式。

- 运动强度是指运动的负荷程度。

- 运动时间是指每次进行运动的持续时间。

- 运动频率是指每周进行运动计划的次数。

- 运动总量是指完成运动的总数量。是由运动频率、运动时间共同决定的。

- 运动进度是指根据对运动处方的适应性，逐渐

增加运动的强度、频率和时间，以提高运动效果。

- 注意事项及微调整是指为保证运动安全，运动时需要注意的事项，以及由于人体健康状况、机体能力和对运动的适应程度经常会发生一些变化或是每次锻炼时场地、气候、环境可能会发生改变，在运动处方的实施中应随时进行必要的微调整。

（谭思洁　郭　振）

32. 为什么设立**运动目标**后的锻炼效果更好

运动是促进健康的重要方式，但有很多人往往在开始运动后不久就放弃了，这是为什么呢？有没有一种方法可以让运动更有效、更持久呢？

答案是设立运动目标。设立运动目标，可以帮助运动者明确自己想要达到的结果，例如减重多少千克，跑步多少千米，做多少个俯卧撑等。这样可以给运动者提供一个具体的参照标准，还可以供运动者评估自己锻炼的进展。同时，运动目标的设立可以增加运动者的承诺感和责任感。当运动者把自己的目标写下来或告诉别人时，他们就会觉得自己有义务去实现这个目标，这促使运动者更加坚持和努力地去完成自己的运动目标，而不是轻易放弃或懈怠。

从运动生理学视角分析，设立运动目标可以优化运动者的运动强度和频率。根据超量恢复原理，只有适度提升运动强度，身体才会产生适应性变化，例如增加肌肉力量和耐力，提高心肺功能和新陈代谢等。而运动频率则影响了身体恢复和改善的程度，如运动频率过低，身体就会失去之前获得的适应性变化。运动频率过高，身体得不到充分的休息与恢复，容易产生过度疲劳，甚至运动损伤。设立运动目标就是为了保障合理地安排运动的强度和频率，帮助运动者根据自己的实际情况和期望结果，制订出适合的运动计划，并按照计划执行，从而达到最佳的运动效果。

设立运动目标可以让我们有一个明确的运动效果衡量标准，例如我们设定了每周跑步 3 次，每次跑 5 千米的目标，我们可以通过记录自己的跑步时间、速度、心率等数据来了解自己是否达到了目标，以及哪些方面需要改进。

当然，并不是所有的运动目标都是有效和合适的，我们需要根据自己的实际情况和需求，制定一个符合 SMART 原则 [即明确性（specific）、可衡量性（measurable）、可实现性（achievable）、相关性（relevant）和时限性（time-bound）] 的运动目标，并且持之以恒地去实施和评估。只有这样，我们才能真正享受运动带来的健康效益。

关键词

运动方式 个性化

一般来说运动目标可分为"近期目标"和"长期目标"。

1. 近期目标 是指根据运动处方对象目前的健康状况、体力活动水平制定近两周或者 4~8 周需要达到的运动目标，包括预期能够完成的运动强度、运动时间、运动总量以及可以达到的运动效果。

2. 长期目标 是指制定半年、一年，甚至更长时间的运动目标。最终的目的是使运动健身更好地融入日常生活，从根本上改变体育运动参加者的体质水平和身体状况，达到理想的运动效果。

（谭思洁　郭　振）

33. 为什么**运动方式**
要有所选择

在当今快节奏的生活中，人们却越来越习惯久坐和低水平体力活动的生活方式，这已成为许多健康问题的根源，如因身体活动不足导致的肥胖、糖尿病、高血压和心血管疾病等。科学运动成为维护健康的重要手段之一。但是，我们常常听到有些人抱怨，选择的运动方式不适合自己，或者已经尝试了许多不同的运动方式，但都没有达到理想的效果。这些问题的根源在于不懂得如何正确选择运动方式。

专家说

如何选择适合自己的运动方式

在选择运动方式时，需要考虑多种因素。

首先，要考虑个人的身体状况和健康状况。如果有关节问题，那么应该选择低冲击的锻炼方式，如游泳、瑜伽等；若身体较为健康，可以选择中高强度的锻炼方式，如跑步、中等强度的抗阻练习等。其次，还要考虑个人的兴趣与爱好，因为唯有选择自己喜欢的方式才能更好地坚持下去。最后，也要考虑时间和场所的限制，如没有时间去健身房，可以选择在室外安全的开放环境下进行路跑、骑行等简便易行的运动，选择适合自己的运动方式，可以更好地达到促进身体健康和提升生活质量的作用。

为何实效性是选择运动方式的重要因素

实效性是指锻炼内容是否能够真正有效地锻炼身体。锻炼的实效性取决于锻炼内容和锻炼方式。例如，跑步是一种非常有效的锻炼方式，可以提高心肺功能，但是如果我们只是轻松慢跑效果可能并不显著，因此，我们需要增加一些力量和柔韧性练习才能达到预期的锻炼效果。

在运动方式选择过程中季节性因素也很重要。不同季节的气温和湿度会对体育锻炼的效果产生很大影响。例如，夏季天气炎热，容易流汗失水，需要选择适合炎热天气的体育锻炼方式，避免中暑和脱水；而在冬季，大部分人不太喜欢在低温下进行户外

运动，这就需要考虑选择室内运动。

此外，运动方式的全面性也是需要关注的，也就是说体育锻炼应该涵盖不同系统和器官，而不是只针对某一方面进行锻炼。例如，我们可以进行有氧运动和无氧运动相结合的组合运动，同时兼顾心肺机能与肌肉功能的锻炼。这样可以使锻炼更加全面，也能更好地增强身体适应能力。

健康加油站

特别提醒，选择合适的运动方式并不意味着只需要选择一种方式。事实上，多种体育锻炼方式的组合可以获得更好的效果。例如可以将有氧运动和力量训练相结合，以达到减肥和增肌的协同效果。

（郭　振）

34. 为什么运动强度
需要**因人而异**

运动是保持、促进健康的重要组成部分，可以对身体健康、心理健康和情感健康产生积极影响。然而，运动强度的适宜程度可以直接决定运动效果，盲目或不恰当地选择运动强度，不但起不到良好的健康促进作用，甚至可能会损害健康。这一点常被人们忽视，这是因为许多人还没有意识到运动强度的选择应该是个性化的。

专家说

运动强度要个性化

首先，个体差异是导致不同人在进行相同运动时所需消耗能量不等的主要原因之一，个体间会在以往运动经历、体型、健康状况、年龄、性别和生活习惯等方面有所不同，所以运动强度需要进行个性化设置。

其次，运动目的不同也是需要考虑的因素。例如，为了增强心肺功能而进行的有氧运动，其强度与最大速度爆发力提升训练的强度需求不同。前者的心率要求相对比较低，而后者需要的强度相对更高。所以只有在科学合理的强度下运动，才能达到更好的运动效果。

如何确定科学的个体运动强度

对于运动强度有很多种确定方法或划分标准，最常用的方法是以心率作为参照标准，可以分为以下几个层次。

1. **低强度运动**　运动时的心率为最大心率的 50%~60%。

2. **中等强度运动**　运动时的心率为最大心率的 60%~70%。

3. **较高强度运动**　运动时的心率为最大心率的 70% 以上。

运动强度的划分是为了更好地指导人们进行运动，达到更好

的健康效果。既然有了这些标准，如何确定运动强度呢？

必须要先了解个人最大心率。个人最大心率 =220- 年龄（最大心率 =207-0.7× 年龄），计算出的值即是个人的最大心率值。以此为基础，根据所选择的运动类型和强度水平，就能相对科学地控制运动时的心率范围了。无论是低强度、中等强度还是高强度运动，都应该在运动后进行适当的休息，防止运动过度引发身体不适。

（郭　振）

关键词

碎片化运动　累积效应

35. 为什么没有时间
是不参加运动的**借口**

人们常常忙于工作、学习和生活的琐事，抱怨没有足够的时间参加体育锻炼，这也成了很多人不参加运动的主要借口。然而，运动锻炼对于身体健康的重要性是不言而喻的，我们有足够的理由去克服这一困难。对于那些抱怨自己没有时间去参加运动的人来说，我们有一个好消息：即使你的时间非常有限，也可以有效地利用碎片时间，累积起来构成一定的运动时间，达到锻炼的效果。

在平时的工作和生活中，每个人都会有一些碎片时间，例如上班路上、午休时间、看电视等。这些时间虽然短暂，但如果利用起来，也可以累积起来构成一定的运动时间。例如，在上班路上可以选择步行或骑行代替乘坐公交车或开车，午休或工间时可以进行快走或者慢跑，看电视时可以选择做一些简单的手、脚运动操等。

专家说

为了维持健康，每天应该运动多久

保持良好的健康状况需要良好的运动习惯，不同人群有不同运动量需求。根据世界卫生组织建议，成年人每周应至少进行 150 分钟中等强度的有氧运动。大多数人可以将这一运动量分成每天至少 30 分钟，每周运动 5 天。运动效果与运动的累计时间有关，多次运动累积起来，对于身体健康的影响会更加显著。因此，人们应该平均每天保持至少 30 分钟的运动时间，持续锻炼 1 个月才可以看到明显的健康效果。

健康加油站

无论工作、生活如何忙碌，每天的有效运动是可以通过碎片时间来实现的。当然，运动时长应该根据自己的身体状态和运动目的制订切实可行的计划，只有坚持锻炼才能达到良好的效果。

（郭　振）

36. 为什么
运动存在**最佳时段**

关键词

运动时段　运动效果

也许有人还不知道，运动也是有最佳时段的。那么，什么时间运动效果更好？一般人群的最佳运动时段是什么？特殊人群的运动时段的选择是什么？

专家说

从生理角度来看，人体的生理节律和运动效果有着密切关系。上午和傍晚是人体运动效果较佳的时段，有研究显示，上午锻炼会使代谢反应更强，机体更有能力代谢糖和脂肪。人的体力在傍晚会达到最高峰，傍晚锻炼有利于延长运动时间，增加全身能量消耗。此外，上午10：00左右是空气质量最好的时间，特别适合户外运动；而在傍晚，人体的肌肉和关节因为一天的工作和身体活动已经变得紧张、较为僵硬，此时进行适度的运动可以缓解疲劳和紧张情绪，增强免疫力。因此，可以根据自己的实际情况与运动目的，合理地选择运动时段以提高运动效果。

特殊人群运动时段的选择有所不同。譬如，糖尿病患者应该在餐后1小时左右进行运动，有助于降低血糖水平。对于肥胖症患者，傍晚运动可以更充分地调动脂肪分解，以帮助身体消耗多余的热量。对于老年人，最好的运动时段是10：00—11：00、15：00—16：00，因为此时阳光适中，气温适宜，能够减少发生运动损伤和心血管意外的风险。

　　无论选择何时进行运动，保持健康的体魄都需要规律锻炼。选择最佳运动时段可以让您在锻炼中获得更好的健康效果，但是也可以根据自己的身体情况和健康目标来设计更适合自己的方案。

（郭　振）

关键词

运动频率　规律运动　运动习惯

37. 为什么
运动要保持一定的**频率**

　　运动对于身体健康的重要性不言而喻，保持规律的运动频率也同样重要。规律的锻炼可以帮助我们增强心肺功能，促进血液循环，提高免疫力，预防慢性疾病，改善睡眠质量，减轻压力和焦虑等。那么，规律运动的意义是什么？每周应进行几次体育锻炼？每周运动均衡分布又是什么？

专家说

　　规律的运动频率是指在一定时间内（一般指每周），按照一定的计划和方式进行运动。规律的运动频率可以帮助身体适应运动负荷，增强心肺耐力和免疫力，提高身体的代谢水平，从而达到锻炼身体、强身健体的目的。

根据世界卫生组织的建议，成年人每周应该进行至少 150 分钟的中等强度运动，或者 75 分钟的高强度运动，以保持身体健康。此外，每周应该进行至少两次肌肉锻炼，以增强肌肉力量和耐力。对于老年人和慢性疾病人群，建议根据个人身体情况和医生建议，制订适合自己的运动计划。

每周运动均衡分布是指在一周的时间内，将运动时间、强度和方式分布均衡，以达到身体锻炼的最佳效果。譬如，可以将每周的 150 分钟运动时间分配到每天 30 分钟的锻炼时间中，或者在某几天进行较长时间的运动。此外，每周的运动类型要多样化，如将有氧运动、力量训练、柔韧性训练进行组合，以达到全面锻炼身体的目的。

健康加油站

保持规律的运动频率对于身体健康和心理健康都有着很大的益处。过度运动或者不规律的运动频率可能会对身体造成不利影响。因此，建议每个人根据自己的身体状况和健康目标，制订适合自己的运动计划。在制订运动计划时，建议结合自己的工作、学习和生活情况，选择运动的强度和方式。在进行较高强度运动时，需要循序渐进地逐步提高运动强度和时间，以避免身体过度承受负荷，导致运动损伤。在选择低强度运动时，也要注意保持规律，以达到锻炼身体的效果。

（郭　振）

38. 为什么要控制
每周的**运动量**

关键词

运动总量 运动进阶

运动量与运动效果之间存在较复杂的关系，适量运动可以增强身体的免疫力、促进新陈代谢和血液循环、改善心理健康。但是，过度运动会使身体消耗过多的能量和营养物质，出现疲劳、免疫力下降、骨质疏松等问题。如果你没有正确控制每周的运动总量，可能会因过量运动对身体造成负面影响。因此，将每周的运动量控制在科学合理的范围内，对于运动促进健康是非常重要的。

专家说

运动总量也称为"运动负荷"，指人体在体育活动中所承受的生理、心理负荷量以及消耗的热量。它是由完成练习的运动强度与持续时间，以及动作的准确性和运动项目特点等因素来决定的，如果是计算一个周期内的运动总量，还需要纳入运动频率（次/周）后才能准确得出。

运动效果与运动量之间存在着曲线关系。许多研究表明，与不运动相比，适度的身体活动可以降低冠心病、静脉血栓和脑血管疾病的发生风险。而过量运动，则会加重心脏负担、引发肌肉疼痛、免疫力下降等。需要注意的是，任何一种运动促进健康的锻炼计划，都应遵照循序渐进的原则，做好从运动强度，到运动时间，再到运动总量的阶段性进阶。

当我们的身体已经适应了一定量的运动后，可以逐渐增加运动时间和强度，同时要注意运动后的休息和恢复，避免运动损伤。最后，每个运动阶段均需要根据个人的身体状况和运动目标进行评估，制订合理的运动计划。

1. 确保每周进行适当的运动量，避免过度疲劳。

2. 根据自己的身体状况和需求选择适当的运动强度和时间。

3. 逐渐增加运动强度和时间，定期评估自己的身体状况和运动进展。

4. 如果有任何不适，应该及时停止运动并咨询医生。

（郭　振）

39. 为什么
运动需要长期坚持

长期坚持运动的益处是显而易见的，例如可以增强免疫力、预防疾病、改善情绪、提高自信等。但是，如果我们只是偶尔运动一下，或者开始了一段时间后就放弃了，这些益处会不会消失呢？答案是肯定的。运动需要持之以恒，只有长期坚持运动，才能真正享受到它的益处。

专家说

　　运动需要持续性的刺激才能获得最佳的效果。运动的好处包括增强心肺功能、提高代谢水平、增加肌肉力量和韧性、降低患慢性病的风险、促进心理健康等。这些好处并不是通过一次或几次运动就可以达到的，需要长期坚持，才能发挥最大的效果。长时间间断运动，身体将逐渐失去适应运动的能力，心肺功能和代谢水平也会随之逐渐降低。此外，还会导致肌肉力量下降，从而增加患疾病的风险。除了对身体的影响，缺乏运动还会对心理健康产生影响。运动可以促进释放身体中的内啡肽和多巴胺等神经递质，这些物质有助于缓解压力和抑郁症状。缺乏运动会让人更容易感到沮丧、焦虑和情绪低落。

　　因此，只有长期坚持运动才能真正获得运动的收益。即使因为某些原因不得不停止运动，也应该尽快恢复并保持下去。在运动中，我们应该注重安全，选择适合自己的运动方式和强度，避免受伤，并且坚持下去，这样才能真正享受运动带来的益处。

健康加油站

要想长期坚持运动，需要付出一定的努力和耐心。以下是几点建议。

1. 制订适合自己的运动计划，包括运动强度、时间、频率等，根据自己的实际情况逐步调整。

2. 选择自己喜欢的运动方式，这样更容易坚持下去。

3. 找到适合自己的运动场所，例如健身房、体育公园、健身步道等，让运动变得更加愉悦。

4. 找到运动的动力，例如和朋友一起结伴锻炼等。

5. 养成良好的生活习惯，例如保持充足的睡眠、合理的饮食等，让身体更加健康。

（郭　振）

40. 为什么**结伴锻炼**能够提高运动效果

很多人在开始运动锻炼之后，往往难以坚持下去。结伴锻炼是一种能够有效保障运动、促进健康的运动方式。与朋友、家人或同事一起运动，不仅可以增加人与人之间的互动，还可以减少发生运动伤害的概率，提高互相督促的效果，互相发掘个人的优缺点、互相学习，提高彼此运动的动力。为了让结伴锻炼的效果最大化，我们可以选择适合的伙伴、确立共同的目标、尝试不同的运动项目、互相关心和照顾。

专家说

结伴锻炼可以带来多种好处。

1. 结伴锻炼可以增加人与人之间的互动　在一起运动的人可以互相交流、分享彼此的经验，让运动不再是孤独的事情。这种互动可以让人们更加积极地参与到运动中来，并且更容易坚持下去。

2. 结伴锻炼可以减少发生运动伤害的概率　在一起运动的人可以相互照应，帮助彼此正确地使用器械、调整运动姿势等，从而降低受伤的风险。特别是在进行较高强度训练或需要技巧的运动时，有人帮助可以提高安全性。

3. 结伴锻炼可以提高互相督促的效果　一起运动的人可以互相鼓励、监督彼此的运动计划和进度，从而保持对目标的专注和动力。这种互相督促的效果可以让人更容易坚持下去，避免拖延和懒惰。

4. 结伴锻炼可以让人们互相学习　在一起运动的人可以通过比较，发现自己的不足，从而提高运动技能和能力。同时，也可以从他人的优点中吸收更多的运动知识和经验。

为了提高结伴锻炼的效果，有以下一些建议。

1. 选择适合的伙伴　选择和自己水平相当、志同道合的伙伴一起锻炼，可以提高彼此的默契，减少不必要的摩擦和矛盾。同时，也可以选择那些有正能量、积极乐观的人作为伙伴，这样可以在运动过程中建立积极的氛围。

2. 确立共同的目标　和伙伴一起制订并执行共同的运动计划和目标，这样做可以增加动力和目标感。也可以避免在锻炼过程中因为不同的目标而产生分歧和压力。

3. 尝试不同的运动项目　选择和伙伴一起尝试不同的运动项目，可以让锻炼过程更加有趣、多样化，并且可以增加互相学习的机会。尝试新的运动项目也可以让人们更容易坚持下去，不会感到厌倦。

4. 互相关心和照顾　在一起运动的人可以互相照应，关心彼此的身体健康和运动进展，这可以增强相互的联系和默契，同时也可以减少受伤的概率。

（郭　振）

第三章

减肥塑形的运动密码

减肥的
运动密码

1. 为什么
减肥不等于**减体重**

随着生活水平的提高，人们对美食的追求愈发强烈，但随之而来的问题往往是体重增加。当大家意识到被美食"所困"时，便下定决心通过减肥的方式来维持平衡。可经过一段时间的减肥后，发现体重却没有下降，这是为什么呢？

这是因为，人体是由多种成分构成的，包括脂肪、肌肉、骨骼和内脏等。在进行减肥的过程中，我们的目标是减少身体中的脂肪含量，而保持或提高肌肉质量。

健康术语

身体成分

身体成分是由脂肪、肌肉、骨骼和内脏等组成。其中，人体脂肪含量是人体内脂肪占体重的百分比，正常男性脂肪含量为 10%~20%，女性脂肪含量为 15%~25%。除去脂肪，身体其他成分的重量，便是"瘦体重"。减肥是通过运动的方式消耗多余的脂肪，或是提升"瘦体重"的比例。

减肥　减脂　内脏脂肪

减重、减肥、减脂之间的关系

首先，减重不等于减肥，减重是指降低体重，减掉的可能是少量脂肪、些许水分或者是部分肌肉的重量，而减肥主要是减去体内过多的脂肪。

此外，减脂并不等于减重，而是减肥的"升级"，主要是降低体脂的占比。但在减肥时应注意以下两点：①需要合理的饮食搭配和训练计划相结合，进行科学减肥，否则当人体蛋白质流失和过量消耗"瘦体重"时，会危害人体健康。②不能盲目追求短期内快速减肥，短期内体重迅速下降有可能是体内流失了大量的水分，身体可能出现口渴、脱水热、昏睡等不良反应。

减肥的运动处方

减肥最科学的运动方式是有氧运动和抗阻训练相结合，且有氧运动强度达到最大心率的 60% 左右，每次运动时间为 30~60 分钟时逐渐出现减肥的效果。原因在于，有氧运动可消耗热量，但无法长时间提高新陈代谢率。抗阻训练可增加肌肉总量，提高机体新陈代谢率，从而使人体在安静时也能消耗更多热量。值得注意的是，在运动过程中，一定要适当地补充水和电解质以及丢失的微量元素、维生素等。

（柳鸣毅）

2. 为什么男性**四肢瘦弱**、**大腹便便**危害很大

关键词

腹型肥胖 脂肪分布

生活中，人们因受不良生活方式和饮食习惯的影响，导致其肚子"大大"的，即腹型肥胖，不仅降低了外貌气质，且容易导致冠心病、糖尿病、呼吸暂停综合征等病症。腹型肥胖俗称"将军肚""啤酒肚"，是指过量的脂肪堆积在腹部皮下、腹腔内和内脏器官中，如肠、胃、肝等部位。男性腹部肥胖发生率要高于女性，究其原因，一是男性较女性脂肪更容易囤积在腹部；二是因不良的生活方式，如久坐少动、应酬过度等行为。

健康术语

腹部脂肪

腹部脂肪包括腹部皮下、腹腔内和内脏器官中的脂肪，当人体摄入热量大于消耗的热量时，多余的热量会转化为脂肪并暂存于腹部中，等热量不足时脂肪可为机体提供能量。

专家说

男性四肢瘦弱、大腹便便的危害

1. 心血管疾病风险增加　大腹便便通常是腹部脂肪堆积的表现，这种脂肪叫作内脏脂肪。内脏脂肪会释放出多种炎症物质和激素（如雌激素、胰岛素等），影响血脂、血糖和血压的调节，进而增加心血管疾病的发生风险。

2. 代谢综合征　大腹便便也是代谢综合征的表现之一，代谢综合征是一组与心血管疾病和糖尿病风险增加相关的代谢异常。除了腹部肥胖外，代谢综合征构成因素还有高血压、高血糖、高甘油三酯、低高密度脂蛋白胆固醇等，具有其中三项者，可以诊断为代谢综合征。

3. 糖尿病风险增加　大腹便便与 2 型糖尿病的发病风险增加相关。内脏脂肪的堆积会干扰胰岛素的正常功能，出现胰岛素抵抗，进而导致血糖升高和糖尿病的发生。

4. 骨骼健康问题　四肢瘦弱可能意味着肌肉含量减少和肌肉质量下降，这可能成为骨骼健康问题和跌倒的危险因素之一。肌肉对于维持骨骼健康非常重要，肌肉减少可能是导致骨质疏松和骨折的重要危险因素。

男性四肢瘦弱且大腹便便的减肥运动处方

针对此类人群，建议选择有氧运动与抗阻训练相结合的训练方式。推荐进行游泳运动，原因在于其作为典型的全身性有氧运动，受水浮力的作用能减少关节承重，在降低关节损伤风险的同时，能有效刺激四肢以及"大肚子"周围的肌肉，从而有利于维持机体能量负平衡。同时，还可进行平板支撑、仰卧起坐等练习，长期坚持可使四肢及腹部肌肉变得发达。最后，再保持规律作息和搭配健康饮食，能有效减掉"啤酒肚"。

（柳鸣毅）

3. 为什么科学减肥要从
正确认识脂肪开始

关键词

体脂率　体重变化

谈及科学减肥这一话题，首先想到的就是饮食计划、锻炼计划、药物调理计划。然而在进行这些计划之前，还需要提升自身对于减肥的认识，依据自身肥胖的不同情况，从而制订科学的减肥方案。

专家说

脂肪对于人体的生理学意义

1. 提供热量　脂肪是高效的热能物质，是人体热能的主要储存形式，这些热能支撑着人体正常的生理活动。

2. 储存热量　脂肪是人体热能的主要储存形式，当人体需要大量的热能时，脂肪就会把储存起来的热量释放出来供人体消耗。

3. 维持体温　脂肪是一种热的不良导体，皮下脂肪组织既可阻止身体内热量的散发，又能阻隔高温对人体体温的干扰，使人始终处于恒定的体温状态。

4. 保护身体组织　脂肪组织对器官、关节和神经组织起到了"缓冲层"的作用，可以有效避免组织之间和器官之间的相互冲撞，造成不必要的伤害。

虽然脂肪对于人体有一些积极的生理学意义，但脂肪应该维持在正常的范围之内，否则会增加心血管疾病、2型糖尿病、脂肪肝和代谢综合征等病症的发病风险。

为什么女性体脂率比男性高

女性的体脂率普遍高于男性，这可能与男女的激素水平、代谢差异和遗传因素等有关。

1. **性激素影响**　女性在青少年后会产生较高的雌激素，促进了脂肪的储备，尤其是在臀部、大腿和乳房。

2. **生殖功能保护**　女性的身体需要额外的能量储备来维持月经周期和妊娠所需的能量消耗，因此女性自然有较高的脂肪储存，来满足生殖需要。

3. **代谢差异**　女性通常具有较低的肌肉质量和基础代谢率，相对于男性更容易积累脂肪。女性骨盆位置的脂肪对生殖系统有一定的保护作用。

4. **遗传因素**　个体差异也可能起到一定作用。某些基因与脂肪分布和储存有关，这可能导致不同性别之间的脂肪差异。

健康术语

体脂率

体脂率是指人体内脂肪重量在人体体重中所占的比例，又称体脂百分数，它反映人体内脂肪含量的多少，即体脂率 =（身体脂肪总重量 ÷ 体重）× 100%。

基本脂肪

基本脂肪是指维持人体正常生理机能所需的脂肪，包括心、肺、肝、脾、小肠以及中枢神经系统和骨髓中的脂肪。

（柳鸣毅）

4. 肥胖对人体有哪些危害

虽然人们的生活水平在不断提高，但是受到不良饮食和体力活动水平下降等生活习惯的影响，人们的超重率和肥胖率在逐步增加。肥胖是高血压、糖尿病、血脂异常、冠心病、心肌梗死、脑卒中、乳腺癌等多种疾病发生的主要危险因素。目前，世界卫生组织已将肥胖认定为影响人类健康的第五大危险因素。

专家说

如何了解自己是否肥胖

可以通过以下方法初步了解自己是否属于肥胖状态。

1. **体重指数** 体重指数（body mass index，BMI）是体重与身高的比值，即 BMI= 体重（kg）/身高（m）^{2}。根据世界卫生组织的标准，结合中国人的具体情况，BMI 的正常范围是 18.5~23.9kg/m^2，BMI ≥ 24kg/m^2 为超重，BMI ≥ 28kg/m^2 为肥胖。

2. **腰围** 腰围是评估腹部脂肪堆积的指标，也是评估内脏脂肪的重要指标。用软尺环绕腰部一周，测量最突出的腰部位置。男性腰围 ≥ 90 厘米，女性腰围 ≥ 85 厘米，被认为是腹部肥胖。

当然，这两种简易的方法仅是初步的评估指标，不能代表个体的健康状况。肥胖与健康危害的关系是

关键词

高血压 内分泌失调

复杂的，要综合考虑其他因素，如家族史、饮食习惯、运动水平、代谢状况等。

肥胖容易引发哪些疾病

1. 肥胖患者容易出现代谢性疾病　肥胖患者患糖尿病的概率更大，而且发生肥胖的时间越长，患有糖尿病的概率越大。

2. 肥胖患者容易出现皮肤病　肥胖超重者会在身体各处出现荨麻疹，导致身上起风团，出现皮肤瘙痒等症状。在腰部、大腿等处易出现妊娠纹样的线纹，称为肥胖纹。

3. 肥胖与高血压密切相关　肥胖患者更易患高血压，部分肥胖人群会出现血压波动，肥胖者发生高血压的概率是体重正常者的 5 倍多。

健康术语

腹型肥胖

腹型肥胖即向心性肥胖，是指下肢纤细、腰腹突出，其形成原因主要是不良饮食及缺乏运动。更年期女性由于激素水平的变化，也可能形成腹型肥胖。腹型肥胖者通常有满月脸、锁骨上脂肪垫和水牛背这些特征。

全身匀称性肥胖

全身均匀性肥胖亦称"周围型肥胖"，患者体内脂肪沉积基本上呈匀称性分布，四肢皮下脂肪亦有增加。

（柳鸣毅）

5. 为什么**肥胖者**
需要进行有氧运动

众所周知，有氧运动主要以有氧代谢提供运动中所需能量的运动方式，是常见的减肥方式之一，入门难度低，备受人们青睐。有氧运动能够改善人的血脂、血压和血糖，还能提升心肺功能，从而改善人体机能。另外，重度肥胖者相对于轻度和中度肥胖者能够通过规律的有氧运动取得更好的减重效果。

专家说

心率指标是判断运动强度的方法，一般情况下，通过最大心率百分比法选择合适的心率区间以控制运动强度。具体步骤如下。

1. 估算最大心率　通过公式，最大心率 =207-0.7× 年龄，来估算最大心率。

2. 确定目标运动强度范围　根据健康状况和锻炼目标，选择适合的运动强度范围。低强度运动范围为最大心率的 50%~60%，中等强度为 60%~70%，较高强度为 70%~85%。

3. 计算目标心率范围　将得到的最大心率乘以对应的百分比即可得到目标心率范围。

举例来说，如果你的最大心率是 180 次 / 分钟，你想进行中等强度的锻炼，那么你的目标心率范围为 180×0.6 至 180×0.7 次 / 分钟，即（108~126）次 / 分钟。

在进行有氧运动后，肌肉经过长时间的收缩，心肺不停地给肌肉提供氧气，以运走肌肉中的代谢废物。其中，中低强度运动时，体内"燃料"供能顺序为糖类、脂肪和蛋白质。因此，中低强度的有氧运动不宜长时间进行，不要超过 2 个小时，否则会消耗身体内的蛋白质。

健康加油站

在运动中，可以通过简单方法来判断运动时的强度，即如果运动时你可以正常说话，但不能唱歌，说明此时的运动强度为中等；如果运动时你上气不接下气，说明此时的运动强度较大。

请记住，运动强度因人而异，取决于身体状况、健康状况和个人目标。在开始新的运动计划之前，建议咨询医生或专业教练，以获得更具体的指导和建议。

（柳鸣毅）

6. 为什么减肥需要进行 抗阻训练

力量训练又被称为"抗阻训练"，坚持抗阻训练比只做有氧运动的减肥效果会更佳，因为抗阻训练之后，体内的新陈代谢和脂肪燃烧都会处于比较旺盛的状态，更有助于减肥。

抗阻训练能够显著改善骨骼、肌肉、肌腱和韧带的强度和韧性，提升关节功能、减少损伤潜在风险、增加骨密度、增加新陈代谢和改善心脏功能。

专家说

人体肌肉组织分类

人体肌肉组织分为三种类型：平滑肌、骨骼肌和心肌。抗阻训练的主要目的是发展骨骼肌的力量、耐力和爆发力，增加肌肉的体积。人体有 400 多块骨骼肌，通过肌腱附着于骨骼上。

抗阻训练的工作原理

抗阻训练的工作原理是通过对肌肉施加外部阻力或重力，增加肌肉群的负荷和挑战，从而促进肌肉的生长和力量的增加。这种运动形式可以采用各种方式，如举重、器械训练、弹力带训练、体重训练等。

在进行抗阻训练时，肌肉会经历以下过程：肌肉受到外部阻力或重力的作用，引发肌肉纤维的微损伤。这种微损伤刺激了身体的生理反应，包括促进肌肉蛋白合成和细胞修复。蛋白合成和细胞修复导致肌肉纤维逐渐增厚和增强，肌肉力量得到提高。此外，适当的休息和营养摄入有助于肌肉的恢复和生长。

通过持续进行抗阻训练，逐渐增加负荷，肌肉会逐渐适应并适应新的负荷，从而不断增强肌肉力量和耐力。

抗阻训练的注意事项

1. 顺序　从大肌群开始训练，如胸部肌群、背部肌群、腿部肌群，如果先进行小肌群，就会限制大肌群的训练。

2. 频率　建议每周进行 2~3 次抗阻训练，两次运动间隔48 小时，并避免在 48 小时内连续运动相同的肌群。

3. 速率　一般运动时，向心收缩与离心收缩各约 3 秒钟，或者在向心收缩与离心收缩之间保持 1~3 秒钟停顿。

制订抗阻训练计划

健康加油站

1. 组数　每个练习动作进行 2~4 组。初学者可以从较低的组数开始逐渐增加。

2. 重复次数　一般来说，8~15 次为常见强度范围。

3. 方式　抗阻训练的方式有很多种，包括使用自身体重进行锻炼、举重器械、弹力带、杠铃、哑铃等。

4. 间歇时间　较大的肌肉群需要更长的间歇时间，通常为 30 秒 ~2 分钟。较小的肌肉群可能需要较短的间歇时间，一般为 15~45 秒。

5. 强度　可以根据自己的能力和目标来调整。对于力量增长，可以选择较重的负重；而对于发展肌肉耐力，可以选择较轻的负重并进行多次多组的重复。

6. 频率　建议每周进行 2~3 次抗阻训练。

7. 周期　根据个人需要制订短期或长期的训练计划，并逐步增加训练难度和变化。

（柳鸣毅）

7. 为什么**多样化运动**比单一运动更有利于减肥

运动是人们减肥瘦身的重要手段，不过运动减肥也是要讲究方式和方法的，只有采用"多样运动"的方式才更有利于减肥。因为不同的运动都有其适合的运动强度和运动模式，各种运动项目各有优势，也各有不足，进行多样运动才能弥补不足，使得全身都能受益。因此，不管是出于运动效益还是运动乐趣，不管是普通人还是需要减肥的群体，进行多样化的运动才是最佳的选择。

什么是多样化运动

多样化运动不只是项目上的多样化，更包含有氧运动、抗阻训练、柔韧练习和协调练习等多种运动类型。

有氧运动能够锻炼心肺功能，防治慢性疾病，延长寿命。抗阻训练能够增强肌肉素质，提高生活质量。柔韧练习是我们俗称的拉伸，能够舒展筋骨，预防疼痛损伤。协调练习能够提高神经肌肉相协调，彰显身体活力。在减肥过程中，我们可以合理安排这四种类型的运动，并进行搭配，比如先进行抗阻训练，之后进行有氧运动，最后进行拉伸，在休息时进行一些协调练习，给训练带来充满乐趣的结尾。

如何进行多样化运动

在平时，坚持运动是可以达到减肥目的的，但是运动减肥也有一定讲究，不能够一成不变地保持同种运动方式，运动应该多样化。因为如果长期做某一种运动方式，那么身体就会逐渐适应运动强度和运动模式，同时还会因为体重的下降，相同的运动量对人体消耗的热量也会变少，那么很快就会进入到平台期。所以在减肥期间，应该选择2~3种运动方式进行交替进行，这是最好的减肥方式。

进行多样化运动，可以选择有氧运动（跑步、游泳、骑自行车），力量训练（举重、器械训练），灵活性训练（瑜伽、舞蹈）和平衡训练（太极、普拉提）等进行交叉锻炼。

也可以按照一定时间段或季节性轮流进行不同的运动项目。例如，春季可以尝试户外跑步和骑行，夏季可以选择游泳和水中运动，冬季可以尝试滑雪和室内健身活动。

通过选择多样化运动可以锻炼不同的肌肉群和身体系统，更有利于减肥，且能全面提升身体素质。

健康加油站

要把运动当作生活的一部分，并长期坚持下去，为生活带来更多美好，在通往健康的道路上携手同行，也为社会带来更多生机与活力。

（孙　飙　柳鸣毅）

8. 为什么
最大脂肪氧化强度的
运动减肥效果最佳

最大脂肪氧化强度，也称为"FatMax"，是指在特定运动强度下，人体以最快速度燃烧脂肪的能力。这种运动强度被称为最大脂肪氧化强度。在最大脂肪氧化强度的运动中，身体作为能源物质消耗的

比例相对较高。因此，这种运动可以帮助减少体内脂肪的储存，并促进脂肪的氧化和燃烧，从而达到减肥的效果。此外，最大脂肪氧化强度的运动还可以提高机体代谢率，在运动结束后仍然持续燃烧脂肪，增加减肥效果。

专家说

如何进行最大脂肪氧化强度的运动

1. 有氧运动　根据研究和实践经验，最大脂肪氧化强度通常出现在储备心率的 50%~70%，这个范围可以作为有氧训练中以脂肪代谢为主要能量来源的目标心率区间。因此，在该目标心率区间进行的有氧运动，如慢跑、骑自行车、游泳等可以达到最快速度燃烧脂肪的能力。建议每周进行 3~5 次，每次持续 30~60 分钟。

2. 高强度间歇训练　高强度间歇训练可以提高代谢率。这种训练方式包括交替进行高强度练习和恢复期。例如你可以进行 1 分钟全力冲刺，然后休息 1 分钟，重复多次。这种训练方式可以在短时间内达到较高能量消耗，帮助你燃烧更多的脂肪。

怎样使 FatMax 运动达到更好效果

1. 控制碳水化合物摄入量　减少高糖和高淀粉食物的摄入，如糖果、面包、米饭和面条。这样可以帮助身体更多地依赖脂肪作为燃料。选择低血糖指数的碳水化合物，如全麦面包、燕麦片和蔬菜，可以帮助稳定血糖水平，增加脂肪燃烧。

2. 增加健康脂肪摄入量　包括橄榄油、鱼油、坚果和种子等富含健康脂肪的食物。这些脂肪可以提供能量，并帮助你的身体更有效地燃烧脂肪。适量摄入健康脂肪可以满足身体的能量需求，同时促进脂肪的燃烧。

3. 适量摄入蛋白质　蛋白质是重要的营养素，可以帮助维持肌肉质量和促进修复。适量摄入蛋白质可以帮助你在训练中保持良好的体能和增加脂肪燃烧。选择瘦肉、鱼类、豆类和乳制品等富含优质蛋白质的食物。

值得注意的是，每个人的身体状况和反应都有所不同，所以需要根据自己的情况进行调整和适应。同时，坚持长期的训练计划和保持的健康生活方式是实现提高最大脂肪氧化强度并增加脂肪燃烧能力的关键。

（孙　飙　戈　莎）

关键词

体重反弹　基线体重

9. 如何避免
减肥后的**体重反弹**

每个减过肥的人可能都遇到过体重反弹的问题。通常来说，减肥成功的定义是指减掉 5% 的自身体重，并将体重维持在不高于此水平两年以上的时间，但大多数人会在减肥取得初步成效后的 1 年内出

现明显的体重反弹，可能恢复到原来的基线体重，甚至是超过基线体重。因此，你肯定会好奇"如何避免减肥后的体重反弹？"

专家说

不同阶段避免体重反弹

1. 减肥初期　首先，以有节律的动力性有氧运动为主，包括长距离步行、游泳、健身操等，大体重人士可从水中运动（如水中行走、水中跑、水中健身操、踢水等）等对关节压力小的运动开始锻炼，并逐渐增加运动强度和时长。其次，对于一般成年人来说，每周减重不宜超过 1 千克，计算得到减至目标体重的周期。最后，可采取低血糖生成指数食物同类互换的原则限制热量摄入。

2. 减肥中期　首先，需要巩固初期的减肥成果，并适当增加抗阻训练的比例，提升基础代谢率，因为肌肉组织相对于脂肪组织具有更高的代谢率，同时注意运动后的拉伸，可有效减轻肌肉酸痛。其次，机体可能会重新建立内稳态，体重会保持一段时间的动态平衡。最后，此阶段的饮食可以从严格的限制食物摄入量转变为适当限制摄入的食物种类。

3. 减肥后期　首先，养成规律的运动习惯，选择一项或多项你喜欢并可以长期坚持的体育运动。其次，必须保证一定的运动量来维持巩固现阶段体重。最后，保持健康饮食，需要继续维持均衡营养的饮食结构。

在减肥过程中，出现一定程度的体重反弹是正常现象，但通过控制合理饮食、保持规律运动、增加肌肉质量和调节心理状态，可有效降低体重反弹的幅度。

健康
术语

基线体重

所谓的基线体重，是指空腹、排便后的体重。

（孙　飙　柳鸣毅）

10. 为什么单纯进行

节食减肥效果不佳

节食是减肥过程中避不开的话题，提及减肥总会想到"少吃多动"，但很少有人意识到盲目少吃会掉入节食减肥的陷阱。很多人会疑问，为什么节食减肥效果不佳？明明瘦得挺快，为何会被评价为效果不佳呢？

所谓节食，本质就是在短期内大幅度缩减热量的摄入，使机体供能不足，迫使人体消耗自身储备的能量，以维持身体运行，进而达到减肥的目的。

专家说

减肥初期，节食确实会起到一定的减重效果，但单纯依靠极端的饮食控制，可能会导致碳水化合物、蛋白质与脂肪摄入不足，进而造成营养缺乏、生理不适与心理问题等不良反应，甚至引发脱发、皮肤粗糙起

皮、肌肉松弛、畏寒和睡眠质量差等问题，究其原因是减掉的可能是蛋白质、肌肉、水分，而减肥真正需要减的是各类脂肪。因此减肥需要采取运动结合饮食控制的科学方法，才能保证减肥效果的长期稳定性。

1. 运动原则　要遵循循序渐进的原则，多数肥胖者因不经常运动，肌肉关节比较僵硬，心肺功能较差，初始运动量与强度要小，日后逐步增加。

2. 运动方式　宜采取有氧运动结合抗阻训练，以增加瘦体重有利于提高人体静息状态下的代谢率。

3. 运动强度　宜采用中小强度运动。运动强度一般通过心率反映，减肥运动中要求达到个人的"最适运动心率"。

4. 运动时间　初始锻炼者运动时间控制在 30 分钟左右，经常锻炼者运动时间在 40~60 分钟。

5. 运动频度　运动持续时间与运动强度有关，每周的运动频率可根据强度大小适当调节频率，通常运动频率为每周3~6 次。

运动作为主动健康的重要手段，对于减肥具有事半功倍的效果。通过体育运动可以有效增加肌肉含量和提升新陈代谢率，便于提升脂肪燃烧速度，进一步加快能量消耗。因此，减肥过程需持续坚持吃动平衡，通过日常生活方式的调整，达到健康减肥的效果。

（柳鸣毅）

11. 如何科学合理地 制订**运动减肥计划**

人们常根据自身感受建立起主观认识，因此大多数人都会对自己减肥效果产生错误预估，出现"3 天瘦 10 斤，1 周练出马甲线"等不切实际的想法。合理的减肥计划对于能否成功减肥起到至关重要的作用，通过对自身身体状况进行综合分析，采取有效的方式以合理运动方式和规律健康饮食营养，实现体重减轻的目标，最终帮助人们形成健康的生活习惯。

专家说

1. 测量体脂率　有时体重的增减并不能完全判断减重效果的好坏，还需要注意身体水分、肌肉含量、基础代谢、腰臀比以及体脂率的改变，建议通过体脂秤关注人体成分的变化，了解自身特点、体型和肥胖程度等健康状况。

2. 确定减重目标　对于轻度肥胖人群，6 个月内减少 5%~10% 的体重是一个可实现的且被证实对改善机体代谢有效的目标。对于中重度肥胖患者（如 BMI ≥ 32.5kg/m² ）则应考虑更大程度的减重，但每周减重仍不宜超过 1 千克。

3. 制订减肥计划　对于超重人群来说，更适宜的目标应是先通过规律饮食和科学运动，加大热量消耗，

避免自身体重的进一步增加，再借助日常身体活动，保证每周至少进行 5 天，累计 300 分钟以上的中等强度身体活动。常规运动的热量消耗如下表。

不同方式运动的消耗热量表　　单位：kcal

运动项目	各体重消耗热量				
	50kg	55kg	60kg	65kg	70kg
伸展运动	63	69	75	81	87
骑脚踏车(8.8km/h)	75	82.5	90	97.5	105
走路(4km/h)	77.4	85.2	93	100.8	108.6
高尔夫球	92.4	101.7	111	120	129.6
保龄球	99.9	110.1	120	129.9	140.1
快走(6km/h)	110.1	120.9	132	143.1	153.9
划船(4km/h)	110.1	120.9	132	143.1	153.9
有氧舞蹈	126	138	150	162	177
羽毛球	127.5	140.4	153	165.9	178.5
排球	127.5	140.4	153	165.9	178.5
乒乓球	132.6	145.8	159	172.2	185.4
网球	155.1	170.4	186	201.6	216.9
溜直排轮	201	219	240	261	279
跳绳(60~80 次/min)	225	247.5	270	292.5	315
慢跑(145m/min)	235	258.5	282	305.5	329
拳击	285	313.5	342	370.5	399
蛙式游泳	297	324	354	384	414
自由式游泳	435	480	525	567	612

注：表中数据为运动 30 分钟消耗的热量。

常见的运动方法

1. 有氧运动　主要以有氧代谢为主要供能方式，是一种持续 30 分钟以上还有余力的运动，主要活动方式有步行、慢跑、游泳等。

2. 间歇性运动　主要是通过使用预先确定的运动动作和休息间歇，在两次练习间歇进行强度较低的运动，而不是完全的休息。

（柳鸣毅）

12. 为什么**运动塑形**不等于运动减肥

很多人对于"运动塑形"和"运动减肥"的理解存在一定误区，在实践中这会影响塑形或减肥的效果。实际上，两者有一定的关联，但它们并不完全相同，无法互相代替。正确理解运动塑形和运动减肥的原理和方法，秉持科学的观念并结合个人实际情况进行合理规划与执行，才能获得更好的效果和长久的健康成果。

专家说

运动塑形和运动减肥的区别

1. 目的不同 运动塑形的主要目的是通过锻炼和塑造身体各个部位的肌肉，以获得更好的身体姿态、线条和曲线。而运动减肥的目的是消耗卡路里，达到减少脂肪存储、减轻体重的效果。

2. 方法不同 运动塑形通常包括有针对性的力量训练和拉伸运动，以塑造特定部位的肌肉，提高心率并燃烧热量。而运动减肥主要采用有氧运动和力量训练，如慢跑、游泳、骑自行车及弹力带练习等。

3. 训练部位不同 减肥通常都是全身性的，而塑形通常是腰腹和大腿，所以最终采用的方法也会有所区别。

运动塑形和运动减肥的联系

1. 减脂效果 无论是运动塑形还是运动减肥，都可以帮助减少体脂肪含量。运动塑形通过增加肌肉质量，提升基础代谢率，从而帮助减脂。运动减肥则通过消耗卡路里来降低体重和脂肪含量。

2. 健康益处 无论是塑形还是减肥运动，都有益于改善心血管系统功能、增强肌肉力量、提高代谢水平和促进身体柔韧性。这些运动形式也可以提升心理健康、减轻压力、缓解焦虑。

如何兼顾运动塑形和运动减肥

1. 制订综合性训练计划 结合有氧运动和抗阻训练设计综合性训练计划，可以同时改善体型和减少体脂肪。

2. **重视核心肌群训练**　核心肌群包括腹部、背部和盆底肌群等。通过核心肌群的训练可改善体态、塑造曲线和轮廓美感，同时起到减肥效果。

健康
术语

运动塑形

运动塑形是通过特定的运动训练和锻炼方法，以调整身体线条和形态，达到改善身体外观、提升身体比例和曲线美感的目的。通过有针对性的运动，可增加肌肉紧致度，改善身体姿势和体态，使身体线条显得更加优美和匀称。常见的运动塑形项目包括力量训练、瑜伽、普拉提、舞蹈等。

（柳鸣毅）

13. 为什么要
合理安排**减肥周期**

减肥是很多人都关心的话题，但很多人在减肥过程中会遇到各种问题，比如减肥周期不合理、减肥速度过快等。在制订减肥计划时，首先要考虑的是长期目标。如果你想要长期保持健康体重，那么就需要制订一个长期的减肥计划，这个计划应该包括每周的减肥目标、运

动计划和饮食计划等。

专家说

减肥周期

在制订减肥计划时，需要根据自己的身体状况和减肥目标来制订，需要考虑的一个重要因素——减肥周期。一份科学的减肥计划，减肥周期一般不少于 60 天，最好在 90 天以上，每周减重不应超过 1 千克，否则反弹概率将会比较高，不仅打击减肥的积极性，还会危害自身健康。

每周减重

根据减肥目标合理设定每周减肥重量不超过 1 千克。快速减肥往往意味着肌肉流失较多，此外，在减肥初期由于身体代谢存在一个调节过程，体重往往不变，1~2 周后体重才开始下降。体重下降一段时间后，往往出现瓶颈阶段，此时要考虑进一步优化饮食和运动方式。

减肥周期的重要性

从人体科学角度分析，人体胃黏膜上皮细胞 7 天更新一次，皮肤细胞 28 天更新一次，红细胞 120 天更新一次。脂肪细胞的更新周期为 90~180 天。如果你在极短的时间内造成大幅度体重下降（脂肪细胞变小），恢复饮食后，一定又会很快复胖（脂肪细胞变大），这就是未曾更替的脂肪细胞的记忆性选择，这会让你陷入复胖 - 瘦 - 复胖的恶性循环中。同样，身体

对于体型也是有记忆的。在身体的脂肪细胞快速变小时，就会启动保护系统，防止脂肪快速流失。它会降低身体非正常消耗脂肪的速度（降低代谢），这就是很多人每天吃得少，食欲并不强，但是也瘦不下来的原因！吃得少却不瘦，但是稍微吃多一些，反弹就会来得极为猛烈！这就是脂肪细胞的自我保护。

（戴剑松）

14. 为什么没有办法实现

局部减肥

减肥是很多人都会面临的问题，而很多肥胖者期望能够局部减肥。事实上，并没有局部减脂一说，除非进行吸脂手术。减脂是全身脂肪成比例的缩减，脂肪都是在内分泌系统和酶的作用下分解的，局部锻炼只能强化局部肌肉和塑造局部线条，因此要减肥必须借助整体脂肪的减少。

专家说

脂肪消耗的全身性原则

脂肪是全身性消耗，人体并不能只单独利用某一个区域的脂肪进行供能。人体的脂肪（含内脏脂肪），都是统一调配使用的，特别是皮下脂肪，在这种状况下，身体的脂肪要消耗，就会一起消耗，不存在就近原则。并且人体是不能直接利用脂肪分子供能的，而是需要先将它们分解成游离的脂肪酸和甘油，进入血液循环后再进行下一阶段的分解利用，所以当我们运动健身时，被消耗掉用来供能的脂肪可能来自身体的各个部位。因此，减肥必须借助于整体脂肪的减少，只减腹部脂肪或只减手臂脂肪是不能实现的，任何运动都是全身减脂。

通过控制饮食和合理运动来实现全身减肥

如果想要全身减肥，无外乎通过控制饮食和合理运动来实现。

控制饮食需要避免暴饮暴食，关键点是控制好能量差，也就是摄入的总能量小于消耗的总能量，建议一天热量差小于500千卡。

合理运动需要有氧运动和抗阻练习结合，这样做可以达到更好的减肥效果。有氧运动包括跑步、游泳、骑车等，可以提高心率和呼吸频率，增加身体代谢率，从而消耗体内脂肪。抗阻练习包括举重、俯卧撑、仰卧起坐等，可以增加肌肉含量，从而提高身体基础代谢率，消耗体内脂肪，并且通过运动增强肌肉，可以实现局部更紧致，人体线条更匀称。

另外，除了控制饮食和运动减肥外，还有一些方法可以帮助你更好地减肥，如合理安排作息时间，保证充足的睡眠时间和良好的睡眠质量；喝足够的水，每天喝足够的水可以帮助身体排出代谢产物；避免熬夜，熬夜会影响身体的基础代谢率等。

（戴剑松）

15. 为什么减肥需要设定 运动负荷

设定减肥所需要的运动负荷，关键在于减肥的运动负荷应大于保持健康所需要的最少运动负荷，这样才能达到减肥的目的。

专家说

了解自己的身体状况和健康状况

如果你有任何健康问题，请在开始任何新的锻炼计划之前咨询医生。然后再根据自己的身体状况和健康状况来设定适当的运动负荷。一般来说，如果是初学者或者长时间没有进行锻炼的人，需要从低强度、

低量级开始锻炼，之后逐渐增加强度和量级。如果你已经进行了一段时间的锻炼，那么可以逐渐增加强度和量级。

合适的运动负荷

根据美国运动医学学会的建议，保持健康的运动负荷是每周累计 150 分钟中等强度或者 75 分钟大强度运动，减肥的运动负荷应当至少达到 300 分钟中等强度运动或者 150 分钟高强度运动，并且将运动量均匀分散至一周中的若干天更为合理。

对于所选择的运动方式或类型并没有限制，累计达到至少 300 分钟中等强度运动或者 150 分钟高强度运动的各种类型运动都是可以的，如一周完成了 3 次，每次 50 分钟的较高强度有氧训练，靶心率保持在 75% 最大心率及以上；或者一周 5 次，每次 60 分钟的中等强度运动，如篮球、羽毛球、网球、跑步、游泳等，靶心率保持在 60%~75% 最大心率。

健康加油站

抗阻练习的好处

抗阻练习可以让你的骨骼越来越强壮。骨质疏松症是指骨骼随着年龄的增长而变弱。抗阻练习有助于预防或防止病情恶化。运动能激发形成骨骼的细胞活动，臀部、脊椎和手腕可以从抗阻练习中得到最大的好处，但它们也是最容易受到骨质疏松症影响的地方。

抗阻练习可以让你容易保持平衡。随着年龄的增长，腿会失去力量，导致摔倒和骨折。腿部伸展、腿部卷曲、腿部按压和步行等运动可以使下半身更强壮，改善平衡。

抗阻练习还可以让你变得更灵活。力量或抗阻训练可以让关节保持应有的运动方式，增强关节周围的肌肉可以缓解肿胀，并有助于减缓骨质流失。运动可以改善关节滑膜和软骨的营养状态，如果你有关节炎之类的僵硬症状，这尤其有用。

（戴剑松）

16. 为什么
青少年科学减肥很重要

青少年肥胖的发生与遗传、生活习惯、饮食、运动等因素有关。为了避免肥胖带来的健康危害，青少年需要采取有效的措施进行减肥。合理的饮食计划、科学的运动方法都是减肥的重要手段。正确的运动减肥方法对青少年的健康发育和心理健康具有重要意义。

专家说

青少年减肥的意义

青少年时期是人体生长发育的重要阶段，青少年时期的健康状况将直接影响成年后的身体状况。因此，青少年减肥的意义重大。青少年肥胖会引起多种健康问题，包括心血管疾病、糖尿病等。此外，肥胖还可能引发心理问题，如自卑、焦虑、抑郁等，对青少年的学业和社交产生负面影响。因此，青少年减肥不仅是为了外貌美观，更是为了身心健康的全面发展。

青少年减肥注意事项

1. 保证营养均衡 减肥并不意味着完全戒食，青少年应该保证营养均衡，多吃蔬菜水果，适量摄入蛋白质、碳水化合物、脂肪等营养素。

2. 避免过度减肥 青少年处于生长发育期，过度减肥可能会影响生长发育，甚至会引起饮食紊乱等问题。因此，减肥应该坚持科学原则，逐步减少摄入的热量，并结合运动进行减肥，而不是追求一时的效果。

3. 遵循科学锻炼的原则 青少年减肥应当实现每天至少进行 1 小时中等至较高强度运动。中等至较高强度运动可以有效地消耗体内的脂肪和热量，从而减少身体脂肪的积累。同时，运动还可以提高身体的新陈代谢，加速代谢过程，有助于维持健康体重。青少年在进行运动减肥时，要注意安全，选择合适的运动场地和器材，避免因运动而受伤或者造成其他不良影响。

4. 注重孩子的心理健康　青少年正处于身体和心理发育的关键时期，而肥胖会给他们带来很多负面影响，如身体形象不佳、身体功能下降、容易遭受歧视等，这些因素都会给青少年的自尊心造成打击。因此，在制订减肥计划时，家长和教练均需要关注并保护青少年的自尊心。

（戴剑松）

17. 为什么
老年人科学减肥
很重要

老年人超重与肥胖不仅会增加患糖尿病、高血压、心脏病等慢性疾病的风险，还会影响身体机能和生活质量。然而，与肥胖相反，体重不足也有可能给老年人带来健康风险。老年人在运动减肥时要秉持"安全第一"的原则，量力而行。因此，老年人应该通过科学的减肥方法，保持适当体重，改善健康状况。

专家说

老年人保持健康体重的重要性

1. **预防慢性疾病**　老年人如果超重或肥胖，将面临更高的患糖尿病、高血压、心脏病等慢性疾病的风险。保持健康的体重可以降低患这些疾病的风险。

2. **维持身体功能**　适宜的体重有助于维持健康的肌肉和骨骼，保持良好的体力和耐力。这对老年人来说非常重要，它能帮助他们保持活动能力，独立完成日常活动。

3. **改善生活质量**　体重过重或过轻都可能对老年人的生活质量产生影响。体重过重可能导致肥胖相关疾病，而体重过轻则可能导致营养不良或者体力下降。保持健康的体重有助于提高生活质量，使老年人能够更好地享受晚年生活。

老年人减肥的运动方式

对于老年人来说，选择适当且安全的运动方式是非常重要的。需要考虑他们的身体状况，量力而行，并在专业人士的指导下进行。以下是一些建议的运动方式。

1. **有氧运动**　有氧运动是老年人减肥的首选运动方式，可以帮助老年人燃烧脂肪，降低体重，同时也可以增强心肺功能，提高心脏和肺部的运动能力。研究表明，每周进行150分钟以上的有氧运动可以有效降低老年人的体重、体脂率和腰围，改善身体的代谢状态，从而减少老年人患糖尿病、高血压、冠心病等慢性疾病的风险。

2. **抗阻练习**　可以帮助老年人增加肌肉含量。由于肌肉组织比脂肪组织更活跃，所以增加肌肉含量可以帮助老年人提高新陈代谢率，从而消耗更多的能量。

另外，抗阻练习还可以帮助老年人维持肌肉和骨骼的健康。通过抗阻练习，老年人可以增加骨骼和肌肉的质量，同时降低骨质疏松和骨折的发生风险。但需要注意的是，老年人在进行抗阻练习时应注意安全性。他们应该选择合适的场所、配备适当的器材，并且在专业指导下进行训练。弹力带、瑜伽球等健身器材就非常适合老年人进行日常抗阻练习。

3. **平衡训练**　可以帮助老年人提高身体平衡性和协调性，从而降低跌倒的风险。跌倒是老年人面临的严重健康问题，常常会导致骨折和其他严重的身体损伤，甚至可能危及生命。在老年人减肥运动中，平衡训练可以帮助老年人更加安全地进行其他类型的运动，如散步、慢跑和举重等。平衡训练可以通过多种形式进行，例如单脚站立、睁眼或闭眼站立、走直线等。老年人可以选择适合自己的平衡训练方式，每周进行 2~3 次，每次 5~10 分钟，就可以获得明显的效果。

（戴剑松）

18. 为什么说运动结合饮食控制可以产生"1+1>2"的减肥效果

《国际肥胖杂志》刊载的文章提出："通过培养对运动的兴趣，可以对我们的饮食行为产生积极影响。因此，我们有必要积极推广运动。运动不仅在健康方面发挥作用，而且在其他方面培养了健康习惯。这种运动和健康习惯的结合具有极大的潜力。"运动需要结合饮食控制，在减少热量摄入的同时增加热量消耗，减少过度运动和过度饮食控制带来的负面效应，对于单纯运动减肥的效果会更加显著。

专家说

为减脂一味控制饮食不可取

在减脂的过程中，应采用健康的饮食方法并结合运动，两者同时进行。评判一种饮食法正确与否的一个重要指标就是它应该在最大限度减少体脂的同时，最小限度地损失肌肉。完全禁食固然可以降低体脂，但同时会造成肌肉的大量损失。因此，这种方法对有减脂需求的健身者来说绝不是个好方法。

需要采取注重蛋白质的饮食法，比如低脂均衡碳水化合物高蛋白饮食法，是维持肌肉含量极为有效的方法。

合理搭配膳食结构

健康的膳食结构是维持身体良好功能和健康状态的关键。它不仅包括对总能量摄入的合理控制，还需要关注各营养成分的适当摄入量。在总能量摄入方面，理想的健康膳食结构是根据个体的需求进行调整的。一般来说，成年人每天需要摄入 2 000~2 500 千卡的能量。考虑到饮食控制和日常运动，我们应该更加关注所摄入的营养素质量。均衡的饮食应能提供身体所需的脂肪、碳水化合物、蛋白质、维生素、矿物质和膳食纤维等营养素，有助于维持身体的正常功能和健康。同时，适量的蛋白质摄入可以支持肌肉的修复和生长。

不同运动对应的膳食也有区别

长跑、长距离骑行、长时间游泳都属于有氧耗能运动。由于时间长、能量累积消耗大、出汗多，所以首先要摄入充足的能量，保持身体的血糖水平稳定。其次，注重水分补给，预防脱水，还要注意增加微量营养素，如钙、铁等的摄入。

举重、短距离骑行、短距离快速游泳则属于无氧耗能运动。其特点是时间短、强度大，这就要求人体摄入足够的蛋白质。日常生活中这类健身人群需要多吃蔬菜水果，补充碳水化合物，同时补充电解质。

（戴剑松）

二

科学减肥
不困惑的密码

19. 为什么
高温瑜伽并不能快速减肥

高温瑜伽由于是在温度较高的环境下运动，锻炼过后确实会使体重下降，但对于减脂的效果并不显著，因为高温瑜伽使体重下降的主要原因是脱水，只是使出汗变快、变多而已，并不能达到快速减肥的目的。

关键词

高温瑜伽 排汗

健康术语

高温瑜伽

高温瑜伽是比较常见的一种瑜伽，也叫"热瑜伽"或"热力瑜伽"，指在38~40℃的高温环境内进行的瑜伽。它是由26种伸展动作组成的，属于柔韧性运动。

专家说 **大量出汗不等于减脂**

在高温环境下，为了保护身体机能正常运行，会通过更多排汗去维持体温正常。但是这并不等于燃烧脂肪！人体排水与脂肪燃烧本身就是两回事。所以就算做完高温瑜伽后，你感觉身体变得轻盈，看到自己体重变轻，也并不代表真的减脂了。身体之所以会变轻，仅仅是因为大量水分通过汗液排出了体外。

高温瑜伽需要及时补水

在练习高温瑜伽的过程中，必须及时补充水分。高温环境会使练习者大量流汗，汗液带走水分的同时也会使体内的无机盐和矿物质大量流失，在缺水状态下进行长时间训练会导致练习者水、电解质平衡紊乱，出现脱水症状，表现为疲劳感和抽筋等。所以，进行高温瑜伽练习，要少量、多次饮水，注意不要一次性大量饮水。

高温瑜伽不宜频繁做

一节高温瑜伽课的时间大约为 1 小时，练习时必须按照顺序逐个动作进行规范练习，最佳的练习次数是每周 2~3 次，对于没有练习过高温瑜伽的人来说，从一周 1~2 次开始，先适应环境温度和体式，再循序渐进。练习过程中需严格遵守老师的引导，课前、课后要补充维生素 C、维生素 E、维生素 B、维生素 D，课中补充水分。此外，课前不可大量进食，课后不可急于洗澡，尽量穿着简单，服装材料以吸汗透气为佳。

高温瑜伽亦有禁忌

适合身体健康、没有明确诊断疾病或出现心血管疾病症状体征的人群。心脏病、高血压、严重眼耳疾病、糖尿病、大病初愈者，以及产妇不适合进行这种练习。

（戴剑松　孙　飙）

20. 为什么在减肥过程中要避免**肌肉流失**

为减轻体重，许多人会采取限制热量摄入的方法。如果摄入的热量不足以满足身体对营养的需求，身体就会开始靠分解肌肉中的蛋白质来获取所需的能量，这就会导致肌肉流失。如果减肥过程中只采取限制饮食的方法，而没有进行足够的运动，身体就会减少对肌肉的需求。长时间缺乏运动会导致肌肉萎缩和流失。在减肥过程中，随着激素水平的改变，特别是甲状腺素和生长激素水平下降，也会导致身体靠分解肌肉中的蛋白质来获取能量，如何避免在减肥过程中肌肉流失？

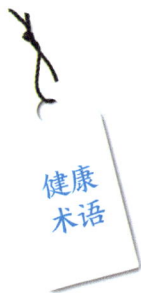

健康术语

力量训练

力量训练也称"抗阻训练"，是指通过使用各种器械或自身重量，进行训练以提高身体的肌肉力量和耐力。这些训练包括举重、俯卧撑、深蹲、引体向上等，通过使用重量逐渐增加的方式，刺激身体的肌肉生长和适应，帮助增加肌肉质量和力量。

关键词

肌肉流失　力量训练

专家说

减少热量摄入但不要过度限制

减肥时需要减少热量摄入，但不应过度限制。建议每日减少 500 千卡的热量，以每周减去自身体重的 1 千克为上限。过度限制热量摄入会导致身体靠分解肌肉中的蛋白质来获取能量。

增加蛋白质摄入量

蛋白质是肌肉的重要组成部分。建议增加蛋白质摄入量，每餐摄入 1~2 份富含优质蛋白质的食物，以帮助维持肌肉质量。

保持足够的饮食多样性

为了摄取足够的营养物质，应该保持饮食多样性。建议摄取各种蛋白质、脂肪和碳水化合物来源的食物，并增加各种蔬菜和水果的摄入量。

适当的抗阻训练

抗阻训练是保持肌肉质量的最有效方法。建议每周进行 2~3 次的抗阻训练，包括负重训练、体重训练和器械训练。抗阻训练可以刺激肌肉生长和维持肌肉质量。

适量的有氧运动

有氧运动可以帮助燃烧脂肪，但过长时间的有氧运动也可能会诱发低血糖或运动中血压过高。建议有氧运动控制在每次 30~60 分钟，最多不超过 90 分钟。

（孙　飙　戴剑松）

21. 为什么
人们在**冬季更容易发胖**

关键词

冬季运动　新陈代谢率

一般而言，冬季更容易发胖的说法是有一定的科学依据的。当气温降低时，身体为了保持体温会调节代谢率，使新陈代谢率降低，能量消耗减少。这就意味着我们在冬季所摄入的食物转化为能量的效率会降低，更容易储存为脂肪。而户外运动可能会受到天气的限制，导致人们的运动量减少，从而减少能量消耗。此外，由于天气寒冷，人们往往更愿意待在室内，久坐不动，同样也会导致运动量减少。

在饮食方面，在冬天人们往往更喜欢吃高热量、高脂肪的食物，如烤肉、火锅等。这些食物的热量密度高，容易让人进食过量，而且冬季有很多传统节日和聚会，这些活动通常会提供大量的食物和饮料，人们往往会过度进食和饮酒，从而导致体重增加。那么为了防止冬季长胖与保持健康，我们需要做到以下几点。

专家说

注意保暖

在寒冷的冬季进行运动时，一定要注意保暖。穿上透气、防风、保暖的运动服装，戴上手套、帽子等，防止身体过度失热，避免受凉受伤。

适度增加运动量

冬季由于天气寒冷，人们往往会减少运动量。但

是适当增加运动量有助于提高身体的新陈代谢率，增加能量消耗，帮助减轻体重。可以选择户外运动，如慢跑、快走、骑自行车等，或室内运动，如瑜伽、健身操等。

加强抗阻训练

冬季可以选择进行抗阻训练，如举重、俯卧撑、引体向上等，帮助增强肌肉力量、改善体型，并提高身体新陈代谢率。

合理控制饮食

冬季容易让人食欲大开，但是要避免暴饮暴食。可以选择低热量、高膳食纤维、高蛋白的食物，如水果、蔬菜、鸡胸肉、豆腐等，合理控制热量摄入量。

避免过度运动

在冬季进行运动时，一定要逐渐增加运动量，避免一次性过度运动造成身体受伤。在低温环境中运动会增加身体的代谢负荷，过度运动可能会使身体处于过度代谢状态，导致身体疲劳、免疫力下降，容易引发感冒、呼吸道疾病等健康问题。

另外，冬季尽量不要于清晨进行锻炼。一方面，早晨气温较低，老年人容易受到寒冷的刺激使得血压出现波动，诱发心脑血管意外；另一方面，不够充足的光照和能见度会增加老年人摔倒的风险。

冬季合理运动有助于提高身体的新陈代谢率、控制体重、改善体型，但是要注意保暖，适度增加运动量，控制饮食，避免过度运动，保证身体健康。

（戴剑松）

22. 为什么虽然**坚持运动**，但体重却一点没变

虽然坚持运动可以带来许多好处，如促进身体健康、提高运动能力和心肺功能等，但体重的变化并不只取决于运动。在饮食方面，如果饮食没有控制好，摄入的热量超过消耗的热量，也会导致体重不但没有减少，反而还会增加。在坚持运动的同时，也需要控制饮食，避免过度进食和摄入高热量的食物。

在运动方面，如果运动强度和频率不够高，消耗的热量也可

健康术语

新陈代谢

新陈代谢是指人体生命活动所必需的化学反应过程，包括有机物质的合成和分解过程。这些反应会消耗能量和产生能量，是维持人体生命活动的基本过程之一。

能不足以导致体重的变化。部分人群运动之后，人体内脂肪逐渐被消耗，肌肉含量增加，体成分得到优化，所以体重没有改变。如果体重正常，并不需要特别关注体重的变化，保持健康体重即可。

此外，一些健康问题，如代谢异常、激素失衡等，也可能导致体重没有明显变化。如果运动和饮食调整无效，建议进行全面的健康检查。想要坚持运动后体重也随之变化，需要做到以下几点。

专家说

制订饮食计划

制订一个适合自己的饮食计划，包括每天吃的食物的种类和量。应该根据自己的身体状况、年龄、性别、身高、体重和体力活动水平等因素制订计划，建议寻求专业人士的帮助。

控制热量摄入

控制每天热量的摄入量，确保每天摄入的热量少于自身消耗的热量。计算自己的基础代谢率和运动代谢率，确定每天需要摄入的热量总量。

避免摄入高热量食物

避免摄入高热量、高脂肪、高糖和高盐的食物。选择低热量、高膳食纤维、高蛋白质的食物，如蔬菜、水果、鱼、鸡肉、瘦肉、豆类等。

增加有氧运动

有氧运动可以帮助减脂和增加代谢率。建议每周进行至少

150~300 分钟的有氧运动，即每周 5 天左右，每次运动时间至少 30~60 分钟。常见的有氧运动包括跑步、骑车、游泳等。

加强抗阻训练

抗阻训练可以增加肌肉质量，提高代谢率。建议每周进行 2~3 次的抗阻训练，每次 30~60 分钟。常见的抗阻训练包括举重、俯卧撑、深蹲、引体向上等。

坚持记录和监控

记录每天的饮食和运动情况，可以更好地了解自己的减重计划的进展并作出及时调整。监控体重变化和身体健康状况，调整饮食和运动计划。

（戴剑松）

23. 为什么有的人**运动后**常会吃得更多

如果你在运动后食欲变好，对于食物的快乐反应和隐性需求比其他人高，这可能是由于某些能增加肥胖风险的"易感基因"在作祟，通常是机体在运动后对于所耗能量过度补偿的现象。在长时

健康术语

瘦素

　　瘦素是脂肪细胞分泌的一种可反映体内能量储备水平的激素。脂肪细胞内甘油三酯水平高，体内瘦素水平就高，人就不容易感到饥饿，而低强度、长时间有氧运动时，脂肪细胞内甘油三酯的分解比例较高，导致甘油三酯减少继而使瘦素等一系列饱腹激素也随之减少，饥饿感就出现了。

　　间有氧运动中，血糖和肝糖原消耗量比较大，并且瘦素等一系列饱腹激素减少，所以运动后的饥饿感比较强。

　　相反地，在高强度运动或者无氧运动当中，葡萄糖无氧氧化会产生乳酸进入血液，高水平的血乳酸会抑制食欲，当血乳酸水平过高时，甚至会出现恶心、呕吐等症状。

　　因此，在运动中达到一定的强度有助于抑制食欲，但是为了保证运动的安全性和保持运动的时长我们不能进行长时间无氧运动，因为血液和器官中的能源消耗越多，饥饿感就会越强。所以为了防止运动后吃得更多，需要养成以下这些日常好习惯。

专家说

　　1. 保持健康的饮食习惯　例如少食多餐、多吃蔬果、选择低脂低糖的食品等，可以帮助控制食欲和减少摄入的热量。

　　2. 不要饿肚子　减肥不是不吃东西，而是要控制好食量和选择健康的食品。如果在运动后感到饥饿，可以选择一些健康的零食，如水果、坚果、低脂酸奶等，避免过度饥饿导致暴饮暴食。

3. 喝足够的水　在运动后喝足够的水可以帮助缓解饥饿感，同时也有助于消化和排出代谢产物，保持身体健康。

4. 睡眠充足　研究表明，睡眠不足会导致食欲增加，因此保持充足的睡眠对于减肥也非常重要。

5. 饮食速度　吃得慢可以让身体更好地消化食物，同时也可以让你更好地感受到饱腹感，避免吃得过多。

6. 注意心理健康　一些人会因为减肥而感到焦虑和压力，从而导致暴饮暴食。因此，保持良好的心理健康也非常重要。

（戴剑松）

关键词

无氧运动　高强度间歇

24. 为什么
不是**运动强度越大**
减肥效果越好

通常情况下，大家是不是觉得跑得越快，运动强度越激烈，脂肪燃烧就越快？可事实真的是如此吗？我们就拿高强度间歇训练（high-intensity interval training，HIIT）说起，HIIT 难度系数

高，耗氧量大，听起来似乎很减脂，可是却忽略了重要的一点，真正的 HIIT 对心肺功能和神经压力的耐受，以及对肌肉强度都要求很高，这点都是初级健身者所不具备的运动素质，所以会导致这样的训练无法持续进行，甚至会造成不可逆的伤害，更有甚者会有猝死的风险。

事实上，人体的三大功能物质——糖、脂肪、蛋白质，都是以混合方式工作的，也就是说几乎不存在某种活动只由糖供能或者某种活动只由脂肪供能。想要运动减脂单一考虑运动强度是不够的，我们还要考虑的是运动时长、运动对象。同等强度下经常运动的人要比运动新手来说要耐受得多。大量研究表明，运动减肥要做到中等强度最好，中等强度正是通过脂肪和糖来供给能量，此时消耗的脂肪比例是最大的，并且也是减肥者可以持续进行的。这点很重要！

专家说

运动强度并不是影响减肥效果的唯一因素

影响减肥效果的其他因素，包括运动频率、运动时间、饮食等。当然，增加运动强度的确会燃烧更多的热量，但是随着运动强度的增加，脂肪供能比例下降，同时也要注意过度运动可能会对身体产生不良影响。

减肥是一个综合性的过程

仅仅依靠运动是不能达到显著的减肥效果的，还需要控制饮食，尽可能减少高热量、高脂肪和高糖的食物摄入，建立健康的饮食习惯。此外，要保证充足的睡眠并减轻自身压力，这些都是维持身体健康和有效减肥的重要因素。

运动是减肥的一个重要环节

虽然运动是减肥的一个重要环节，但不是唯一环节，通过综合性的有氧运动及无氧运动来调整从而达到减肥的目标效果会更加明显。

可持续性更为重要

我们必须认识到，不论你单次运动量有多大、消耗的能量有多少，它对减肥的影响也只作用于运动后的几天。运动必须持续到减肥成功的那一天才有意义。也就是说，你的运动计划至少要能够持续 3~5 个月。

（孙　飙　戴剑松）

25. 为什么**运动减肥**不是**运动时间**越长越好

运动减肥的前提是建立在运动科学的基础上，任何急功近利的减肥措施都是不可取的。正常情况下，人体的内外环境维持相对稳定的平衡状态。运动时间过长的话会打破人体自身的和谐，也会带来健康风险。每次中低强度运动进行 30~150 分钟的时候，随着运动时间的延长，脂肪供能的比例逐渐提高，机体开始消耗更多脂肪。运动时间

过长可能会使机体的反应能力下降，平衡感降低，肌肉的弹性减小，甚至可能会导致劳损。

专家说

运动时间对减肥效果有一定影响

虽然运动时间的长短对减肥效果有一定影响，但同样地，它不是唯一的决定因素。如果你想通过运动来减肥，一般建议每天保持 30 分钟以上的运动时间，一周不低于 150 分钟。具体的运动时间可以根据个人情况和目标来制订，同时也要注意不要过度运动，否则可能会对身体产生负面影响。

运动时间相同，适度的运动会燃烧更多脂肪

运动有助于提高代谢率，增加能量消耗，从而有利于减肥。但是，如果运动时间过长，身体可能会出现疲劳和过度训练的症状，甚至会引起受伤或疾病，这反而会影响减肥效果。

如何通过运动来减肥

要合理安排运动时间和强度，同时注意控制饮食，建立健康的生活方式，这样才能达到长期稳定的减肥效果。

减肥燃脂试试在下午或晚上进行

从健康促进的角度出发，一天中任何时间进行中高强度的身体活动，都可以减少疾病风险，增强体质。但从实现特定运动目标或效果的角度来看，选对运动时间，可以让健身更加高效。运动对代谢物的影响具有时间依赖性和组织特异性。有研究证明，傍晚运动可以更加充分地分解脂肪，且傍晚运动后，全身的脂肪酸代谢水平显著升高，这表明傍晚运动激活了肌肉中的脂肪氧化。因此，有减脂需求的人可选择在傍晚进行锻炼，燃脂效果更佳。

（戴剑松　谭思洁）

26. 为什么说
跑步可以减肥

跑步是一种有节律的动力性有氧运动，由于其具有便于开展的优势，广泛被减肥需求者所青睐。跑步可以快速提高心率和呼吸频率，加速能量代谢，消耗更多能量。有减肥需求的朋友，一般可以每周跑步 3~4 次，每次进行 30 分钟以上的慢跑，在激发身体有氧供能的同时，消耗更多热量。

跑步减肥需要控制饮食吗

跑步虽然可以帮助我们消耗一定的热量，但是如果饮食不控制，减肥效果可能不会很明显。建议在跑步前后和每日饮食中选择低热量、高膳食纤维、富含蛋白质的食物，避免高糖、高脂肪和高盐的食物。

跑步减肥需要注意哪些方面

1. 在跑步前要进行充分的热身运动，进行手臂、腿部和脚踝的拉伸运动，这样有助于减少肌肉的黏滞性，在跑步时更加省力。

2. 要注意保持正确的跑步姿势以减少运动伤害，使运动效果事半功倍。具体来说，建议保持身体挺直，肩膀放松，手臂自然前后摆动，步幅适中，呼吸具有节奏性，不要过度紧张或过度放松。

3. 我们在跑步过程中要注意跑步时长和自身心率变化，慢跑超过 30 分钟可有效燃烧脂肪，起到良好的减肥效果。在长时间跑动过程中，我们的心率应控制在每分钟 130~150 次为宜，一般 60 岁以上人群可保持在最大心率的 70% 左右，老年人在运动时一定要及时关注自身感受，以免出现危险。在测定脉搏时，可在手腕内侧的桡动脉处或颈部的颈动脉处感受到脉搏，通常我们可用示指和中指轻轻按压这些区域，直到感受有规律的跳动，再使用计时器或手表，记录一定时间内的脉搏跳动数量；再或者借助智能手环等便携设备帮助测量。

每周进行 3~4 次、每次 40 分钟以上的跑步对减肥具有积极的效果，建议大家采取多样化的跑步方式，因为长期使用单一化的跑步方式会让身体形成适应，从而延缓减肥的效果。可尝试间歇性跑步、爬坡跑步、变速跑等形式，帮助身体不断适应新形势，加速代谢，消耗更多的热量。

（戈　莎）

27. 为什么短时间走路减肥
效果不明显

走路是一项日常的体力活动，许多人选择通过长时间走路的方式减肥，但却没有起到良好的效果，这是为什么呢？

因为走路是我们最常见的日常体力活动，身体对于这种运动已经有了比较强的适应性。走路的运动强度也相对较低，一般来说每走 1 千米消耗的热量约为跑步的 1/3 或 1/2。如果长时间进行走路运动，身体也很容易适应并减缓代谢的速度，从而表现出的减肥效果就显得很一般了。

怎样通过走路达到更好的减肥效果

1. 建议大家制订一个适合自己的运动计划，包括每天走路多长时间、走多少步数、走多远距离等具体目标。对于刚开始走路减肥的人们，可以从每天走 30 分钟开始，同时根据个人身体情况和目标，逐渐增强运动量，比如逐渐增加步数、时间等，以达到更好的减肥效果。

2. 在减肥过程中，也可以适度增加运动强度，帮助加速代谢和消耗更多热量。例如，采用间歇训练方法，快走 1 分钟，慢走 1 分钟，变换速度交替进行。

如何更好地促进走路的减肥效果

除了科学的走路锻炼，我们也要在满足身体营养需求的同时减少热量摄入，例如可以选择富含蛋白质的食物，如鸡胸肉、鱼类、豆类等。同时，需要保持足够的水分摄入，以维持身体的代谢和排泄功能。在减肥的过程中心理准备也非常重要，尤其是在采取中低运动量的运动形式来进行减肥时，需要保持积极的心态，建议大家与家人、朋友或志同道合的小伙伴们一起减肥，以获得足够的支持和鼓励。

以减肥为目的的运动，主要采用的是中小强度的有氧运动。在日常生活中相信大家已经对于心率测量法很熟悉了，这里为大家介绍一种运用自身感知来评估运动强度的方法。我们可以采用主观用力等级量表（rating of perceived exertion，RPE）来进行评估，常用的是 Borg 量表，范围从 6（无疲劳）至 20（非常辛苦），帮助我们更好地衡量自己的锻炼强度。

（戈　莎）

哪些运动可以减重

运动健美
塑形的密码

28. 为什么
需要练就强壮的**胸肌**

当人们谈论运动健身时，胸肌往往是受到关注的部位之一。许多人都梦想着拥有强壮的胸肌，不仅因为强壮的胸肌可以增加身体的美感，更是因为这个肌群的重要性不言而喻。那么，为什么需要练就强壮的胸肌，又应该如何锻炼呢？

专家说　**为什么需要练就强壮的胸肌**

1. 改善身体姿态与功能　强壮的胸肌可以改善身体姿态。现代人由于长时间伏案工作或者使用手机、电脑等电子产品，常常导致肩颈部位过度前倾，从而影响身体姿态。通过锻炼胸肌，可以增强胸部肌肉的力量，帮助拉回过度前倾的肩膀，纠正身体姿态。并且胸肌是支撑肩膀和臂部的重要肌肉，通过锻炼胸肌，可以提高这些肌肉的力量和耐力，使我们的身体功能变得更好。

2. 预防疾病与损伤　适当锻炼胸肌还可以预防一些胸部疾病。例如，女性患乳腺增生、乳腺癌等疾病都与胸部肌肉松弛有一定关系。通过锻炼胸肌，可以增强乳房周围的肌肉，保持乳房的紧实度，从而降低患上上述疾病的风险。另外，在日常生活中，我们需

要进行各种各样的活动，比如搬运重物、跑步和爬楼梯等。这些活动都需要身体有一定的力量和稳定性，强壮的胸肌可以预防运动损伤的发生。

3. 增加代谢率　锻炼胸肌还可以增加机体的代谢率。因为胸肌是人体较大的肌群之一，所以在锻炼胸肌的过程中会消耗大量能量。此外，锻炼后由于肌肉需要修复和生长，也会加速机体的代谢。因此，适当锻炼胸肌不仅可以提高机体代谢率，还可以帮助减脂塑形。

如何练就强大的胸肌

1. 俯卧撑　俯卧撑是一种简单而有效的锻炼胸肌的方法。它可以锻炼胸大肌、三角肌和三头肌等多个肌肉群。对于初学者来说，可以先从墙上俯卧撑开始，逐渐过渡到地面俯卧撑。

2. 杠铃卧推　杠铃卧推是一种重量级的锻炼方法，可以帮助增加胸肌的力量和质量。需要注意的是，这种方法需要采取正确的姿势和适当的重量进行锻炼才能达到最佳效果。

3. 哑铃飞鸟　哑铃飞鸟是一种针对胸大肌和前三角肌的锻炼方法。通过哑铃飞鸟可以增加胸大肌的宽度和厚度。

（戴剑松）

29. 如何在日常锻炼中练出"麒麟臂"

"麒麟臂"是指线条优美且肌肉维度丰满的手臂肌肉。在日常健身中，练就一对强壮有力的麒麟臂需要合理的训练计划、科学的饮食搭配和充足的休息恢复，同时坚持不懈的努力和耐心也是必不可少的。

关键词

专家说

在进行手臂力量训练时主要工作的肌肉是肱二头肌、肱三头肌。首先，我们需要了解肱二头肌和肱三头肌的解剖结构和功能。肱二头肌位于上臂前侧，主要作用是屈臂和旋前臂。而肱三头肌位于上臂后侧，主要作用是伸臂和屈肘。针对这两块肌肉进行肌肥大（体积、横断面）和肌肉力量的训练，可以帮助大家练就出理想中的"麒麟臂"。

手臂力量训练方法

1. **重量训练** 是增加肌肉质量和力量的有效方法之一，在重量训练中我们通常采取多组数、低次数的重复动作。在练习肱二头肌时，我们可以选择哑铃弯举、杠铃弯举等动作；而在练习肱三头肌时，我们可以选择俯身三头肌屈臂伸展、仰卧臂屈伸等动作。在进行重量训练时，一定要注意采用正确的姿势和呼吸方法，以避免受伤。

肌肉塑形　力量训练

2. 组合训练 是将多个动作组合在一起进行训练，可以有效提高训练效果。例如在练习肱二头肌时，我们可以选择哑铃弯举和窄距俯卧撑等动作进行组合训练；而在练习肱三头肌时，我们可以选择仰卧臂屈伸和三头肌下压等动作进行组合训练。

3. 大重量低次数训练 是一种增加肌肉力量的有效训练方法。在进行这种训练时，我们可以选择较重的负重，进行 3~5 组、每组 6~8 次的训练。这种训练方法可以有效刺激肌肉生长，提高力量水平。需要注意的是，在进行大重量低次数训练前，必须进行充分的热身，包括有氧运动和动态拉伸，以减少受伤的风险。同时训练重量要逐渐增加，以避免突然增加重量造成肌肉拉伤等伤害。

健康加油站

除了针对性锻炼以外，合理的饮食和充足的休息同样重要。为了促进肌肉生长，我们需要摄入足够的蛋白质、碳水化合物和脂肪。此外，充足的休息和恢复时间也非常重要，可以帮助身体更好地适应锻炼，并促进肌肉生长。一般对同一部位肌肉的训练需要间隔 48 小时以上。

（戴剑松）

30. 为什么特别瘦的男性可以通过**运动变强壮**

体型"苗条"的男性想变强壮需要做到以下几点：①加强自身抗阻训练，进行身体大肌肉群的力量训练；②日常饮食应该增加碳水化合物和蛋白质的摄入；③训练完应注意及时休息，提高睡眠质量，因为睡眠过程中会分泌多种激素，促进肌肉组织的修复与生长。

专家说

通过运动变强壮的原理

抗阻训练有利于增强肌肉维度和提高体内激素——睾酮素的水平，睾酮素可以促进肌肉、蛋白质的合成，加快肌肉生长。抗阻训练是增强肌肉和变得更强壮的有效方法。在进行抗阻训练时，应该采用适当的重量和次数，并逐渐增加重量和次数，以刺激肌肉生长。建议长得特别瘦的男性进行全身肌肉训练，包括深蹲、卧推、引体向上等。

如何做才能变得强壮

首先，肌肉的修复与生长需要蛋白质的摄入和能量的消耗，蛋白质是肌肉生长所必需的营养素，体型特别瘦的男性应该增加蛋白质的摄入量。建议每天每千克体重摄入 1.5 克的蛋白质，可以通过鸡肉、鱼肉、

蛋白粉等食物来摄取。其次，还要控制有氧运动量，有氧运动可以帮助燃烧脂肪，但过多的有氧运动会抑制肌肉生长。建议体型特别瘦的男性控制有氧运动量，每周进行 2~3 次，每次 30~45 分钟。最后，充足的睡眠可以促进肌肉生长和恢复。建议体型特别瘦的男性每天睡眠时间为 7~8 小时，并保持规律睡眠。

关键词

平板支撑　肌群　核心力量

健康加油站

运动时要注意全身肌肉的均衡发展，不同年龄阶段训练者要有不同的力量训练形式。如训练者尚处于生长发育阶段，应尽量采用动力性练习，并以自身体重为负重形式；如训练者已到 15~18 岁，可适当增加负重；成人则可依据自身基础进行规律性的力量训练。

（孙　飙　戈　莎）

31. 为什么
平板支撑练不出腹肌

一提到练腹肌，很多人想到的动作就是平板支撑。但是通过做平板支撑锻炼腹肌的效果却并不尽如人意。这是因为我们的腹肌属于人体的深层肌肉群，深层肌肉群起到维持身体姿势、平衡和力量传递的作用，是不容易在外形上显露出来的。平板支撑只是一种核心肌群的锻炼方式，它可以有效地锻炼腹肌、背肌和腰肌等核心肌群。但是，如果你想要练出六块腹肌，仅仅靠平板支撑是不够的，还需要进行其他的腹肌锻炼，如仰卧起坐、卷腹等。

专家说

平板支撑可以帮助我们得到哪些锻炼效果

虽然我们做平板支撑训练不能锻炼出明显的腹肌，但是我们身体的核心肌肉力量是在增长的。核心力量在日常生活中扮演着重要角色，可以帮助我们支撑身体，维持身体的平衡和姿势，减少受伤风险。

核心肌群的力量还可以帮助改善人体姿势，减少脊柱曲度和肩部压力。同时，帮助我们提高运动能力，包括跑步、跳跃、爬山、游泳等，提高运动效率和稳定性，提高运动表现。

练习平板支撑的注意事项

1. 在练习时要注意保持正确的姿势，手臂伸直，肘关节微曲，肩部保持稳定，腰部和腿部形成一条直线。如果姿势不正确，很容易造成腰部或肩部受伤。

2. 在练习时间方面，建议每次锻炼持续 20~30 秒，每组进行 3~4 次，组间结合个人情况和目标进行充分或不充分的间歇。

3. 注意呼吸，不要屏息，以帮助提高肺活量和氧气供应，有效缓解肌肉疲劳。

4. 注意恢复，适当的休息可以帮助肌肉恢复并预防过度训练，建议每周安排 1~2 天的休息时间，同时通过按摩等方式帮助肌肉恢复。

从解剖学角度讲，人体的核心区是指以膈肌为顶，盆底肌为底，包括髋关节在内的区域，此区域内的核心肌群在人体运动中起到稳定、传导力量、发力、减力等作用。

（王　梅　戈　莎）

32. 为什么有些人进行**腹肌训练**不一定能显露腹肌

多数健身的朋友会问：腹肌训练就能显露腹肌吗？答案是不一定。因为不同强度的腹肌训练效果会有所不同。高强度的腹肌训练可以增强腹肌的力量，增加腹肌的肌肉围度，但不会明显减少腹部脂肪。要想真正练出腹肌，应该通过减少身体脂肪的形式去训练，经过长时间有氧训练并搭配腹肌训练，从整体上减少体内脂肪含量，只有全身脂肪含量少了，我们的腹肌才能显露出来。

怎样锻炼腹肌

介绍几种比较常见的腹肌训练方法。

1. 卷腹可以针对腹直肌进行训练　具体做法为平躺在地上，双脚弯曲放在地上，双手交叉放在胸前。伴随吸气收腹，将上半身向前抬起，使肩膀离开地面约30°，同时将头部和颈部抬起，保持颈部与身体成一条直线。在保持腹部收紧的状态下，伴随呼气将身体向下放回起始位置。注意向下放回身体时，要保持控制。

2. 俄罗斯转体训练可以针对腹外斜肌进行训练　首先，坐在瑜伽垫或地板上，双腿弯曲，双脚放在地面上，双手交叉放在胸前。伴随吸气，将上半身向后倾斜，同时将双脚离地，使身体与地面成45°。将上半身旋转到右侧，同时将双手伸直，尽可能触碰到右侧的地面。在转体的过程中，要保持腹肌的紧张。在保持右侧的姿势下，伴随呼气将上半身转回中心位置。将上半身旋转到左侧，同时将双手伸直，尽可能触碰到左侧的地面。在转体的过程中，要保持腹肌的紧张。在保持左侧的姿势下，缓慢呼气，将上半身转回中心位置。

3. 仰卧举腿可以针对下腹部肌肉进行训练　具体做法是先躺在地上，双手放在身体两侧，然后将双腿向上抬起，直到与上半身成90°，再慢慢放下双腿，重复动作。

4. 腹肌轮可以针对整个腹肌群和核心肌群进行训练　具体做法是双手握住腹肌轮，跪在地上，将腹肌轮向前推出，直到身体成一条直线，然后再慢慢将腹肌轮拉回原位，重复动作。

健康加油站

腹肌训练的注意事项

1. 要选择合适自己的动作，不同的腹肌训练动作可以锻炼不同的腹部肌肉，要根据自己的训练目的和身体情况选择合适的动作，同时也要注意一开始不要选择过于复杂或过于困难的动作，以避免造成运动损伤。

2. 在进行腹肌训练的时候要注意控制动作的幅度，保持动作的稳定性和平衡性。

3. 在训练过程中要逐渐增加训练强度和次数，避免一开始就进行过于激烈的训练。

4. 在腹肌训练时，要注意正确的呼吸方式。

（王　梅　戈　莎）

33. 为什么
女性不容易练出**翘臀**

女性臀部脂肪较多，形态丰满。臀部肌肉主要分为臀大肌、臀中肌、臀小肌。经常久坐不动的女性，随着年纪的增长，肌肉开始流失，容易出现臀部扁平，臀形下垂的问题。想要练出翘臀，就需要加强臀部训练、强化臀部肌群。

锻炼翘臀可以怎么做

女性要想练出翘臀需要针对臀部肌肉进行训练，下面介绍几种训练的方法。

1. 硬拉训练 硬拉训练是一种重要的臀部肌肉训练方式，可以通过杠铃硬拉、哑铃硬拉等方式进行。硬拉可以有效地锻炼臀大肌、腿部肌肉等。

2. 深蹲训练 深蹲训练是一种全身性的训练方式，可以锻炼大腿、臀部、腰背等多个部位的肌肉。在深蹲时，需要注意保持膝盖不超过脚尖，腰背挺直，以避免运动损伤。

3. 臀桥训练 臀桥训练是一种针对臀部肌肉的训练方式，可以通过升降臀部的动作来锻炼臀大肌、臀中肌等肌肉。

大家还可以通过进行有氧运动（如跑步、快走、跳绳等）帮助减脂，从而解决臀部脂肪堆积的问题，并且有助于更好地展现臀部肌肉线条。

锻炼翘臀的注意事项

1. 根据自己的身体状况和训练目标，选择合适的训练强度和次数。

2. 在进行臀部肌肉训练时，需要注意保持正确的动作姿势。如在进行硬拉训练时，需要保持腰背挺直，不要过度弯腰；在进行深蹲训练时，需要保持膝盖不超过脚尖，腰背挺直等。

3. 合理选择训练方式，除了上述训练方式外，还可以选择其他训练方式，如单腿深蹲、侧腿抬高等，以增加训练的多样性和趣味性。

4. 在进行训练时，需要适当休息和恢复，以避免肌肉疲劳和损伤。建议每周进行 1~2 次臀部肌肉训练，每次训练时间不超过 1 小时。

健康加油站

我们在积极锻炼的同时，还要注意饮食和水分摄入，健康的饮食和充足的水分摄入对于锻炼效果和身体健康都非常重要。建议控制饮食热量，摄入蛋白质、维生素等营养素。

最后，提醒广大女性朋友们，要避免过度减肥。过度减肥可能会导致身体营养不良和肌肉流失，从而影响锻炼效果和身体健康。建议通过健康的饮食和适当的运动来达到理想的身材。

（王　梅）

34. 为什么
女性会有 **"拜拜肉"**

　　"拜拜肉"也称"蝴蝶袖"，指的就是我们大臂腋窝下方的赘肉，平时藏在胳膊底下看不到，但在抬起手并挥动手臂的时候，这两块赘肉就会随着动作晃动。尤其在夏天，"拜拜肉"会给很多爱美的女性朋友带来了困扰。女性消除"拜拜肉"的关键是要通过针对性的上肢练习，帮助紧致上臂肌群。

专家说 **哪些动作可以消除"拜拜肉"**

　　1. 面对墙做上臂斜起动作　动作要领：正对墙壁，可以站得离墙稍微远一些，保持一个手臂的距离，双手打开与肩同宽，支撑在墙面上，双手位置跟胸部持平，手指的方向斜上 60°。保持头部和肢体稳定，双手慢慢弯曲，将身体压上墙面，脚后跟可以稍微离开地面。

　　注意：大臂可以靠紧身体，肩胛骨要保持稳定，从最低点将身体推离墙面，回到起始位置，放下去的时候要慢一点，推起来的速度可以略微加快一些。

　　2. 跪姿俯卧撑　动作要领：保持脊柱的中立位置，腹部要收紧。保持头部和躯干稳定，慢慢弯曲肘

关节，大臂靠近身体。腰部不要塌下去，当然脖子也不能仰起来，肩胛骨要保持稳定，身体成一条直线。

注意：在整个过程中要保持匀速，能够适当控制频率。当我们在调整膝盖的前后位置时，是可以改变强度大小的。

如何避免日常久坐造成的体态问题

随着久坐时间的不断增加，由于体态不正确而带来的身体问题逐渐成为大家关注的问题，如富贵包、圆肩、驼背、引颈等都在影响着我们的健康体态。除了手臂的日常锻炼外，与手臂相连的肩背部锻炼也应引起我们的重视。

这里介绍一种放松肩部肌肉的方法，首先我们准备一个泡沫轴，身体呈仰卧姿势，将泡沫轴置于上背部，双手抱头两侧，大臂与地面垂直，屈膝、双脚分开与肩同宽，臀部离地，通过腿部发力与膝关节屈伸带动身体向上运动，前后滚动泡沫轴，使上背部得到放松。注意在此动作中双肘尽量能碰在一起。

（王 梅 戈 莎）

35. 为什么经常有人说跑步会使**小腿变粗**

跑步是一种有氧运动，可以增加小腿肌肉的力量，尤其是在进行爬台阶、蹬腿等动作的高强度训练时，可以更好地刺激小腿肌肉的生长和发展。另外，跑步也可以增强小腿肌肉的血液循环和新陈代谢，有助于防止小腿肌肉的肿胀和水肿。科学的锻炼可以有效地消耗体内的脂肪，从而减少体脂含量，当体脂含量减少时，小腿肌肉的纤维会变得更加明显，看起来更加紧致。当然，如果跑步的频率、强度和时间不合适，也可能会导致小腿肌肉的过度负荷和损伤，以至于让小腿变粗。

关键词

小腿粗壮 快肌纤维 慢肌纤维

专家说

为什么肌肉会变得粗壮

肌肉力量的大小与肌肉体积有一定关系，其中肌肉的长度来自我们先天的遗传基因，但肌肉的类型则取决于不同的肌纤维类型。肌纤维可分为快肌纤维和慢肌纤维。快肌纤维的纤维粗，收缩速度快，适合短距离、高强度的运动；慢肌纤维的有氧代谢能力比快肌纤维强，更适合于耐力运动。所以，我们在进行高强度的下肢运动时，可使下肢肌肉力量得到发展，同时激发快肌纤维的生长，导致肌肉横截面积增大，在外部形态上就表现为腿部粗壮。

在跑步中如何防止小腿变粗

1. 合理安排跑步强度和时间，建议逐渐增加，每周进行 3~4 次，每次 30~45 分钟为宜。

2. 加强跑步前后的热身和拉伸，可以减少小腿肌肉的损伤和疲劳，并有助于恢复肌肉弹性和柔软度。

3. 选择适合自己的跑鞋和路线，可以减少小腿肌肉的振动和压力。除跑步训练外，还应加强全身肌肉的训练，合理均衡训练各个部位的肌肉，避免小腿肌肉过于发达。

健康加油站

为了防止在跑步中小腿变粗，我们还需要配合一些其他的方式去进行调整。比如在跑步中要注意保持正确的跑步姿势，尤其下肢部分要注意膝盖弯曲适度；脚步着地时，先脚掌着地，再脚跟着地，然后推动脚尖离开地面；避免脚步过大或过小，保持舒适的步幅。其中，脚掌着地位置很重要，尽量不要只用前脚掌着地，小腿肌肉在长期刺激下可能会变得越来越粗壮。如果跑步姿势不正确，小腿会代偿身体其他部位的力量，小腿肌肉在长期刺激下可能会变得越来越粗壮。

如何才能科学热身

（戈 莎 王 梅）

关键词

拉伸方法 腿部拉伸

36. 为什么**小腿粗**
可以通过拉伸解决

　　运动前后进行合理有效的腿部拉伸，可以解决小腿粗壮的问题。跑步后注意做一些拉伸、搓揉的动作来放松小腿。拉伸可以让肌肉和肌腱得到充分的伸展，舒缓紧张的症状，对提高肌肉的柔软度也很有帮助。并且，在一定时间内，让静止不动的小腿肌肉保持伸展，这样小腿不仅不会变粗，相反线条还会越来越好。

专家说　　**小腿拉伸怎么做**

　　介绍几种常用的拉伸方法。

　　1. **坐姿小腿伸展**　坐在地上，一条腿伸直，另一条腿弯曲，脚底贴在内侧大腿上。用手抓住伸直的

脚，尽量向自己拉，直到感觉到小腿肌肉被拉伸。保持这个姿势 15~30 秒，然后慢慢放松。重复这个动作 3~4 次。

2. **墙式小腿伸展**　站在一面墙前，双手撑在墙上，一条腿向后伸直，脚跟着地，另一条腿向前弯曲。慢慢向前推墙，直到感觉到小腿肌肉被拉伸。保持这个姿势 15~30 秒，然后慢慢放松。重复这个动作 3~4 次。

3. **站姿小腿伸展**　站直，双脚分开与肩同宽，一只脚向前迈一步，脚跟着地，膝盖弯曲。另一只脚后脚跟着地，脚尖向外翻。慢慢向前弯腰，直到感觉小腿肌肉被拉伸。保持这个姿势 15~30 秒，然后慢慢放松。重复这个动作 3~4 次。

4. **跪姿小腿伸展**　跪在地上，双腿与臀部平行，脚背伸直，脚尖着地。双手放在腿前方或双膝上，保持身体平衡。然后选择一条腿进行伸展，将脚尖向后方伸直，将脚背贴近地面，此时另一条腿仍然保持跪姿。注意缓慢地将身体重心前移，让伸展的那条腿的小腿肌肉感受到拉伸。保持伸展的姿势 15~30 秒钟，感受到小腿肌肉的舒展和拉伸，缓慢收回并换腿。

需要注意的是，拉伸时应该感觉到肌肉被拉伸，但不要过度拉伸，以免引起肌肉拉伤，如果感到疼痛或不适，应该立即停止拉伸。

拉伸练习可以有效帮助身体各部分肌肉进行伸展，有助于保持肌肉的弹性。拉伸练习一般分为静力拉伸和动力拉伸。静力拉伸一般帮助肌肉、肌腱和韧带缓慢地进行伸展，可有效减少关节超伸带来的危险；动力拉伸是一种有节奏的、行进间的、可逐步加大幅度的重复动作拉伸。

（戈　莎）

37. 为什么女性不用担心会练成 "肌肉女"

关键词

抗阻训练　肌肉质量

男性经常做抗阻训练很容易就能变成"肌肉男"，而女性经常做抗阻训练会变成"肌肉女"吗？答案是不会。

专家说

女性进行抗阻训练的益处

1. 抗阻训练可以帮助女性增加肌肉质量，因为肌肉需要消耗更多的能量来维持其生长和维持，所以增加肌肉质量可以提高代谢率。这意味着即使在休息状态下，身体也能够更快地燃烧热量，从而帮助女性减少体脂肪和保持身材。

2. 抗阻训练可以帮助女性增强肌肉力量和耐力，这对于女性更好地完成日常生活中的各种任务非常重要。例如，抬重物品、做家务或长时间站立都需要一定的肌肉力量和耐力。通过抗阻训练，女性可以提高肌肉质量，从而更轻松地完成这些任务，并有效预防骨质疏松症等老年疾病。

3. 抗阻训练可以帮助女性减轻压力和焦虑。研究表明，锻炼可以释放内啡肽和多巴胺等内源性化学物质，这些物质可以帮助减轻压力和提高情绪。此外，抗阻训练还可以帮助女性提高自信心和体态形象，从而改善心理健康状况。

4. 抗阻训练可以帮助女性改善睡眠质量。研究表明，适当的锻炼可以帮助女性入睡更快，睡得更深，从而改善睡眠质量。好的睡眠质量可以帮助女性保持健康的生活习惯，提高身体健康水平。

5. 抗阻训练可以帮助女性提高心血管健康。研究表明，适当的抗阻训练可以帮助降低血压和胆固醇水平，预防心脏病等。此外，抗阻训练还可以帮助女性提高心肺功能，从而提高身体健康水平。

健康加油站

女性通过抗阻训练变成所谓的"肌肉女"是非常困难的，如果你想更加凸显肌肉线条，首先要有高强度的抗阻训练负荷，其次是合理地服用营养补剂，增加蛋白质的补充量，才有可能实现"肌肉女"。

女性经常做抗阻训练可以提升身材曲线，如好看的马甲线、饱满紧致的臀部肌肉、纤薄的肩背线条，增加自身魅力指数。

（戈 莎 王 梅）

38. 为什么女性**减肥会减胸**

女性减肥真的会减胸吗？答案是肯定的。首先，女性的胸部是由覆盖在胸大肌上面的脂肪组织形成的；其次，减肥本身就会消耗全身脂肪，只保留胸部脂肪是不太可能的。胸部肌肉体积增加，可以使胸部更加挺拔。

专家说

怎样锻炼胸部肌肉

我们可以通过一些简单的徒手练习或手持轻器械练习加强对胸肌的锻炼，为胸部提供更好的支撑，改善胸型，让胸部更加挺拔。具体方法如下。

1. **曲臂扩胸运动** 双脚打开与肩同宽，两臂侧平举，屈肘使小臂与地面垂直，拳心相对，保持上身挺拔，两肘从两边向中间合拢，注意保持肩部不要摆动，并保持呼吸，体会胸部加紧用力，可一组做 20 次。

2. 胸部上提　双手合十向内屈肘，尽量让手掌至手肘处贴合在一起，大臂尽量与地面平行，小臂保持与地面垂直，双手贴合向上缓慢举起，使手掌超过额头，反复上下来回练习，可一组做 20 次。

　　3. 哑铃飞鸟　哑铃飞鸟是一种针对胸部肌肉的有效训练方法，可以帮助增强胸部肌肉，提高胸部线条。可以使用哑铃或者练习器材进行哑铃飞鸟训练。大家需要选择适当重量的哑铃，坐在平板或斜板凳上，将哑铃放在膝盖上。双脚平放在地上，保持身体稳定。起始姿势用双手握住哑铃，手心朝上，手臂伸直。将哑铃举到胸前，手臂与肩膀平行，手肘微微弯曲。然后缓慢地将哑铃向两侧展开，保持手臂微微弯曲，直到感受到胸肌的拉伸。

　　注意保持背部挺直，避免弯腰或扭动身体。在展开到最大范围后，缓慢地将哑铃收回到起始姿势，同时用胸肌的力量推动哑铃。在收缩的时候，尽量用胸肌控制动作，保持稳定。可根据个人的能力和目标，选择适当的重复次数和组数。一般建议每组 8~12 次，完成 2~3 组。

　　4. 弹力带练习　弹力带练习是一种简单而有效的胸部锻炼方法，可以帮助增强胸部肌肉，提高胸部线条。日常可以使用弹力带进行练习，例如弹力带推胸，将弹力带固定在胸部后方的固定点上，双手握住弹力带的两端，手臂伸直。向前推胸，感受胸肌的收缩和拉伸，然后缓慢地将双手收回到起始姿势，重复动作。弹力带交叉推，将弹力带固定在胸部前方的固定点上，双手握住弹力带的两端，手臂交叉于胸前，向前推胸，感受胸肌的收缩和拉伸，然后缓慢地将双手收回到起始姿势。

需要注意的是，女性在进行胸部锻炼时，应该注意适度训练。同时建议女性采用多种胸部锻炼方法，以达到更好的锻炼效果。另外，女性在进行胸部锻炼时，建议穿着合适的运动内衣，给胸部足够的支撑和保护。

（戈　莎）

39. 为什么运动可以帮助
产妇分娩后的身材恢复

分娩是女性生命中重要经历之一，同时这一过程也会对女性的身体形态造成一定影响，如腹部的脂肪堆积和腹肌过度拉伸与松弛。运动可以帮助女性有效地恢复身材，重塑健美身姿。

专家说

有氧运动可以帮助减少过多的脂肪堆积

在怀孕期间，女性体内会积累一定量的脂肪，分娩后由于饮食过于丰盛等原因，有可能造成脂肪的进一步积累。有氧运动通常可以消耗大量能量，帮助消耗多余脂肪，减少腹部、臀部和大腿等部位的"赘

肉"，帮助身材的恢复。女性分娩后和哺乳期如果身体较为虚弱，可以进行步行、瑜伽、太极等舒缓的有氧运动。对于体质较好的女性也可以进行快走、慢跑、游泳（保证水质安全的情况下）等中等强度运动，以取得更好的效果。

抗阻训练帮助重塑身体形态

在孕期和哺乳期，由于乳房增大和背部肌肉松弛，容易导致女性出现含胸驼背的现象，可通过背部肌肉抗阻训练来改善这种情况，以增加肌肉质量和塑造身体线条。怀孕期间，女性的腹部肌肉会因为胎儿的增长而被拉伸，导致肌肉弹性减弱；同时由于胎儿增长导致身体重心改变，还会出现背部肌肉的劳损。通过核心肌群的训练，有助于女性改善腰部疼痛、恢复腹部肌肉形态和功能，还有助于改善身体姿势和稳定性。怀孕和分娩还会给盆底肌带来很大负担，这也会影响身体的重心分布和姿态平衡。通过盆底肌的训练，可以防止盆腔器官的垂脱和骨盆前倾，从而改善身体姿态。

适合产后女性身材恢复的抗阻训练

对于这一时期的女性，可以进行小负重抗阻训练（如小哑铃、弹力带等），也可以进行徒手抗阻训练。常见的动作主要包括以下几种。

1. 盆底肌肉收缩练习　这是最基本也是最重要的盆底肌肉恢复练习。通过收缩盆底肌肉，就像在尝试

健康加油站

憋尿，保持 5~10 秒，然后慢慢放松。重复 10~15 次为一组，每天重复 3~5 组。

2. 臀桥　不仅可以加强核心力量、臀部和腿部的肌肉，还可以对盆底肌肉进行一定的锻炼。具体方法是仰卧，双脚平放，双手置于身体两侧，然后用臀部和腿部的力量抬起臀部，使身体呈桥形，保持数秒钟后放下。

3. 平板支撑　可以有效加强腰部、腹部、背部和盆底肌的肌肉力量。练习时用双肘和双脚撑地，保持身体稳定，尽量坚持时间长一点，最好能到 1 分钟。如力量不够，可以用双肘和双膝撑地，降低难度进行支撑。

（徐　凯）

40. 为什么
运动可以练出 "马甲线"

"马甲线"是腹直肌和腹外斜肌之间形成的肌肉线条，简单来说就是腹肌形成的肌肉线条。只有双重体脂率（皮下脂肪和内脏脂肪）低的时候，腹肌才会更为显现，男性体脂率在 12% 以内会显现出来，而女性体脂率在 20% 左右才能显现出来。这就需要我们在平时训练

中进行全身长时间的有氧训练和针对腹肌的"雕刻"训练。

首先，全身长时间的有氧训练会燃烧我们的脂肪，降低体脂率。然后，通过抗阻训练会导致肌肉纤维的细微损伤，当肌肉纤维自我愈合时会增大体积，呈现在身体上，使腹部肌肉含量提升，让马甲线显现得更加明显。

专家说

怎样做才能降低体脂率

有氧运动可以帮助燃烧脂肪，减少体脂肪含量。在进行有氧运动时，建议先进行热身运动，如慢跑、拉伸等，以减少运动损伤的风险。同时，根据自己的身体状况和运动水平，逐渐增加运动强度和时间，以达到减脂的效果。建议每周至少进行 150 分钟的中等强度有氧运动。另外，如果已经具有一定的运动基础，也可以进行高强度间歇训练，这种训练方式交替进行高强度和低强度的运动，可以有效增加新陈代谢和促进脂肪燃烧。例如，交替进行快速跑步和慢速走路。

想练出"马甲线"，具体应该怎样做

1. **仰卧起坐**　躺在瑜伽垫上，双脚弯曲放在地面上，双手交叉放在胸前。缓慢抬起上半身，使肩膀离开地面，收紧腹部肌肉。控制下降，回到起始位置。重复动作。

2. **卷腹**　仰卧于瑜伽垫上，双腿伸直放在地面上，双手放在头部或交叉于胸前，背部至腰部完全贴合地面，用腹肌的力量慢慢卷起上半身，将头、肩膀和胸部抬离地面，尽量向前弯曲。注意保持颈部放松。在到达最高点时，保持腹部收缩感，并持续

一段时间，然后慢慢放下上半身回到起始位置，重复动作。一般建议进行 10~15 次的卷腹动作，可以进行 2~3 组。

3. 侧卧抬腿　侧卧在瑜伽垫上，一只手支撑头部，另一只手放在身体前方。缓慢抬起上腿，使其离开地面，同时收紧腹部肌肉。控制下降，回到起始位置。重复动作后换另一侧进行。

4. 平板支撑　身体俯卧在瑜伽垫上，双臂弯曲，以手肘和前臂支撑身体。保持身体平行于地面，腹部收紧，保持姿势。尽量坚持一定的时间，逐渐增加持续时间。

对于腹肌训练，建议每周进行 3~4 次。在每次训练中，可以选择 2~3 个腹肌训练动作进行练习。每个动作进行 3~4 组，每组进行 12~15 次。这样的训练量可以有效刺激腹部肌肉，促进其生长和发展。

健康加油站

除了上述科学的锻炼外，还要注意饮食。饮食对练出马甲线至关重要。建议减少高热量、高脂肪、高糖的食物摄入。同时，增加蛋白质的摄入量，如鸡肉、鱼肉、蛋白粉等，以帮助肌肉生长和恢复；适当增加蔬菜和水果的摄入量，以获得足够的营养和纤维素。此外，充足的睡眠可以促进肌肉生长和恢复，从而更容易练出马甲线。建议每天睡眠时长为 7~8 小时，并保持规律的睡眠时间。同时，避免在睡前过度饮食和使用电子产品，以保证睡眠质量。

（戈　莎）

第四章

疾病防控的运动密码

控糖的
运动密码

1. 为什么运动
在防治糖尿病的同时
还能**全面改善健康状况**

关键词

糖尿病　胰岛素抵抗

听说运动能预防和治疗糖尿病，那运动和其他防治方法相比效果有什么不同呢？

运动对糖尿病的防治效果已成为全球共识。大量研究结果显示，运动可使成年人 2 型糖尿病的发病风险下降约 50%，并能降低糖尿病患者的全因死亡率或疾病相关的功能衰退。运动更是糖尿病管理的"五驾马车"之一，能控制甚至逆转血糖水平。而且不管是哪种类型的糖尿病，体力活动都可以延缓其疾病进展、预防糖尿病并发症。

此外，运动除了能控制、逆转血糖水平外，还能预防糖尿病并发症，全面改善糖尿病高风险人群（如糖尿病前期人群）和糖尿病患者的健康水平。经大量研究证明，体力活动可以改善糖尿病前期人群和糖尿病患者的心血管疾

健康术语

胰岛素抵抗

胰岛素抵抗是指因各种原因使胰岛素促进葡萄糖摄取和利用的效率下降，机体代偿性地分泌过多胰岛素产生高胰岛素血症，以维持血糖的稳定。胰岛素抵抗易导致 2 型糖尿病和代谢综合征。

病或全因死亡风险，降低脑卒中风险，改善多种心血管疾病危险因素（血脂异常、高血压、超重、肥胖等），心理状况（减轻压力、改善焦虑和抑郁症状）和整体生活质量。运动还可以全面提高健康体适能水平，包括提高心肺耐力、肌肉力量、肌肉耐力和柔韧性，改善体成分等，让您拥有更健康的身体，享受更健康的生活。

专家说

运动是如何预防糖尿病及其并发症的发生，并控制甚至逆转血糖呢？

其实，正常血糖水平的维持与体内胰岛素水平以及身体组织对胰岛素的敏感性有关。胰岛素可以起到降低血糖的作用，血糖升高了，胰岛素就会升高以动员身体组织加速储存或消耗糖来降低血糖。1型糖尿病患者是因为先天胰岛功能异常，不能分泌胰岛素，需要补充外源性胰岛素才能维持血糖稳定。但绝大多数的糖尿病患者是2型糖尿病，这类患者的胰岛素不是数量不足，而是身体对胰岛素的敏感性下降，需要更多的胰岛素才能降低血糖，也就是胰岛素抵抗，这是血糖居高不下的一个重要原因。

大量研究结果证明，运动可以增加糖尿病患者和糖尿病前期人群的胰岛素敏感性，缓解多种组织（特别是肌肉组织）的胰岛素抵抗，从而改善高血糖状态，预防、延缓2型糖尿病的发生和发展。对于1型糖尿病患者，运动虽然不能改善其胰岛功能，但可以提高外周组织的胰岛素敏感性，降低外源性胰岛素的需要，也就是降低药物的使用量。

（罗曦娟　张献博）

2. 为什么有些糖尿病患者**不适合运动**

运动对糖尿病有很好的防治作用，那是不是所有的糖尿病患者都适合进行运动呢？

答案是否定的。运动是有其禁忌证的，糖尿病患者也和其他慢性疾病患者一样，需要通过规范的运动前健康筛查，确定其是否能参加运动。

专家说

哪些糖尿病患者暂时不能进行运动

同时患有心血管疾病、代谢性疾病、肾脏疾病等，及其相关症状和体征（如胸痛、眩晕或晕厥、异常疲劳或呼吸困难、心悸、间歇性跛行、脚踝水肿等）的糖尿病患者，需要咨询专科医生，并进行相应检查，如果发现有运动禁忌证，则在疾病状况改变前不能进行运动。

如何降低糖尿病患者的运动风险

糖尿病患者在开始运动前最好能全面评估空腹和餐后血糖、糖化血红蛋白，以及其他心血管危险因素（包括体力活动水平低、家族病史、吸烟史、血脂和血压异常、超重），相关症状，感染情况，眼部、足部及

神经问题，尿蛋白和酮体异常等，以便更好地控制低血糖、高血糖、心血管事件等糖尿病患者运动时可能会发生的风险。

糖尿病患者在哪些情况下需要合理选择运动

当血糖>13.9mmol/L 时要监测尿酮，如果血或尿中酮体阳性，则应暂缓开始运动；当血糖≥16.7mmol/L，同时血或尿中酮体阴性或轻度升高时，只有在没有症状、感觉良好并能保证补水充分的情况下才能进行低到中等强度的体力活动，避免较大强度或大强度运动。对于同时合并未控制的高血压、严重的增殖性视网膜病变或近期接受过激光治疗的糖尿病患者，则暂不宜进行容易使血压升高的运动（如较大强度的有氧运动或抗阻训练）。

健康加油站

运动禁忌证

绝对禁忌证	相对禁忌证
• 2 天内的急性心肌梗死 • 持续性不稳定型心绞痛 • 血流动力学不稳定的心律失常 • 感染性心内膜炎 • 有症状的重度主动脉瓣狭窄 • 心力衰竭失代偿期 • 急性肺栓塞、肺梗死或深静脉血栓 • 急性心肌炎或心包炎 • 急性主动脉夹层 • 有安全隐患和不能完成测试的身体残疾	• 确诊的阻塞性冠状动脉左主干狭窄 • 伴非典型症状的中、重度主动脉瓣狭窄 • 伴未控制的室性心率的心动过速 • 获得性晚期或完全性心脏传导阻滞 • 近期脑卒中或短暂性脑缺血发作 • 精神损害且不能很好地配合 • 安静收缩压>160mmHg 或舒张压>100mmHg • 未经纠正的医学情况，如重度贫血，严重电解质紊乱和严重未控制的甲状腺功能亢进

（罗曦娟　张献博）

3. 为什么有些糖尿病患者运动前需要进行**运动测试**

关键词

运动处方　运动测试

运动测试可以评估运动风险和运动能力，那么糖尿病患者在开始运动前是否有必要进行全面的运动测试呢？

其实，从运动安全性方面考虑，糖尿病患者在没有出现任何心血管疾病相关症状时，并不一定要做临床运动测试。但如果想评估运动能力或评价运动干预效果，则推荐在有条件时选择适合的运动测试。

健康术语

诊断性运动测试

诊断性运动测试是一种在临床工作中用于诊断疾病的临床运动测试方法，测试中用适当的递增负荷方案逐渐加大运动强度以诱发一些可以诊断临床疾病的症状和体征，达到临床诊断的目的。

临床运动测试除了诊断疾病外，还可以用于测定运动能力并发现一些运动中异常的心血管反应以指导患者安全、科学地运动。

专家说

糖尿病患者如果同时存在一些疑似心血管疾病的症状时（如疑似心绞痛在安静或运动时胸痛，1 年内曾晕倒过，休息、轻度活动或睡眠时出现过呼吸困难，双侧脚踝水肿，心慌，运动时诱发下肢疼痛或跛行等），推荐咨询医生后进行运动测试。

如果患者有心血管疾病相关体征（如安静心电图显示缺血或心律不齐等），或平时久坐少动、无规律运动习惯，即使有规律运动习惯但想要参加一些高于中等强度的运动时（如参加比赛或剧烈运动），推荐在运动前先咨询医生，医生会进行必要的专科评估，并根据评估结果推荐患者是否要进行临床运动测试以控制运动风险。

经过临床运动测试的糖尿病患者，可以更清楚地了解疾病对其神经和心血管造成的损害是否影响其进行运动，以及影响的程度、运动中的注意事项等。并能提供更精准的信息指导运动处方的制定和实施，使运动处方更加安全、有效。

（罗曦娟　张献博）

4. 为什么糖尿病患者运动不当会引起**血糖忽高忽低**

很多糖尿病患者觉得自己平时没什么症状，运动时也没什么特殊感觉，是不是可以跟健康人一样运动呢？

运动有可能导致血糖忽高忽低，因此，预防低血糖和高血糖是糖

尿病患者运动时最需要注意的问题。

糖尿病是一个隐形的"恶魔",它总是悄悄地、一点点地蚕食患者的身体。运动时体内的糖大量消耗,再加上饮食或某些药物引起胰岛素水平增高,会进一步使血糖下降,导致低血糖的发生风险增加。低血糖可能没有任何症状,也可能出现颤抖、虚弱、异常出汗、紧张焦虑、口手发麻等身体不适,甚至导致头晕眼花、意识障碍、昏迷等威胁生命的情况,还可能对大脑造成无法挽回的损害。

此外,由于较大强度或大强度的运动会使肾上腺素、胰高血糖素、糖皮质激素等升血糖激素升高进而使血糖升高,这可能会导致血糖控制欠佳的糖尿病患者出现高血糖,甚至出现酮症、昏迷等危及生命的情况。

专家说

如何预防运动引起的低血糖或高血糖

低血糖可发生在运动时、运动后 12 小时或更久。在刚开始运动或要改变运动计划时,建议密切监测血糖,运动前的血糖水平应介于 5.0~13.9mmol/L。一般建议在餐后 1 小时血糖比较高时安排运动,其余时间点推荐监测血糖并随身携带小块糖果、小饼干等,预防低血糖或在发生低血糖时迅速补充。使用胰岛素或服用胰岛素促泌剂的糖尿病患者,在运动前、中、后阶段应监测血糖,并按需适当调整饮食和药物(遵医嘱)以保持血糖相对稳定。使用胰岛素的糖尿病患者还需要注意,晨练可能会使血糖升高。

病程较长的糖尿病患者由于自主神经病变和激素反应受损等原因可能会出现无症状性低血糖,老年患

者还可能有无症状低血糖和认知功能受损并存的情况。因此，这些糖尿病患者需要加强运动前、中、后阶段血糖监测的频率。

此外，建议糖尿病患者避免在过热或过冷的环境中运动，并且最好结伴运动，特别是曾发生过低血糖或高血糖的糖尿病患者。

健康加油站

运动计划本身也会影响低血糖的发生风险，长时间中等强度持续运动发生低血糖的风险较高，穿插较高强度或高强度间歇运动或在有氧运动前先做力量训练可以降低低血糖的发生风险。血糖控制不好（血糖 ≥ 16.7mmol/L）的患者，如果血或尿中酮体呈阴性或轻度升高，在没有症状、感觉良好并能保证补水充分的情况下，可以进行低到中等强度的运动，避免较大强度或大强度的运动，同时应监测血糖。

（罗曦娟　张献博）

5. 为什么**糖尿病患者**
最好每天进行有氧运动

"实在没有时间每天进行锻炼！一定要每天练吗？"

"平时工作太累，一回家就不想动了，只在周末运动一下可以吗？"

很多糖友对于运动时间的安排总是有着很多类似的疑问和困惑。为什么建议糖尿病患者最好每天进行有氧运动呢？其实跟服用降糖药一样，有氧运动作为一种特殊的"降糖药"，其"药效"持续时间也是有限的，一般只有 1~3 天。对于不同的人，不同运动量的降糖效果及持续时间也不一样，为保证持续稳定的降糖效果，我们建议糖尿病患者最好每天能进行有氧运动。

专家说

每日有氧运动安排

糖尿病患者每天进行 30~60 分钟、每周进行 150~300 分钟中等强度（运动时能聊天但不能唱歌）的有氧运动（如快走、跑步、骑行、游泳、健身操、舞蹈等需要动用全身肌肉的、能持续较长时间的运动），能在尽量减少运动损伤风险的情况下实现较好的降糖效果，但两次运动的间隔时间不能超过 2 天。对于平时久坐少动或体力活动不足的人，其实只要动起来，就会获得不同程度的降糖效果，如果能达到上述推荐的运动量则效果更加明显。

因此，我们建议糖尿病患者要先让自己动起来，再循序渐进地达到上述运动量目标，千万不可因"贪功"而过度运动，如果身体不能适应较大的运动量则会出现各种"副作用"。

值得注意的是，久坐少动时间与 2 型糖尿病的发生密切相关，保持活跃的生活方式、不要长时间久坐（每隔 1 小时活动 1~5 分钟）有利于血糖的控制。因此，除了规律地进行运动外，减少久坐少动、增加日常生活中的体力活动对糖尿病患者来说也很重要。

关键词

抗阻训练 肌肉

是否要坚持每天锻炼

糖尿病患者每次运动的间隔时间不能超过两天，也就是说至少隔天就要安排一次有氧运动。因此，虽然我们推荐最好每天进行有氧运动，但如果时间安排上确实有困难，隔天安排一次也可以。在长期坚持每天运动的前提下，偶尔 1~2 天没有运动不会有明显影响，但经常"缺席"运动则会影响降糖效果和血糖稳定。

（罗曦娟　张献博）

6. 为什么
糖尿病患者要**练肌肉**

进行抗阻训练有助于降糖吗？

答案是肯定的！有大量研究证明，进行抗阻训练能较好地预防和控制糖尿病，与有氧运动相比，进行抗阻训练能够更大程度地降低糖尿病患者体内的糖化血红蛋白（糖尿病的诊断指标之一），而且还能有效预防糖尿病患者的关节损伤。合理地将有氧运动和抗阻训练结合起来，在维持血糖稳定方面比单一有氧运动或阻抗运动效果更好。

专家说

为什么进行抗阻训练可以降糖

运动时肌肉收缩需要使用身体里的"糖"，而肌肉如果出现了胰岛素抵抗就不能正常使用"糖"，这也是糖尿病发生的重要原因之一。进行抗阻训练可以改善肌肉的功能状态、减轻胰岛素抵抗，使肌肉能更好地使用"糖"。

久坐少动、年龄增加和糖尿病本身都会导致肌肉流失，甚至出现肌少症。肌肉含量的减少也会影响机体对糖的利用，而进行抗阻训练可以使肌肉体积增大、肌肉含量增加以减少这种不利影响。

此外，糖尿病会增加肌腱病变的风险，会因糖化胶原蛋白累积使关节活动度受限，而抗阻训练则有助于缓解这些病变的发生和进展，降低糖尿病患者的运动损伤风险。

糖尿病患者应该怎样进行抗阻训练

糖尿病患者应每周进行 2~3 天（初学者同一肌群训练隔天进行）中等到较大强度（每组重复 8~15 次）的涉及全身大肌群的抗阻训练，每个肌群每次进行 1~3 组训练，每组重复 10~15 次至接近疲劳（完成最后的 1~2 次重复动作时已基本竭尽全力，无法用标准动作继续做下去），逐步进阶到每组 8~10 次；可使用自重训练（不额外增加负重）、哑铃、杠铃、弹力带等不同训练方式。常见的全身大肌群训练包括采用俯卧撑（跪卧撑）进行上半身肌群训练；采用卷腹、抬腿进行腰腹肌群训练；采用臀桥进行臀部肌群训练；采用深蹲、箭步蹲等进行下半身肌群训练。

是不是肌肉块练得越大越不容易患糖尿病

肌肉含量增加有利于血糖控制并帮助糖友预防运动损伤，但并不等同于把肌肉块练得越大就越不容易得糖尿病，目前还没有证据能证明更大的肌肉体积与糖尿病发生、发展之间的明确关系，还需要进一步研究。

（罗曦娟　张献博）

7. 为什么糖尿病患者要锻炼

平衡能力

锻炼平衡能力也能降糖吗？

推荐糖尿病患者进行平衡能力训练还真不是为了降低血糖，而是为了预防、延缓和改善糖尿病最常见的并发症——神经病变，并改善由于年龄增加导致的平衡能力下降，进而降低跌倒的发生风险。

专家说

锻炼平衡能力与糖尿病神经病变的关系

糖尿病引起的神经病变是糖尿病常见并发症之一，会导致自主神经功能障碍、运动功能障碍和位置觉障

碍等，同时还会让糖尿病患者出现感觉丧失、机体虚弱、认知功能下降等，影响糖尿病患者的平衡能力和日常活动能力。

治疗糖尿病神经病变的药物也可能影响认知功能，造成嗜睡、眩晕、视野和平衡障碍，而且年龄越大影响越明显。此外，由于很多糖尿病患者都是中老年人，如果平时不锻炼，那么肌肉含量、肌肉力量、神经肌肉的控制能力都会随着年龄的增大而逐渐下降，从而导致平衡能力越来越差，容易跌倒。

我们都知道，小孩子摔一跤对身体的影响不大，但老年人骨质脆弱，如果摔一跤很可能会导致骨折，轻则影响日常生活，重则会因此而丧命。因此，推荐糖尿病神经病变患者需要进行步态、下肢肌力和平衡功能的检测，以评估跌倒的风险。同时，也推荐糖尿病患者要常规进行平衡练习。

怎么锻炼平衡能力

糖尿病患者每周应进行 2~3 天低到中等强度的平衡练习。每天的具体练习时间没有推荐，可将平衡训练融入有氧运动、抗阻训练、柔韧性训练和日常生活中，随时练习。比如瑜伽练习动作中就有很多静态平衡能力的训练（如树式、半月式、T字平衡式等），太极动作中也有很多动静结合的平衡能力训练，抗阻训练动作中的站立踢腿动作，还有走直线、单脚站立（睁眼或闭眼）、足跟足尖走等日常生活中的练习均能很好地改善平衡能力。

健康加油站

关键词

糖尿病视网膜病变 糖尿病肾病

平衡能力分为静态平衡能力和动态平衡能力。一般我们可以通过静态或动态平衡测试仪进行测试，也可以通过闭眼单脚站立、Y 平衡测试等评价个人的平衡能力，如有需要可以到医院或相关健康服务机构进行测评。

（罗曦娟　张献博）

8. 为什么出现**并发症**的糖尿病患者运动时要更加小心

出现并发症的糖尿病患者在运动时是不是要特别加以注意呢？

答案是肯定的。糖尿病常见的并发症包括视网膜病变、自主神经病变、周围神经病变、糖尿病肾病等。针对不同的并发症，运动时要注意的问题也不同，一般运动前要咨询医生或临床运动专家以获得专业的帮助。

专家说

糖尿病视网膜病变

出现糖尿病视网膜病变的患者有发生眼底出血的风险。可通过避免显著升高血压的活动（如运动强度过高或憋气用力等）将风险降到最低。有严重视网膜病变的患者都应避免较大强度的有氧运动和抗阻训练，以及跳跃、倒立和 Valsalva 呼吸（吸气后屏气用力）。

糖尿病自主神经病变

出现糖尿病自主神经病变的糖尿病患者，运动中可能会出现心率反应迟钝、心肺耐力下降和脱水。应特别注意以下几点。

1. 因为这类糖尿病患者不能感知心绞痛的症状，在运动时应对心肌缺血相关的体征（有条件时可以检测心电图）和可疑症状进行监测，如果出现异常的呼吸急促或背痛很可能是心绞痛发作。

2. 监测运动前后的血压，以控制由较大强度运动引起的低血压和高血压。

3. 因为运动时心率和血压反应可能与正常人不同，所以在控制运动强度时推荐使用主观用力感觉而不是心率。

糖尿病周围神经病变

出现周围神经病变的糖尿病患者要注意足部护理，防止足部溃疡以降低截肢的风险。足部护理包括选择合适的鞋和鞋垫防止脚上起水疱，保持脚部干燥，选择穿着硅胶或空气夹层鞋底的运动鞋，以及聚酯或混纺材质的袜子。同时，还应每天仔细检查脚部，及早发现和治疗破损，鼓励多进行非负重活动。

糖尿病肾病

出现糖尿病肾病的患者，如果运动导致尿蛋白明显增加，不用过于担心，这并不会明显加速肾脏病变的进展。如果有氧能力和肌肉功能显著下降，则建议从低强度和小运动量开始运动。

其他并发症

多尿和神经病变及其引起的脱水可能会影响体温调节，导致血糖升高。因此，运动时应密切关注脱水的症状和体征，关注并预防中暑、冻伤等在冷热环境中容易出现的疾病。

（罗曦娟　张献博）

9. 为什么有些糖尿病患者**保持规律运动**后可以少吃甚至不吃降糖药

听说运动可以替代糖尿病治疗药物，是真的吗？

保持长期规律运动可以帮助糖尿病患者控制血糖水平，一定程度地起到类似降糖药的作用。因此，糖尿病患者在保持规律运动期间，应定期咨询专科医生，医生会根据其自身疾病相关指标的变化，调整药物处方。糖尿病患者在改变药物使用之前必须咨询医生，按医嘱定时、定量服药，切记不可自己随意减药或停药，也不能因为健身教练或其他人说可以调整用药就减药或停药。

专家说

规律的有氧运动、抗阻训练和日常生活中的体力活动均可以改善 2 型糖尿病患者的血糖管理，使血糖和糖化血红蛋白总体降低 0.5%~0.7%，已将规律运动作为治疗糖尿病的"一线用药"。2 型糖尿病患者通过规律运动可以显著提高胰岛素的敏感性，对于 1 型糖尿病患者而言，虽然运动不能改善其胰岛功能，但可以提高胰岛素敏感性，进而降低胰岛素用量。因此，糖尿病患者规律运动一段时间（如 3 个月）后，应咨询专科医生是否需要调整药物的种类和使用剂量，并

明确正确的用药时间点。

此外，还要注意治疗糖尿病的药物与运动之间的相互影响，如二甲双胍药效和运动产生的降糖效果可能存在相互影响，胰岛素以及其他糖尿病治疗药物和运动对血糖控制方面的影响可能也存在相互作用。

健康加油站

合并有高血压、心脏病的糖友，应注意如果服用抑制心率的降压药，如酒石酸美托洛尔、普萘洛尔、索他洛尔、阿替洛尔、卡维地洛等药物时，当运动强度增加时会出现心率增加的幅度缩小、心率延迟变化等异常心率反应，这种情况下不能用心率来衡量运动强度，选择主观用力感觉来衡量运动强度更合适。

此外，治疗血脂异常的他汀类药物（特别是跟贝特类等药物合用时）可能会使一些人出现肌肉疼痛的症状，这也要与运动导致的肌肉酸痛和损伤区分开来，必要时请咨询医生。

（罗曦娟　张献博）

10. 为什么**糖尿病患儿**
运动时要更加小心

关键词

儿童青少年糖尿病 运动注意事项

糖尿病患儿运动时要注意的问题是不是跟成年糖尿病患者一样呢？

糖尿病患儿不管是患 1 型糖尿病还是 2 型糖尿病，其运动注意事项总体与成年人相同，但由于儿童青少年身心特点与成年人有很多不同之处，所以在运动时还有很多需要特别注意的地方。

健康术语

屏幕时间

屏幕时间是指看屏幕的时间，比如看电视、上网、玩手机等。2~5 岁儿童的屏幕时间每天应少于 1 小时，5 岁以上儿童青少年的屏幕时间每天应少于 2 小时，并增加有益于终身体力活动和体适能的活动，如积极玩耍、步行、骑自行车和进行抗阻训练等。

专家说

健康的儿童青少年每天至少进行 60 分钟中等至较高强度的有氧运动，每周至少进行 3 次较大强度运动，包括有氧运动、抗阻训练和健骨活动；减少久坐少动时间，尤其是屏幕时间。运动形式多样化，有良好的趣味性（如游戏化的训练）。动则有益，少量开始，逐渐增加运动频率、时间、强度和运动量。与健康水平

和发育水平相一致的体力活动总体运动风险不大，而且健康获益显著。

针对患有糖尿病的儿童青少年，推荐的体力活动目标总体与健康儿童青少年相同，但运动前应咨询相关专家，确定适宜运动方式和运动量。运动注意事项应遵照成年糖尿病患者的注意事项，特别是 1 型糖尿病患者。

糖尿病患儿容易出现中暑等相关疾病，要特别注意避免在炎热潮湿的环境下进行持续的较大到大强度的运动，同时注意合理补水。

此外，儿童青少年糖尿病发病与肥胖关系密切。研究证明，对肥胖的青少年进行运动和营养干预可以降低 2 型糖尿病的发病风险。

（罗曦娟　张献博）

二

降低血压的
运动密码

11. 为什么
运动能防治**高血压**

健康
术语

体力活动

体力活动是指任何由骨骼肌收缩引起的导致能量消耗增加的身体运动。

肾素-血管紧张素-醛固酮系统

肾素-血管紧张素-醛固酮系统是指肾脏主导的升高血压调节体系，可引起血管平滑肌收缩以及水、钠潴留，从而导致血压升高。

大量研究结果已经证实，一次性进行 30~60 分钟中等强度的有氧运动可引起运动结束后机体的血压降低，该效果一般可维持 12~22 小时，这种现象称为"运动后低血压"。此外，高血压患者还需要控制膳食中的钠离子摄入量，再配合药物治疗，能更有效地防治高血压。

相关研究结果还发现：①对于血压正常的成年人，体力活动越高，高血压的发生率越低；②体力活动可降低高血压患者进展为高血压性心脏病的风险；③增加体力活动可降低高血压前期以及高血压患者的血压。

这里的体力活动并不等同于运动。体力活动包括家务活动、职业活动、交通活动以及休闲活动。其中，家务活动、职业活动以及交通活动的强度虽小，但持续时间较长，因此能消耗较多的能量，并且不断打破久坐行为，有助于我们维持热能的收支平衡。而休闲活动形式多样，包括打游戏、看书以及各种运动等。运动是特殊的体力活动，它是指有计划的、具有结构性的、可重复的，旨在提高某项身体素质的体力活动。对于高血压患者，普通的活动并不能发挥降压作用，必须通过科学运动才能达到效果。

专家说

　　研究发现，运动防治高血压的原因在于：①耐力性运动能降低交感神经活性及肾素 - 血管紧张素 - 醛固酮系统活性；②各种训练方式均可改善高血压患者的血管内皮功能；③运动可有效控制炎症反应，增加患者血管的舒张效应；④进行适当强度及时间的有氧运动可提高体内的超氧化物歧化酶和谷胱甘肽氧化酶活性，提高线粒体氧化磷酸化的能量效率，保护机体免受氧化损伤。最近还有研究发现，有氧运动结合抗阻训练并配合药物，降压效果显著，并不亚于单独通过药物和饮食干预的降压作用。

（李雪梅　张献博）

12. 为什么有些高血压患者
不适合运动

健康术语

心肌梗死

心肌梗死指急性心肌缺血坏死，大多是在冠状动脉病变的基础上，冠状动脉供血急剧减少或中断，使相应的心肌出现严重而持久的急性缺血所致。

心力衰竭

心力衰竭是指在静脉回流正常的情况下，由于各种原因的心脏损害引起心排血量减少，不能满足全身组织基本代谢需要的一种综合征。

机体在运动时，血液会根据运动的需求重新分配，如减少内脏组织器官供血、增加四肢运动肌群供血。运动时，机体内血流速度加快，体内负责升高血压和心率的激素水平都会逐渐上升，以满足骨骼肌对氧气以及能量的需求。

多数健康人群从事中等至较大强度运动时，其收缩压上升幅度为30~50mmHg，舒张压变化幅度则不超过10mmHg。但是，高血压患者以及部分貌似健康的人群，其血压在运动中会异常升高，收缩压和舒张压可分别达到或超过200mmHg和100mmHg。特别是在从事大负荷抗阻训练时，外周血管阻力明显增加，同时胸内和肺内压由于负重憋气导致回心血量的减少，可能增加心血管事件的发生风险。因此，建议上述人群在从事中等及以上强度运动前应进行健康评估，以减少不当运动带来的不良反应。

有下列情况的高血压患者，在开展运动前应该根据临床医学专家的诊疗意见，在药物治疗的基础上，在有医疗监控的条件下开展运动。

1. 休息状态下，收缩压 ≥ 200mmHg 和 / 或舒张压 ≥ 110mmHg 的严重高血压患者。

2. 有心绞痛发作史的患者，运动时在胸部或颈部出现疼痛、压迫感或憋闷感等症状者。出现疼痛或不适感的区域参考下图。

3. 急性心肌梗死患者，两天内曾经发生过急性心肌梗死。

4. 急性心力衰竭患者，血流动力学尚不稳定的患者。

5. 严重心律失常患者，出现频繁的室性期前收缩、房性期前收缩或心房颤动等体征的患者。

6. 重度瓣膜病患者，出现严重的二尖瓣或主动脉瓣狭窄等瓣膜病的患者。

7. 视网膜病变患者，出现视网膜病变和视力严重受损的患者应避免较大强度及较大冲击力的运动，如奔跑、跳跃。

8. 急性炎症患者，出现急性发热、全身不适等症状的患者。

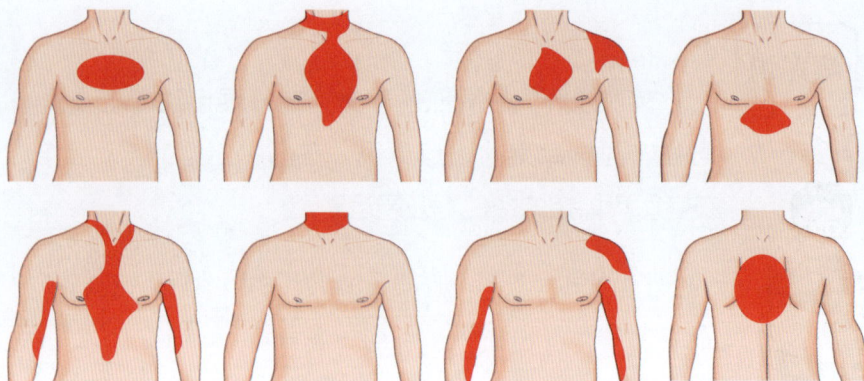

心肌缺血时可能出现疼痛的区域

（李雪梅　张献博）

13. 为什么
有些高血压患者在运动前
应该进行**运动测试**

　　对于高血压患者而言，如果在安静状态下血压都没有得到有效控制，是暂时不能运动的。由于运动中血压通常会出现异常升高，因此将是非常危险的。在安静状态下，血压得到有效控制的高血压患者及高血压前期人群，也都可能在运动中发生血压异常升高。运动中的血压异常反应在安静状态下并不能被发现，所以有些高血压患者需要在从事中等或较大强度运动前进行临床运动测试，这不仅有利于降低运动风险，还可通过评估运动中血压的反应来帮助患者制定运动处方。

健康
术语

靶器官

靶器官是指某一种疾病作为原发病或某种药物治疗某种疾病时会对某些器官产生影响或进行靶向治疗，这些器官称为靶器官。高血压的靶器官包括心脏、大脑、肾脏。

专家说

多数无症状的高血压患者以及高血压前期人群在开始步行或者其他低至中等强度运动时，可进行适当的血压监控，而不必进行额外的运动测试以及临床评估。

出现下列情况的高血压患者应先咨询临床医生是否需要在参与运动训练计划前进行运动测试，然后根据运动测试过程中的血压和心率等反应制定运动处方。①高血压患者安静时的收缩压 ≥ 180mmHg 和 / 或舒张压 ≥ 110mmHg；②高血压患者收缩压 ≥ 160mmHg 或舒张压 ≥ 100mmHg，或者伴有靶器官损害（如左心室肥厚、视网膜病变等）；③服用 β- 受体阻滞剂或利尿剂等药物的患者，可能在运动中出现异常的心率、电解质紊乱、心律失常等表现。上述高血压患者为制定运动处方而进行运动测试时，建议先常规服用抗高血压药物控制血压再进行测试。

临床运动测试是由临床医生或健康管理专业人员来完成的，测试目的包括诊断高血压患者可能在运动中出现的各种心率、血压和心电图异常反应等，评估可能出现不良事件的风险，评估运动中的血压和安全运动的峰值，为制定运动处方提供重要依据。

（李雪梅　张献博）

14. 为什么高血压患者要

控制体重

健康术语

向心性肥胖

向心性肥胖又名"中心性肥胖""腹型肥胖",其特点为脂肪主要积聚在腹部,包括腹壁脂肪和腹腔内的脂肪等。

内脏脂肪指数

内脏脂肪指数是由体重指数、腰围、甘油三酯及高密度脂蛋白胆固醇共同构建的数学模型,相较于其他传统指标更能反映内脏脂肪的分布及功能。

研究表明,在超重和肥胖的成年人中,高血压发病风险是体重正常人群的 1.16~1.28 倍。超重和肥胖与高血压的患病率具有显著相关性,体重指数和腰围还是高血压的独立危险因素。腰围反映向心性肥胖,向心性肥胖与高血压的关系较为密切,随着内脏脂肪的增加,高血压患病的风险也会随之增加。不仅如此,肥胖还是儿童青少年原发性高血压的第一位危险因素。由此可见不论是在儿童还是成年人控制体重这一个因素就能对血压管理产生有利的影响。

专家说

2021 年《中国居民肥胖防治专家共识》中推荐,要将体重维持在健康范围内,而且还要控制好腰围(男性腰围应<90 厘米,女性腰围应<85 厘米)。减重目标建议定为 1 年内体重减少初始体重的 5%~7% 为宜。

还有研究显示，体重减轻可使高血压患者以及血压正常者的收缩压分别降低5.2mmHg、5.2mmHg；舒张压分别降低2.8mmHg、2.3mmHg。如果高血压患者减重10千克，收缩压降低幅度可达到5~20mmHg。

更有研究发现，体重指数的变化轨迹也是高血压发生风险的重要预测指标，即便是在正常范围内，体重指数增加仍可能增加高血压的发病风险，这种风险尤其针对女性。因此，应关注体重指数的动态变化，将更加有效地防治高血压的发生。

（李雪梅　张献博）

15. 为什么高血压患者最好每天进行**有氧运动**

队列研究发现，高血压患者有规律地锻炼不但可以降低血压，还可以降低心血管事件死亡率和全因死亡风险。因此，建议正常血压人群（为降低高血压发生风险）或高血压患者（为降低血压），除日常生活中的体力活动外，应该持续坚持每周4~7天，每天连续或累计30~60分钟中等强度有氧运动或有氧运动联合抗阻训练。

根据15项对临床随机对照试验所做的荟萃分析显示，对比高

血压患者在从事低强度至高强度体力活动前与之后的血压，其中有 13 项研究结果显示高血压患者的收缩压显著下降；有 14 项研究结果显示，舒张压也显著下降。收缩压和舒张压下降幅度分别为5~17mmHg 以及 2~10mmHg。

健康术语

随机对照试验

随机对照试验（randomized controlled trial，RCT）是指将研究对象按随机化的方法分为试验组与对照组，然后，试验组给予干预 / 治疗措施，对照组给予安慰剂，前瞻性观察两组转归结局的差别。RCT 的设计要遵循 3 个基本原则，即设置对照组（control），研究对象的随机化分组（randomization）和盲法试验（blind）。

专家说

单次有氧运动（10~50 分钟、中等强度）可降低高血压患者的血压 5~7mmHg，并且这种血压低于运动前安静水平的状态，可在运动结束后持续 12~22 小时。因此为了使高血压患者持续获得运动后降压的效果，建议高血压患者最好每天进行有氧运动。

还有研究结果证明，从事有节奏的、大肌肉群参与的、中等强度的、每周 5~7 天、每天累积或者连续进行 30 分钟及以上的、持续 8 周及以上的有氧运动，能够使高血压患者安静状态下的收缩压和舒张压获得持续降低的效果，还能降低次大强度运动中的血压反应。

（李雪梅　张献博）

16. 为什么高血压患者练肌肉时
不要憋气

有些高血压患者可能会把抗阻训练作为自己训练方案的禁忌。一方面，认为身体一旦负重，会增加外周阻力，导致血压上升；另一方面，认为进行抗阻训练时憋气会导致胸膜腔内压和肺内压上升，不利于肺循环的正常进行，对于心脏而言可能会减少心输出量。要么增加心肌供血不足的风险，要么增加血压上升的风险。虽然这些担忧是必要的，但我们要正确认识抗阻训练。大量研究结果证明，只要选择适宜的阻力负荷，抗阻训练也能有效降低血压。所以我们不要因噎废食，放弃了有效降压的训练手段。

健康术语

Valsalva 动作

Valsalva 动作是指深吸气后紧闭声门，再用力做呼气动作，呼气时对抗紧闭的会厌，通过增加胸膜腔内压来影响血液循环和自主神经功能的状态。

专家说

不论运动者血压是否异常，在吸气并屏息的状态（如 Valsalva 动作）下完成推拉或者蹲举大重量的负荷时，都会导致血压突然过度升高，心输出量突然减少，运动者可能由于脑血流供应量骤然降低而短暂失

去意识。而高血压患者还有可能合并有动脉粥样硬化等病变，不论是在脑部血管还是大、中动脉都有可能出现斑块破裂、斑块脱落、斑块下出血加重血管狭窄或导致血管闭塞，从而引起梗死，结局不可预估。但是并非高血压患者不能进行抗阻训练，而是应该避免单次负荷重量过大。

相关研究者建议，根据高血压患者的基础状态评估结果以及运动测试中的血压、心率反应，可选择中等强度（60%~70% 1RM）的负荷，逐渐递增至较大强度（80% 1RM）。可用75%~85%1RM的负荷重量发展肌肉力量；用<50%1RM的负荷重量发展肌肉耐力。

（李雪梅　张献博）

17. 为什么有并发症的 高血压患者运动时 要更加小心

长期患有高血压的患者在血压没有得到有效控制的情况下，可以累及其心脏、脑、肾脏、血管以及视网膜等器官组织。常见的并发症

包括高血压性心脏病、冠心病、脑血管病及肾脏病变等。当合并有上述一个或多个并发症的高血压患者进行运动时，我们不仅仅要考虑运动中血压异常升高的问题，还要警惕不当运动可能诱发并发症发作的问题，如心肌缺血、脱水、电解质紊乱等。

健康术语

代偿反应

代偿反应是指人体的一种自我调节机制，当某一器官的功能或结构发生病变时，由原器官的健全部分或其他器官来代替、补偿它的功能。

关键词

并发症 代偿反应

专家说

　　高血压患者全身的小动脉和细动脉发生病变，会导致局部血管壁增厚、管腔狭窄，使外周血管阻力增加，心脏的后负荷增加。因此，心脏尤其是左心室心肌纤维肥大、增粗，心腔适当增大，这是一种代偿反应，目的是对抗增加的外周阻力，尽力将血液输送到全身各个组织、脏器。

　　当血压控制不好时，这种持续增加的心脏体积和重量将给心脏自身供血带来极大的负担。此时肥大的心肌细胞并没有增加相应的血供，反而单位体积的心脏供血是减少的。这种患者在运动时，如果没有严格地限制运动强度或者运动时间等运动参数可导致心脏负担加重，患者心率增加超过安全阈值，血压会剧烈

上升，进一步加剧心脏泵血的负担，极有可能诱发心绞痛或者心肌梗死。合并有动脉粥样硬化病变的患者，其运动中血压急剧上升，幅度超过 200mmHg 时，可能诱发斑块破裂、血栓形成或者血栓脱落导致急性心肌梗死或者脑梗死等心脑血管事件发生。高血压患者合并肾脏功能异常时，可出现水钠调节异常，进一步加剧运动中异常高血压反应，并且可能出现水电解质平衡紊乱，加重肾脏病变。

因此，高血压患者出现一个或多个并发症时，应在临床运动指导人员进行运动测试的基础上，评估安全的运动强度和运动量，根据运动方案的具体内容，在专业人员指导下开展运动。

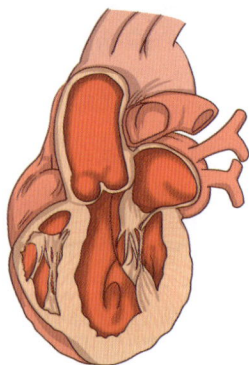

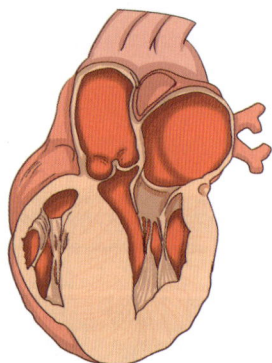

正常心脏示意图　　　　高血压病心脏示意图

（李雪梅　张献博）

18. 为什么
有些高血压患者**规律运动**后
医生给他减药了

关键词

危险因素　药物治疗

2023 年《中国高血压防治指南》中明确指出，通过生活方式干预可以降低血压，预防或延迟高血压的发生，降低心血管疾病的发生风险。坚持进行中等强度、每周 4~7 天、每天持续或累计 30~60 分钟的中等强度运动是有效控制血压的运动量。

影响高血压患者身体机能状态的因素是多方面的，如年龄、性别、家族遗传、血压分级、心血管疾病危险因素的数量以及疾病状态等。当患者整体机能较好时，通过生活方式干预（尤其是保持规律运动），在医生的指导下是有可能减少药量甚至摆脱药物的。

专家说

当高血压患者的收缩压处于 1 级（≤ 160mmHg）且没有其他心血管事件危险因素时，患者处于心血管危险分层的低危状态。对于低危的高血压患者，临床治疗方案以生活方式干预为主，监测血压及其他危险因素 1~3 个月后，血压达标者可继续进行生活方式干预，血压不达标者则辅以药物治疗；中危高血压患者监测血压及其他危险因素数周后，血压

达标者可继续进行生活方式干预，血压不达标者则辅以药物治疗；对于高危和很高危的高血压患者应立即开始药物治疗。无论何种情况，临床医生均建议将血压控制在 140mmHg/90mmHg 以内（没有其他疾病同时存在的情况下）。年轻、病程较短的高血压患者可较快地通过生活方式干预或者生活方式辅以药物治疗的方式，达到预期的血压范围。

对于低危的高血压患者，其运动方案中的运动强度、运动时间还有运动频率，基本可以按照前述有效降低血压的方案进行，并可以从运动方案中获取足够的运动降压益处。

运动方案的有效执行还有利于管理患者的体重。有研究显示，高血压患者降低 10% 的体重，可有效降低收缩压 5~10mmHg/ 舒张压 3~6mmHg。因此，对于低危患者而言，在医生的指导下，通过生活方式干预，保持规律的运动习惯，是完全有可能在不使用降压药物的情况下就能控制好血压的。但是就像药物降压必须规律服用一样，运动降压也必须持之以恒。有研究结果显示，一次运动降压的效果最长可持续 22 小时，因此高血压患者需要坚持每天进行运动。

（李雪梅　张献博）

19. 为什么
有些**药物与运动**相互影响

降压药、降脂药和降糖药是慢性疾病患者的常用药物。这些药物各有其作用特点，也有不同的临床副作用，会对患者的血钾、血钠、血脂、血糖等代谢产生一系列影响，而运动也会对上述代谢过程产生作用。因此，运动指导员在指导上述服药患者运动时，要充分考虑患者的用药种类、药物特点、服药时间等因素，从而对患者在用药后运动中以及运动后出现的血压、心率以及血糖等异常反应，做出正确的判断和处理。

健康术语

直立性低血压

直立性低血压一般是指当体位改变，从平卧位到站立位时，收缩压 / 舒张压分别下降至少 20mmHg/10mmHg。

专家说

高血压患者服用 β 受体阻滞剂可能降低安静和运动中的心率，此时不适合用"靶心率"来判断运动强度，应结合运动者的主观用力感觉进行运动强度的判断。

使用利尿剂时，会削弱体温调节功能，在运动中可能面临脱水或者中暑的风险，因此应避免在炎热天气下及气温最高的时段运动。还应该注意 β 受体阻滞

剂、钙通道阻断剂及血管扩张剂会引起运动后的血压突然降低，增加直立性低血压的风险，因此应指导患者延长整理放松活动的时间，逐渐降低运动速度，缓慢过渡到安静状态，持续密切监测患者的血压和心率，直至恢复接近安静水平。

他汀类药物还有贝特类降脂药物在联合应用其他降血脂类药物时，都可能引发相关肌肉的不良反应，包括肌痛、肌炎和横纹肌溶解，当患者出现肌肉不适和／或无力时，应注意区别导致上述症状发生，是药物的影响还是运动的影响。因此在指导这类患者运动时，运动强度和负荷重量应谨慎设定，同时重视血清肌酸激酶的检测，及时预防或者阻断肌肉损伤的发生。

注射胰岛素或服用促胰岛素分泌剂的糖尿病患者运动时还可能出现低血糖，如果同时服用β受体阻滞剂可能会掩盖低血糖的症状（头晕、心慌、冷汗等，尤其是心悸），不利于及时发现患者异常，增加低血糖的发生风险。应密切观察运动者的身体状态，并做好补糖措施。

（李雪梅　张献博）

改善血脂异常的
运动密码

20. 为什么
运动虽能优化血脂代谢
却不能作为改善血脂的
首选方法

健康
术语

血脂异常

血脂异常是指血浆中脂质数量和质量的异常，通常指血浆中低密度脂蛋白胆固醇和 / 或甘油三酯升高，也包括高密度脂蛋白胆固醇降低。

无论血脂异常患者是否需要药物治疗，改变生活方式都是治疗血脂异常的基础。有研究结果显示，有氧运动和抗阻训练可分别降低低密度脂蛋白胆固醇 3~6mg/dL 和 6~9mg/dL。运动配合饮食控制以及减重可以有效改善血脂异常。但是有研究显示，单独运动方案对血脂异常的干预效果并没有呈现预期效果。

专家说

增加总能量消耗或每周运动量可使血脂异常患者受益。如果患者还有体重下降，受益可能会更大。因此，如果运动目标是最大限度改善血脂，建议在世界卫生组织推荐给普通成年人维持健康的基本运动方案上，尽可能地增加运动总量，如每周 5~7 天，每天连

续或多次累计达到 30~60 分钟中等强度的有氧运动，同时配合药物及生活方式改善，以实现最佳的血脂改善效果。

有研究显示，通过单独运动改善低密度脂蛋白胆固醇或者高密度脂蛋白胆固醇所需要的运动量较大；经过单次适当强度和持续一定时间的运动后，甘油三酯浓度会有所改善，但是对于血胆固醇水平的影响相对较小。后者需要较长时间的规律运动，一般需要 3~6 个月才可发挥作用。因此，对于大多数血脂异常患者而言，运动并不能作为改善血脂的首选方式，通常应该采用药物治疗配合生活方式干预。

血脂异常患者在运动时，大多数情况下血脂异常并不会影响运动中的血压和心率反应。但少数患者合并有其他心血管疾病的风险因素，以及还有一些罕见的先天性疾病患者（如家族性高甘油三酯血症），在运动中因为血脂升高会改变其血液黏度，影响血流动力学参数，导致血管壁受损以及增加心血管事件的风险，这些人群在运动前应该进行运动风险医学筛查，再确定是否需要进行运动测试等。

（李雪梅　张献博）

21. 为什么
运动可以"逆转"**脂肪肝**

健康术语

导致脂肪性肝病的发病原因很多，我们这里提到的脂肪肝是指单纯性脂肪肝性肝病，下文中将其简称为"脂肪肝"。肝细胞脂肪变性是一种细胞可逆性损伤，在致病因素去除之后，细胞的结构和功能可以完全恢复。而肥胖、2型糖尿病以及血脂异常等单独或者共同存在是脂肪肝的易感因素。

单纯性脂肪性肝病

单纯性脂肪性肝病是指肝小叶内30%以上的肝细胞发生脂肪变性，以大泡性脂肪变性为主。单纯性脂肪性肝病分为轻、中、重三型，不伴有肝细胞的坏死、炎症及纤维化。

专家说

脂肪肝的发病机制

1. 游离脂肪酸来源增多。

2. 线粒体功能障碍。

3. 肝细胞合成游离脂肪酸和甘油三酯增多。

4. 极低密度脂蛋白合成不足或分泌减少，导致甘油三酯运出肝脏减少。

上述因素会造成脂质在肝细胞内异常沉积。

如何"逆转"脂肪肝

生活方式的干预可以从脂肪肝发病机制的角度解决问题。增加膳食中优质脂肪酸的摄入，有利于体内脂肪合成、转运、利用与分解，减少肝脏脂肪的蓄积。同时增加适当的运动（运动方案以中低强度较长时间的有氧运动为主）可改善线粒体功能。有研究结果显示，规律运动可有效改善肝细胞线粒体的功能，不仅可以削弱肝细胞内的氧化应激，还能下调促炎性因子的表达，从而抑制炎症反应。但有动物研究结果显示，运动带来的线粒体功能改善效应在停止运动后会逐渐消失，而且突然从运动改为久坐的生活方式更容易增加脂肪肝的易感性。因此，需要一直保持健康的生活方式才能有效地预防、延缓、进而逆转脂肪肝。

但些脂肪肝患者，饮食控制以及运动手段过于激进，体重下降过快，此时可能使肝脏出现新的损伤，其原因可能是脂肪氧化跟不上脂肪动员，分解的游离脂肪酸再次进入肝脏，加重肝脏的负担引发肝脏损伤。因此，脂肪肝患者在减肥过程中，应适当控制体重下降的速度，并注意监测体重及肝功能。

总体而言，通过运动"逆转"脂肪肝是可行的方式，但应遵循科学运动的原则。

（李雪梅　张献博）

22. 为什么
运动能改善**代谢综合征**

目前，世界卫生组织针对代谢综合征的治疗方面，被大多数研究所认可的策略包括控制体重、增加体力活动以及治疗心血管疾病危险因素等。因为多数代谢综合征患者处于糖代谢异常、超重或肥胖状态，控制血糖和减轻体重是治疗代谢综合征的主要目标。

专家说

健康的生活方式有助于预防或延缓代谢综合征患者可能并发的健康问题，包括规律的体力活动、减轻体重、健康饮食以及戒烟等。

代谢综合征患者运动处方的方案设计原则与普通成年人的类似。每周最小的运动量为 150 分钟或者一周若干天进行 30 分钟中等强度的体力活动。若为了减轻体重，每周应将中等强度运动的时间逐渐增加到 250~300 分钟。每日或每周的运动量可通过多个数分钟的短时间运动累计完成，并可在日常生活中包含多种形式的中等强度体力活动。对于基础体重相对不太大的个体而言，逐渐达到每天进行 60~90 分钟中等强度的体力活动是促进或保持体重的必要运动量，足以实现减轻体重的目的。

有研究显示，抗阻训练和有氧运动联合时比单独进行有氧运动对降低代谢综合征患者代谢异常的作用更加显著。有氧运动配合每周两次及以上的抗阻训练，足以降低血脂异常、高血糖、高血压、腰围增加以及代谢综合征风险聚集的风险。

健康加油站

代谢综合征诊断指标及标准

诊断指标	诊断标准
体重指标	腰围(男性≥90cm,女性≥85cm)和/或 BMI ≥28kg/m²
血糖	2型糖尿病、空腹血糖受损、糖耐量受损或者处于正常血糖状态但是有高胰岛素血症且血糖摄取能力在被观察人群的最低1/4水平时
高密度脂蛋白胆固醇	男性：<35mg/dL；女性：<39mg/dL
甘油三酯	甘油三酯≥150mg/dL或因高甘油三酯需要药物治疗
血压升高	抗高血压药物治疗和/或收缩压≥140mmHg/舒张压≥90mmHg
其他	尿蛋白排泄率≥20μg/min或白蛋白：肌酐≥30mg/g

注：男性或女性达到表中3个及以上的指标及评价标准时，即被诊断为代谢综合征。

（李雪梅　张献博）

23. 为什么
有些**代谢综合征**患者
不适合运动

健康术语

代谢当量

代谢当量（metabolic equivalent，MET）是指运动时与安静时代谢率的比值，1MET 相当于安静、坐位时的能量代谢率，是一种有效、便捷、标准的定量描述多种行为和体力活动绝对强度的方法。

储备心率

储备心率（heart rate reserve，HRR）是指实际测量或预测的最大心率与安静心率的差值，反映了机体对抗应激的能力大小。储备心率可用于建立靶心率和运动强度。

代谢综合征患者由于常存在超重、肥胖及血压、血糖、脂质代谢异常等一系列问题，还常伴有多种慢性疾病运动的禁忌证，因此他们在运动中或进行运动测试时有可能出现和高血压、糖尿病、超重或者肥胖等患者相似的异常血压、心率或者代谢问题以及有发生心血管事件的风险。为避免出现上述情况，某些症状复杂的代谢综合征患者需要在临床运动指导人员的评估后，才可以开始运动。而大多数代谢综合征患者在开始低至中等强度运动前不需要进行运动测试。

代谢综合征患者运动或者运动测试的禁忌证可以参考高血压、血脂异常患者的标准，例如血压在安静时收缩压 ≥ 200mmHg 和 / 或舒张压 ≥ 110mmHg；或者有心绞痛发作史等症状。

对于超重或肥胖的代谢综合征患者，可能具有潜在的运动能力低下，初始运动强度应该从低强度开始，如 2~3 个代谢当量。并且进行运动测试时，每个测试阶段运动强度的增加都应该采用较小的增幅（0.5~1.0 个代谢当量）。此外还需要为超重或者肥胖患者准备适合他们体重和体型的测试设备。

鉴于代谢综合征患者如此复杂的身体机能状态，他们的运动处方应从最保守的方案开始。运动强度多从中等运动强度的下限 40% 储备心率开始。对于体弱或者久坐少动者开始运动时，可以采用 30% 的储备心率作为有效起始强度。

随着运动时间延长以及耐受性的提高，可适当延长运动时间、增加运动频率及运动强度，改善身体的代谢和机能状态，以获得良好的健康和体适能水平。

（李雪梅　张献博）

四

缓解骨质疏松的
运动密码

24. 为什么
儿童时期规律运动
有助于预防骨质疏松

关键词

峰值骨量 成骨细胞 破骨细胞

骨骼与肌肉一样是人体的活组织，每7~10年重塑1次，成骨细胞和破骨细胞是发挥作用的主要细胞。

成骨细胞主要是建造骨骼，会对运动做出反应。骨骼结构是由重力（直立姿势）和与肌肉收缩相关的侧向力来维持的。当受到与体育活动或运动相关的肌肉和负重力的机械刺激时，尤其是有一定冲击力的运动（如奔跑、跳跃），成骨细胞会加速骨建造，因此运动会使骨骼和肌肉更强壮。

破骨细胞则是分解、清除旧的和损坏的骨组织，当骨骼没有受到挑战时，破骨细胞的作用会增强，导致骨强度和密度损失。

专家说

规律运动的儿童青少年不仅会比不参加运动的人达到更高的峰值骨量，而且还会影响骨骼的几何形状，这两点对骨骼健康是至关重要的。骨骼必须坚固才能承受更大的负荷，也必须轻便才能便于活动。与成年期相比，儿童青少年时期的骨表面具有活性的成骨细胞比例更大，这表明儿童青少年时期的规律体育活动对良好的骨骼发育和成年以后的骨骼健康至关重要。

峰值骨量是指在人的一生当中骨密度和骨强度所能达到的最大值。大多数人会在二十几岁达到峰值骨量。达到峰值骨量后，我们身体内的骨量可能开始流失。峰值骨量的高低与一生中是否发生骨质疏松症有密切关系，峰值骨量低的人可能在骨量流失后若干年内发生骨质疏松症。因此，从小鼓励孩子参加运动，可以有效提升孩子的峰值骨量。

健康加油站

儿童青少年每天应进行 60 分钟中等到较高强度的运动，每周至少进行 3 次较高强度的运动，包括奔跑和跳跃，最好在户外进行运动。最有助于增强骨骼的运动是承重较大的有氧运动和抗阻训练，如步行、远足、奔跑、跳跃、登楼梯、踢足球、跳舞和震动训练。

（王正珍　李雪梅）

25. 为什么**骨质疏松症**
不仅仅是骨骼的问题

人体的骨量在 20~30 岁会达到最高峰，之后逐渐减少，女性停经后因为与骨形成有关的激素减少，骨量流失速度会加快。如果骨量流失过多，使原本致密的骨骼形成许多孔隙，呈现骨质疏松的现象，使骨骼变脆、变弱，成为一种骨折危险度升高的全身骨代谢障碍的疾病，即所谓的"骨质疏松症"。

骨质疏松症是一种沉默的疾病，大多没有明显症状，有些中高龄患者，可能只有出现身高变矮、驼背的外观变化，这些患者平常不会觉察到它的存在，大多不以为意，但是只要一个轻微跌倒或是突然有过猛的外力，如弯腰搬运物品，就可能造成骨折。

专家说

骨质疏松症重在预防

首先要识别导致骨质疏松症的危险因素。

1. **不可控因素** 女性、年龄 70 岁以上、已达更年期或已停经、家庭成员患有骨质疏松症、身材特别矮小。

2. **可控因素** 钙质摄取不足、吸烟、缺乏运动、喝大量咖啡。

预防骨质疏松症的主要措施

1. **负重运动** 负重运动主要是指腿部和足部为了支撑身体，其骨骼和肌肉需要花费力气来对抗重力的运动。从事负重运动可以增加骨密度和强健肌肉，有助于改善身体的协调性与平衡能力，降低跌倒和骨折的风险。建议大家多从事健步走、慢跑、爬楼梯、舞蹈、登山、跳绳、哑铃操等具有对抗地心引力的负重运动，以增加和维持骨密度。

2. 平衡膳食，摄入足量的钙质　平衡膳食是预防骨质疏松的重要措施，特别是摄入足量的蛋白质，因为蛋白质摄取量不足不仅会影响骨骼生长，还会导致肌肉含量与强度降低。钙质是人体骨骼最主要的成分，一生中如能摄取足够的钙质，即可建立和维持较致密的骨质。

3. 适当日晒可以增加体内维生素 D_3 转化　维生素 D_3 帮助人体从肠道中吸收钙质，以避免骨钙合成不足而导致骨质疏松，同时也可降低多种慢性疾病的发生风险。

4. 预防跌倒　经诊断罹患骨质疏松症的人，必须要避免跌倒，以免骨折的发生。改善居家环境，包括充足的照明、保持地面干燥或铺设防滑垫、加装扶手等，降低跌倒的风险。

健康加油站

从小保持规律运动可以有效提高峰值骨量，特别是在户外进行奔跑、跳跃等活动是预防骨质疏松的重要措施。

（王正珍　李雪梅）

26. 为什么

不爱运动的中老年女性

更容易发生骨质疏松

关键词

体力活动不足　中老年女性　雌激素

患有骨质疏松症的人中 80% 是女性。女性容易罹患骨质疏松的主要原因包括以下几点。

1. 女性的峰值骨量比男性低。

2. 雌激素和骨骼的健康密切相关，雌激素通过抑制破骨细胞的骨分解和刺激成骨细胞的骨形成来直接促进骨健康。女性一生中的 3 个生理事件，即月经初潮、怀孕和更年期，这些生理时间直接影响着体内雌激素的水平。运动训练、营养状态以及老龄化等因素对体内的雌激素水平也有一些影响。

3. 运动对峰值骨量和骨量丢失速度的影响很大，是预防骨质疏松的可控性因素。

4. 有些女性盲目追求低体重也不利于骨健康。

5. 女性寿命通常比男性长，因此受到骨质疏松的影响就更为严重。骨质疏松已经成为停经后女性最重要的健康问题。

专家说

骨质疏松症是一种"无声无息"的疾病，患者通常察觉不出任何不适，而且骨质流失通常是不可逆的，骨质疏松症的预防胜于治疗，更年期妇女更应及早做好预防骨质疏松的工作。

预防骨质疏松症应从儿童时期就开始储备骨量，使身体获得较高的"峰值骨量"；妊娠期女性每周应至少进行 150 分钟中等强度的有氧运动；成年女性可通过每周至少进行 150~300 分钟中等强度或 75~150 分钟较高强度的有氧运动，加上每周至少两次抗阻训练，预防和减缓骨量流失，从而预防骨质疏松症的发生。更年期后的女性是骨质疏松症的高发人群，她们通过规律运动、加强下肢肌力和平衡能力练习仍然能够延缓骨质疏松症的发生。

然而，过度运动既可以延迟月经的初潮（原发闭经），损害月经初潮发生后的正常月经功能（继发性闭经），也可能加速骨量流失。

健康加油站

应鼓励女性在生命的各个阶段参加规律运动，以便随着年龄的增长获得健康的身体成分和骨密度。除此之外要避免各种导致骨量流失的因素，维持已经获得的骨量，提倡适当运动、合理营养摄入，不吸烟，控制咖啡摄入量等。

（王正珍　李雪梅）

27. **骨质疏松症**患者运动时 要特别注意什么

规律运动是预防和延缓骨质疏松的可控措施，患者通过每周至少150分钟中等强度的有氧运动，加上每周两次的抗阻训练，可以延缓骨质疏松的发生，降低骨折风险，起到增强骨强度和关节周围肌肉、韧带、肌腱的力量，改善平衡功能、减少跌倒发生的作用。

专家说

由于骨质疏松症的病变特点，患者在运动中应该注意以下两点。

1. 选择不会导致或加重骨骼和关节疼痛的中等强度运动。

2. 避免爆发性运动、高冲击性运动、可引起腰部大幅度扭转（如快速转体）、屈曲或挤压腰椎的运动，如坐位体前屈、立位触摸脚尖等动作。

骨质疏松症患者在运动前进行测试时，为了防止锻炼者在测试时跌倒，建议采用功率自行车进行测试，在测试中出现骨骼和关节疼痛时应终止测试。辅助测试应包括平衡功能、肌肉力量以及步态的测试。应减少或避免采用需要爆发力的运动和对骨骼有强负荷冲击的运动。严重的骨质疏松症患者，禁忌进行最大肌力测试，应避免身体过度前屈。

骨质疏松症患者进行平衡功能练习时要循序渐进地增加难度，如单脚站立时可以从有支撑的状态逐步过渡到在没有支撑的情况下完成练习。

太极和瑜伽是增加平衡功能的练习方法，然而骨质疏松症患者在从事这两项运动时，要避免做使身体过度扭曲、弯曲以及挤压脊柱的特殊动作。

健康加油站

如果已经患有骨质疏松症，请向专业人员咨询进行哪些活动是安全的。如果骨密度低于正常值，建议避免旋转、弯腰或扭动的活动或运动，以便保护脊椎；避免高冲击力的运动，以便降低骨折的风险。向专业人员咨询、学习、掌握适当的运动进程、如何以安全的方法伸展肌肉与增强肌肉力量以及如何纠正不良的姿势。

每个人都应该了解，运动仅仅是骨质疏松症各种预防或治疗措施的一部分。应向医生咨询骨骼健康问题，与医生讨论是否需要接受骨质密度检查。如果已经被诊断为骨密度低，请向医生咨询哪些药物可帮助保持骨骼健壮。

（王正珍　李雪梅）

五

抗癌治疗的
运动密码

28. 为什么说

癌症患者也可以

从科学运动中获益

健康术语

肿瘤与癌症

　　肿瘤是以细胞异常增殖为特点的一大类疾病，可以分为良性肿瘤和恶性肿瘤，多数恶性肿瘤是癌症。**广义的**癌症通常泛指各种恶性肿瘤，**狭义的**癌症是指起源于上皮组织的恶性肿瘤。

　　癌症严重威胁着人们的健康，关于癌症患者的运动治疗，美国运动医学学会早在十年前就给出了基本的运动推荐量，即每周至少进行3次中等强度的有氧运动，每次至少30分钟；每周进行2~3次抗阻训练，全身七大肌群，逐一进行练习，每次2组，每组不低于60%最大力量，每组重复8~15次。

　　有规律地运动可以有效缓解癌症患者在化疗、放疗、手术治疗中的毒副作用，如肌肉萎缩、心肺毒性、疲乏、疼痛、神经病变、免疫功能异常、内分泌功能障碍、胃肠功能异常、体重下降等；运动可以延长癌症患者的生存期，降低全因死亡率和癌症特异死亡率。

专家说

1. 运动可以释放生物活性物质从而抑制癌细胞的演化与进展。

2. 运动可以增加血管的剪切应力，加速癌细胞的死亡。

3. 运动可以增强人体的免疫功能，可以增加肌肉含量，从而可能会通过诱导血液循环中骨骼肌源性因子、细胞因子或血管生成因子发生改变，改变循环中免疫细胞的数量或类型

4. 运动可以通过非特异性免疫系统提高免疫细胞监视、浸润能力和活性，增强免疫功能。

5. 运动可以改善人体的代谢环境，增强人体抑制肿瘤生长的能力。

6. 运动可以诱导局部免疫细胞浸润和激活等变化而影响肿瘤细胞生长。

7. 运动作为一种表观遗传调控因子，可调节基因表达，这可能是运动预防癌症发展的一种机制。

（王正珍　罗曦娟）

29. **癌症患者**应该怎样运动

健康术语

久坐少动

久坐少动是指在觉醒状态下，每天持续或累计8小时的卧床，倚靠在床上，坐位玩手机、上网等。

在癌症确诊之前，每位患者的体力活动水平差异很大；在治疗期间，患者的运动量通常会有所减少；在完成治疗后，运动量可能短时间内不会恢复到诊断前的水平。

我们应该明白，运动几乎对所有人都是安全的，包括大部分癌症患者，应鼓励他们尽早开始运动，从确诊后就开始。熟悉规律运动的基本要点对身体机能恢复、缓解治疗过程中的毒副作用、保持良好的机能状态、延长生存期等都是有益的。

专家说

对癌症患者最新的运动建议

从有氧运动开始，每周至少3天进行中等强度的有氧运动，每天连续完成30分钟或每次数分钟分段完成，累计30分钟。

随着对运动的适应性增加，可将每周3次的运动调整为每周5次。2~4周后可以循序渐进地增加抗阻训练，每周进行2~3次，每次间隔48小时，对全身

七大肌群逐一进行练习，每个肌群至少1组，每组在中等强度水平重复8~15次。

当运动的适应性增加后，逐渐增加每个肌群的练习组数。无论是有氧运动还是抗阻训练的中等强度都可以用主观用力感觉来表述，即运动中感觉有些吃力，能说话但是不能唱歌。

每周可以进行2~3次的柔韧性练习，每天进行效果更好，多采用静态拉伸的方式，在不引起疼痛的范围内伸展至紧绷或轻微不适，保持10~30秒，稍作休息后再重复1~2次，太极和瑜伽也是有效的练习方式。

癌症患者还应避免久坐少动的生活习惯，每坐1小时起身活动1~5分钟，活动的强度可以是小强度的，如做一点家务劳动。

由于疾病本身的复杂性及抗肿瘤治疗的特殊性，运动前可能伴随有需要仔细考虑的禁忌证和注意事项，患者应动态监测运动的安全性，在一些特殊时期和状态下应在专业人员的指导下运动或停止运动。当机体存在潜在安全风险时，建议在医学监督下由肿瘤运动指导人员帮你调整运动方案，并做好相应防范措施。

（王正珍　罗曦娟）

30. 为什么癌症患者确诊后
越早运动越好

体力活动水平低下是许多癌症已知的风险因素。有研究表明，超过一半的癌症患者体力活动不足（即每周进行中等强度体力活动的时长少于 150 分钟），这种现象不足为奇。

值得注意的是，多数癌症患者在确诊后，体力活动量也会减少，在治疗期间癌症患者因为各种毒副作用的影响身体机能下降，体力活动水平进一步降低，治疗结束后身体机能逐渐恢复。晚期癌症患者，在治疗后其功能仍在不断下降。对于这些患者而言，若没有针对性或有计划的体力活动干预，患者的身体机能难以恢复到与同年龄段健康对照组相当的水平。因此，通过促进体力活动和进行运动干预，可以缓解治疗的毒副作用，改善身体机能状态，有效提高癌症患者的生存率。

专家说

为了应对癌症治疗过程中的毒副作用以及保持良好的机能状态，癌症患者应及早开始有规律的运动。

当患者刚被诊断为癌症时，他们常具备维持日常生活的功能。然而，每个患者在合并症、生活方式和运动习惯方面存在很大差异。有些患者可能有规律运动的习惯，甚至接受专业训练，而另一些患者则可能久坐、患有多种慢性病，导致体力活动水平受限。因

此，在患者确诊疾病，但尚未开始治疗之前就应开始规律运动，运动前进行基线水平的体力活动水平和身体状态评估，发现不足之处并提供有针对性的运动方案，以减少未来功能损害的发生率。

在这一个阶段开始运动，可以使患者掌握规律运动的基本技能，如学习运动方式、运动强度的控制方法等，为治疗中和治疗后运动打下良好的基础，最大可能地帮助患者准备好接下来的癌症治疗。

针对目前正在接受化疗或放疗的患者，应重点保护其免疫功能，并尽量减少治疗相关的毒副作用，在力所能及的前提下坚持规律运动；对于完成了化疗或放疗或仅接受了手术和 / 或激素治疗的患者，主要目标是在手术或治疗后恢复身体机能，努力使患者无癌症症状，并能够在生活环境完成自我锻炼。对于已成功完成治疗的癌症缓解期人群，可以在生活环境中，在专业健身指导人员的帮助下进行锻炼。

健康加油站

保持规律运动可以在癌症的全程管理中获得积极效果，减少癌症治疗中毒性反应，增强坚持治疗和完成治疗的信心。因此，癌症患者应尽早进行规律运动，获益会很大。

（王正珍　罗曦娟）

31. 为什么说癌症患者也可以 安全地参加运动

关键词

禁忌证 运动风险分级

运动前做好医学评估、筛查运动的禁忌证、明确运动中特别需要注意的问题、针对不同危险分层进行医务监督，是可以实现癌症患者安全运动这一愿望的。

健康术语

特殊注意事项

特殊注意事项是指针对每一个患者的体质状态、疾病状态、是否存在合并症、治疗方案等提出的注意事项。

专家说

鉴于癌症治疗的复杂性，建议所有患者在运动前进行常规医学评估，以明确疾病、治疗和合并症带来的影响。评估内容应包括：①肿瘤诊断；②是否存在合并症、其他慢性病或进行相关治疗；③肿瘤治疗情况（计划进行、正在进行及已结束的）；④是否存在治疗相关毒性（急性、慢性和迟发副作用）及其严重程度；⑤患者的体力活动水平或运动习惯。运动前需要仔细判断有无运动禁忌证。

肿瘤的早期阶段、不伴有合并症的患者，无须进一步医学和运动能力评估，推荐在生活环境中进行规律的、中等强度运动。对于伴周围神经病变、肌肉骨骼障碍、淋巴水肿等患者，推荐运动前进行进一步评估，建议患者在肿瘤健身指导人员的监督下进行中等强度运动。伴心肺疾病、胸部或腹部手术未愈合、行造瘘（造口）术、明显疲劳（疲乏）、严重营养不良、身体状况恶化或尚未从治疗不良反应中恢复的患者，运动前必须进行进一步医学评估和运动能力评估，排除禁忌证后，应由肿瘤康复多学科团队制定运动处方，且运动必须在肿瘤健身指导人员的监督下进行。

运动注意事项

1. 骨转移患者，应警惕骨折的发生风险。

2. 因抗肿瘤治疗造成免疫力下降者，需要注意感染风险。

3. 肿瘤化疗导致周围神经病变患者，应注意跌倒风险。

4. 伴心血管疾病患者，需要注意不当运动可能诱发运动中的心血管意外等。

5. 患者的血小板在 $(50\sim100) \times 10^9/L$ 时应避免增加出血风险的接触性运动，中性粒细胞绝对计数在 $(0.5\sim2) \times 10^9/L$ 时，应避免可能增加病原体感染的风险。

6. 有造瘘（造口）的患者，应避免接触性运动（冲撞风险）和负重运动（疝气风险）。应通过降低运动强度、缩短运动时间来调整运动方案，说明运动中的注意事项，并增加医疗监督以保证运动安全性。患者在不同治疗阶段对运动耐受能力不同，应根据患者所处治疗阶段调整运动方案。

（王正珍　罗曦娟）

32. 为什么
有些癌症患者**不适合运动**

规律运动可以在癌症的全程管理中获得积极效果，但是由于某些患者有运动禁忌证，暂时不能参加中等及以上强度的运动。

专家说

运动禁忌证

1. 手术伤口未愈合不能耐受运动者。手术伤口愈合时间通常需要 8 周，这其间的患者可出现发热、极度疲劳、显著疲劳或运动失调的情况。

2. 极度疲劳、贫血（血红蛋白<80g/L）或共济失调者。

3. 进行放疗、化疗、靶向治疗等毒性反应比较剧烈者或严重运动不耐受者。

4. 伴严重心血管疾病和肺部疾病患者，包括不稳定性心绞痛未控制、心功能IV级、未控制的严重心律失常、未控制的高血压（静息收缩压>180mmHg 或静息舒张压>110mmHg）；值得注意的是由于放疗和化疗的毒性以及手术的长期影响，恶性肿瘤患者运动中的心血管事件发生率高于同年龄段人群。

5. 高热、严重感染、恶病质状态、多器官功能衰竭或无法配合运动者。

6. 为了预防血栓脱落造成栓塞，血栓处于活动期患者。

7. 由多学科肿瘤康复团队判断不适合运动的其他情况者。

对于有禁忌证暂时不能参加中等强度运动的癌症患者，应在体力允许的情况下在生活中保持一定水平的体力活动水平，如下床缓慢步行、如厕等，用轻体力活动或低强度运动打破久坐少动的状态，每小时活动 1~5 分钟。对于暂时不能下床活动的患者，也应经常翻身、活动一下手臂和脚踝，以减少长期卧床造成的并发症。

（王正珍　罗曦娟）

六

运动维持
脊柱健康
的密码

33. 为什么我们要有
健康的脊柱

脊柱是人体的重要支撑结构，也是运动系统的重要组成部分。脊柱具有承担身体重量、维持身体平衡的功能。同时，它还具有运动功能，能做较大幅度的前屈、后伸、侧屈和旋转运动，保证人体在日常生活中进行各种复杂的活动。另外，脊柱与肋骨、胸骨和髋骨构成了胸廓和骨盆，对胸腔和盆腔的内脏器官起到保护作用。脊柱的椎管中容纳了人体重要的中枢神经系统——脊髓，对脊髓具有重要的保护作用。

健康术语

脊柱

　　脊柱位于人体后背的中轴线上，上端与头部相连，下端间接与下肢相连。脊柱由一块一块的椎骨和椎间盘组合而成，形成四个生理弯曲。椎骨周围有坚强的韧带相连，能维持脊柱的稳定性；又因椎骨之间有椎骨间关节相连，因此也具备一定的活动度。每个椎骨的活动范围虽然较小，但整体合在一起，活动范围就增加很多。

专家说

　　从侧面看，脊柱并不像柱子一样笔直，而是有 4 个生理弯曲，分别是向前弯曲的颈曲和腰曲，以及向后弯曲的胸曲和骶曲。正常人站立时，从其背后观察，作为人体纵向中轴线的脊柱应既不往左偏也不往右偏。

如果脊柱的生理曲度异常，就会表现出一系列相关疾病的临床症状。

脊柱弯曲异常按照外在表现可分为脊柱侧弯和脊柱前后弯曲异常；按照成因和性质可分为先天性脊柱弯曲异常和后天性脊柱弯曲异常，其中先天性脊柱弯曲异常较少，主要包括先天性脊柱发育不良、先天性半椎体等，后天性脊柱弯曲异常又可分为姿势性和病理性，其中姿势性脊柱弯曲异常又分为功能性和固定性，病理性脊柱弯曲异常分为特发性（原因不明）和继发性（如结核、外伤等）。

我们应尽量避免姿势性脊柱弯曲异常的发生，这是可以通过改变不良生活方式、培养良好生活习惯来避免的。

（冯 强 李雪梅）

34. 为什么弯个腰 就能发现**脊柱侧弯**

脊柱侧弯是指脊柱在冠状面上偏离身体中位线向侧方弯曲，一般伴有椎体的旋转。脊柱侧弯可发生在任何年龄，但常出现在生长发育期。脊柱侧弯不仅会影响青少年外表的美观，更会对青少年的身心健

康造成较为严重的影响。

脊柱侧弯的患者早期一般不会感到不适，往往到后期才被发现，但这时就已经比较严重了。有的家长或老师及时发现了孩子身形的异常，也有的可能误认为是发育中的正常现象，错过了最佳的预防和治疗时期，所以家长和老师应该掌握观察孩子脊柱侧弯的方法，以便及早干预、早治疗。

专家说

无论是在站立位还是向前弯腰时，从背后都应看到脊柱两侧的腰背轮廓平整对称，没有一边高于另一边的现象。如果出现双肩不等高，腰背不平整，脊柱偏离中轴线，就应该考虑脊柱侧弯的问题，及时去医院检查。具体可以根据以下几个步骤来判断青少年是否存在脊柱侧弯。

1. 进行亚当斯前屈测试。让孩子双手伸直，两腿并拢站直，向前弯腰。用中指和食指沿着脊柱棘突划下来，看是否能划出正常的直线；仔细观察孩子背部两侧是不是一样平，并触摸对比孩子的腰背两侧是否有隆起。

2. 让孩子站直，双手自然垂于身体两侧，观察孩子两侧肩膀是否等高，也可以根据领口是否平整来发现细微的差异。

3. 用手摸一摸孩子背部的肩胛骨，看看两块肩胛骨最下端是否等高，或者有没有一侧肩胛骨向后凸出。

亚当斯前屈测试

观察孩子双肩是否等高

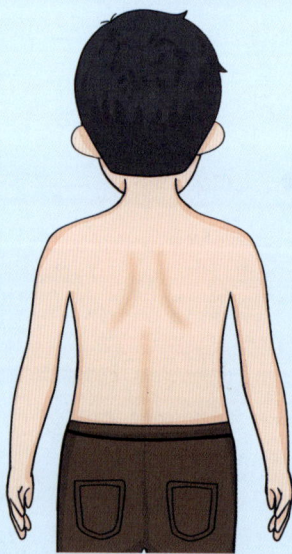

观察孩子的肩胛骨

4. 观察孩子腰部的左右侧曲线是否一致，是否一边比另一边曲度更大，是否腰部一侧有皱褶、另一侧没有。

5. 孩子站立时，家长从前面观察两侧髋部是否等高。

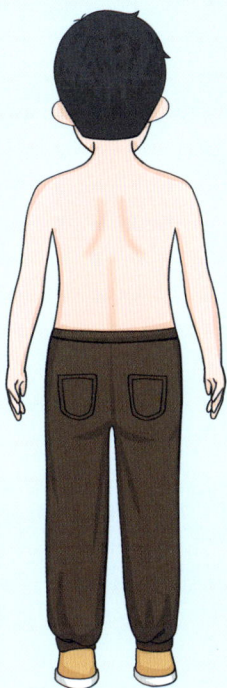

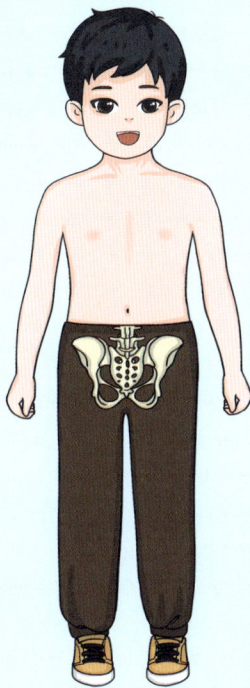

观察孩子腰部曲度　　　　　　观察孩子左右髋部是否等高

棘突

棘突是指脊椎解剖结构的一部分，是整个脊椎凸向后方的骨性凸起，我们用手触摸脊柱，能摸到的一个个骨头凸起的地方就是棘突。

健康
术语

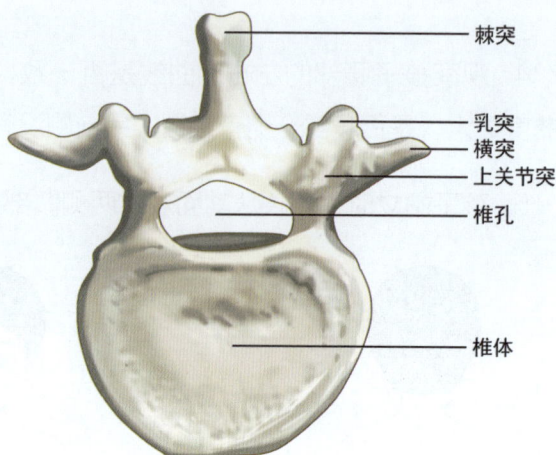

棘突

乳突
横突
上关节突
椎孔

椎体

脊椎椎骨示意图

肩胛骨

肩胛骨为三角形扁骨，贴于胸廓后外面，左右两侧各一，介于第 2~7 肋之间。

髋部

髋部是躯干与腿相连接的部位，由髂骨、耻骨和骶骨构成。

（冯　强　李雪梅）

35. 怎样才算拥有
挺拔的**身体姿态**

正确的身体姿态能直接反映我们的精神面貌，是外在美的重要组成部分。除此之外，更重要的是正确的身体姿态可以为肢体功能提供基础，是人体正常工作的基本保证，能免除肌肉进行不必要的静力性工作，避免疼痛的发生。

不正确的身体姿态会使身体产生不良的代偿变化，造成一些肌肉由于长期的代偿而过度紧张、变得僵硬，而另一些肌肉却会因为长期废用而变得极度软弱。人体是一个复杂的、不断变化的整体，一个环节出现问题，可能导致其他多个部位的功能都得不到正常的发挥。而为了弥补这些部位的功能不足，其他各个环节可能会出现更多的代偿。错误的动作不断出现，人体就会付出更多的代价进行修正，而各个肌肉、关节或者组织器官的负荷就会不断增大，最终产生各种疼痛和不适，甚至造成难以挽回的病变，严重影响人体的生理健康。

专家说

首先，我们应该了解什么是正确的身体姿态。从正面看，头部处于中立位，没有前倾、向一侧歪或旋转的情况；两侧肩部高度相同，髂前上棘高度相同；膝关节和脚尖在同一条垂线上，无内扣或外翻。从侧面看，耳垂、肩关节中心、股骨大转子、膝关节外侧中央、外踝稍前方这几个点应连成一条垂直于地面的直线；骨盆处于中立位，没有骨盆前倾和后倾。从背面看，后脑勺中央、脊柱的所有棘突、骨盆的中线、两个膝关节内侧中心、两个踝关节内侧中心这几个点应连成一条垂直于地面的直线；两个肩胛下角与脊柱的距离相等。

基于对正确身体姿态的认识，我们就能比较容易发现自己存在的姿态异常问题。下面简单列举 3 个常见身体姿态异常的自测方法和评判标准。

1. 颈部前伸　光脚侧面对墙站立，用笔在墙上描点第七颈椎棘突（C7）和耳屏，测量 C7 和耳屏连线与 C7 水平线之间的夹角。如果这个角度低于 65°，则认定为存在颈部前伸的情况。

2. 高低肩　光脚背靠墙站立，用笔在墙上描点双侧肩峰的位置，测量双侧肩峰的高度差。如果双侧肩峰的高度差超过 0.8 厘米，即认定为存在高低肩的情况。

3. 骨盆倾斜　靠墙站立，臀部和背部贴在墙面，正常情况下，腰部和墙面之间能插进一只手。如果腰部和墙面之间可以插进一个拳头，说明可能存在骨盆前倾；如果腰部和墙面之间缝隙很窄甚至没有缝隙，说明可能存在骨盆后倾。

健康术语

第七颈椎棘突

第七颈椎棘突格外突出，在低头时，可触摸到颈部有一块最突出的骨头，即为第七颈椎棘突。

肩峰

肩峰是位于肩胛骨外侧上向外最突出的一点，沿肩胛冈向外上方触摸时，骨骼末端即为肩峰。

（冯　强　李雪梅）

36. 为什么俗话说 "站要有站相，坐要有坐相"

关键词

正确坐姿 正确站姿

俗话说"站要有站相，坐要有坐相"，正确的站姿和坐姿是预防脊柱疾病的基础，不良姿势通常是脊柱损伤的潜在危险因素，因此，必须时刻提醒自己，尽量让脊柱处于最理想的位置。

专家说

不良坐姿是损害颈椎、腰椎健康的最大元凶，长期处于不良坐姿，颈曲和腰曲就会变平，颈部、肩背部、腰部的肌肉容易紧张短缩，进而发生肌肉僵硬酸痛。整个人窝在沙发里、半躺在椅子上，这些姿势可能会让你觉得很放松，但并不是自己感到舒服的坐姿就是好坐姿。窝在沙发里时，整个后背陷入沙发里，脊柱变成了"C"形，颈曲腰曲消失，同时腰椎缺乏足够的支撑，上半身的重量全部压到腰椎这一个受力点上，椎间盘承受的负荷增大，不利于脊柱保持正常的生理结构。肌肉、韧带处于松弛状态，失去原有的固定作用，脊柱易出现变形，久而久之可能会造成椎间盘突出。

当你坐着时，大腿应该略微向下倾斜，即你的髋要稍高于膝，座椅前缘与膝关节后部应该有两指的宽度，

关键词

颈部前伸 颈肩疼痛 颈椎病

通常略微前倾的椅面有助于腰部找到舒适的位置，同时还能缓解对大腿后侧坐骨神经的压力；座椅靠背应该锁定在直立位置或略微前倾，其高度至少应该到肩胛骨底部，靠背过低会导致你坐在椅子靠前的部分，远离靠背的支持，结果是肩胛骨之间出现不适。

另外，如果你是坐在电脑桌前使用电脑，那么在你抬起双手打字时，前臂应该与地面平行，肩部应放松，肘部应舒适地放置在两侧，如果座椅扶手高于肘部到地面的距离，则需要移除扶手。你的眼睛应该与屏幕上正文顶端在同一水平。如果电脑显示器过高，则需要调高座椅，在调高座椅的同时，如果你的双脚不能踩在地板上，必须使用脚凳。如果你戴着眼镜，屏幕上显示的最上方的字应该比你眼睛水平低5厘米。

非常重要的一点是，要时刻提醒自己收下颌，不要把头过度往前伸，探着头看电脑屏幕。

（冯 强 李雪梅）

37. 为什么**低头族**
伤害的不仅仅是眼睛

我们在生活中经常看到在走路、坐车时低头看手机的人，这除了伤害眼睛、增加安全风险外，还是造成颈部和肩背疼痛的重要原因。

当头部垂直于颈椎也就是我们平视前方时，颈椎所承受的仅是来自头部的重量，为 4.5~5 千克；当头向下低 15° 时，颈椎所受到的压力变成两倍，为 10~12 千克；如果玩手机时头不知不觉又低了一点，达到 30° 时，颈椎要承受 18 千克的重量；如果低头角度达到 45°，颈椎所承受的压力会增加到 3.7 倍，变成 22 千克；如果低头角度达到 60°，颈椎承受的压力更是达到了垂直状态的 4.5 倍，也就是 27 千克，相当于有一个 7~8 岁的孩子骑在脖子上，脆弱的颈椎显然会不堪重负。

长时间低头会导致负责维持头部正常姿势的颈部深层伸肌发生疲劳，进而将头部重力转嫁到肩部和上背部的肌群，如斜方肌、菱形肌等。肩部和上背部的肌群主要作用是完成各种动作，次要功能是协助稳定头部。这些肌肉并不是稳定头部的主要肌肉，因此在持续承受负荷时不能很好地应对，这时就需要已经疲劳的颈部深层肌肉再次工作。颈部稳定肌群的持续工作，造成颈部最深层的肌筋膜层损伤，日积月累会导致筋膜粘连、肌肉痉挛。在这种情况下，肌肉的功能下降，关节活动度减小，动作灵活性下降。这会传递信号给大脑，使大脑开启肌肉保护机制，开启疼痛 - 痉挛 - 疼痛这一恶性循环。

因此，我们应调整正确的姿势使用手机、平板电脑等娱乐设备，拒绝当"低头族"。应尽量双手使用手

机，将手机放在中间位置观看，避免脊柱侧弯、侧旋。双肩放松，头部不要前伸，尽量让双肘关节有支撑。调整手机在基本平视的位置，略微低头观看屏幕，而不要整个头部都向前伸。

（冯　强　李雪梅）

38. 怎么样做才能拥有 **健康的脊柱**和**挺拔的身姿**

为了拥有健康的脊柱和挺拔的身姿，我们需要有针对性地加强特定肌肉的力量训练。

健康术语

腹式呼吸

腹式呼吸是通过加大横膈膜活动、减少胸腔活动来完成的，吸气时肚子向外突，呼气时收紧。将一只手放在上胸部，另一只手放在腹部。在鼻子慢慢吸气过程中，下方的手应感受到腹部肌肉的充分扩张，放于胸前的手应尽可能保持静止。用嘴缓慢呼气时同样要确保上胸部的手尽可能保持静止。

牵拉和针对性的肌肉力量训练是维护健康脊柱最有效的方法，下面主要介绍增强躯干稳定性的练习和容易出现疲劳的颈背部肌肉的拉伸练习。

躯干稳定性练习的目标是找到脊柱的中立位，通过在脊柱中立位下的练习来锻炼肌肉支撑脊柱，在练习过程中要始终保持躯干收缩的紧张感。这种练习并不需要突然的爆发力，而是要缓慢、正确地进行。拉伸练习同样也要避免突然、爆发性地用力，也要避免产生过于明显的疼痛，要缓慢、柔和地进行。

1. 躯干稳定性练习

（1）仰卧屈臂练习：仰卧位，使用腹式呼吸保持躯干肌肉紧张，腰背部尽量贴紧地面。双手紧握，在舒服的范围内来回摆动手臂。进行此练习时要避免腰背呈拱形，连续进行 2 分钟。可以手持哑铃以增加难度。

（2）仰卧伸腿练习：仰卧位，使用腹式呼吸保持躯干肌肉紧张，腰背部尽量贴紧地面。缓慢抬起一侧下肢再缓慢放下，然后另一侧重复。两侧练习交替进行，坚持 2 分钟，在练习过程中要避免腰部屈曲。

（3）四点支撑练习：手膝位，腹式呼吸收紧小腹，使肚脐下方的区域向脊柱贴近，但不要产生运动，注意不要弓背。一侧腿部向后方伸展，同时对侧手臂向前抬起，保持 30 秒后回到原位，两侧交替进行，重复

6~10 次。注意在练习过程中要保持腹部收紧，腰部不可下塌。

（4）俯卧位腹横肌练习伴抬腿：俯卧位于练习垫上，髋关节下垫一个枕头以确保身体处于最舒适的体位。收缩肚脐以下腹肌，保持髋关节和脊柱中段固定。同时收缩骨盆底部肌肉以帮助找到正确的用力方式。切忌腰背弓起，轻轻缓慢向上抬起一侧下肢，臀肌用力，并保持膝关节伸直。坚持 30 秒后缓慢回到起始位，双侧交替重复进行，重复 6~10 次。

2. 拉伸练习

（1）斜方肌拉伸练习：以牵拉右侧为例，坐位，右手压在臀部下方，左手食指和中指做剪刀手状，轻轻放在右侧耳朵尖部的两旁。左手辅助头部向左侧侧屈，当右侧肩部有轻微针刺感时停止运动，动作维持 30~60 秒，左右各拉伸 3 次。

（2）肩胛提肌拉伸练习：以牵拉右侧为例，坐位，右手压在臀部下方。头部向左旋转 45°，将左手放在头后，然后柔和地将头拉向左侧膝盖的方向，当右侧肩背部有轻微针刺感时停止运动，动作维持 30~60 秒，左右各拉伸 3 次。

（3）斜角肌拉伸练习：以拉伸右侧斜角肌为例。坐在椅子上，上身挺直，背部和腹部收紧，双脚着地。右手伸向身后，抓住椅子边缘，以保持右肩的稳定性。头部慢慢向左侧侧屈，左手抱头，放在右侧颈部。左手缓慢将头部向左侧拉，直到颈部右侧感到轻微刺痛时停止动作，保持 30~60 秒，左右各拉伸 3 次。

（冯　强　李雪梅）

39. 为什么
有些护具、支具会**损害**
孩子的**脊柱健康**

现在市面上有很多号称能改善身体姿态，特别是驼背的护具，如各种品牌的背部矫正带、开背形体棍等，这些护具真的像商家宣传的那样，能治疗驼背等不良身体姿态吗？

废用性肌萎缩

健康术语

废用性肌萎缩是指由于肢体运动减少、运动强度不够而导致的肌肉收缩减少，骨骼肌体积缩小，肌纤维变细甚至消失。

专家说

　　市面上强行矫正类的护具虽然看似多样，但原理都是通过外力矫正姿势，如果长时间使用，事实上反而会对人体产生不良影响。

　　大部分的脊柱弯曲异常是由于个人不良身体姿态和错误习惯导致的，例如经常趴在桌上写作业、跷二郎腿、低头玩手机、久坐不动等。在这些不良习惯的日积月累下，部分肌肉被动拉长、部分肌肉紧张短缩，这些肌肉都会出现肌肉力量薄弱、疲劳的问题。

监测类护具　肌肉力量

如果要纠正这类问题，需要使脊柱周围的屈肌和伸肌重新回到平衡状态，进行有针对性的练习，加强薄弱肌肉的力量、拉伸缩短的肌肉。如果长时间佩戴背部矫正带，就相当于给薄弱的肌肉提供了一个帮手，"聪明"的人体一旦发现可以省力就会"消极怠工"，这些原本就薄弱的肌肉就会越来越弱，甚至发生废用性肌萎缩。这时，一旦摘下背部矫正带，需要靠人体自身来维持正确姿态的时候，这些肌肉就不堪重任，造成驼背的问题越来越严重。

因此，应选择监测类的可穿戴设备，也就是能监测不良身体姿态并能提供反馈，提醒我们自行调整的护具。例如，有的护具佩戴在脖子上，能及时监控到颈部过度前伸的情况，并通过振动提醒佩戴者进行调整。

（冯 强 李雪梅）

40. 为什么在课间、工间进行**护脊运动**作用大

长时间保持一种姿势，会使肌肉出现紧张、短缩、疲劳的情况，久而久之造成疼痛。因此，在工作或学习一段时间后，应站起来活动活动，这不仅能打断长时间的静坐少动行为，降低静坐少动行为的健

康风险，还能缓解肌肉的紧张疲劳。几个简单的练习就可帮助身体有效缓解疲劳，起到较好的护脊效果。

专家说

阅读或使用电脑时数小时滑坐在椅子上会使成年人的中段胸椎区域很容易发生姿势相关疼痛。在重力的作用下，椎旁肌逐渐丧失维持脊柱直立的能力，尤其是在数小时处于错误姿势后。特别是在含胸、头部前伸的姿势下，菱形肌、肩胛提肌等被拉伸发生应力形变，这些被过度拉伸的肌肉也会发生疲劳，肩胛骨之间或颈部可能会出现硬结、条索。

肌肉中的这些硬结、条索通过减少血流量和局部氧气运输来对神经末梢产生化学刺激，导致疼痛的发生。除了长时间面对电脑以外，用肩膀和耳朵夹住电话通话、长时间驾驶、长时间打字或阅读、伏案学习等，都会造成类似的情况。因此，我们一方面要以正确的姿势学习和工作，另一方面还可以通过运动，改善身体因错误姿势诱发的症状。

这里介绍 4 个简单的动作，能帮助机体缓解长时间工作学习带来的肌肉紧张。

1. 颈部力量练习　握拳顶住下颌，保持头部中立位的情况下，自我对抗。每次 30 秒，共 2 次。

2. 颈部拉伸练习　以牵拉左侧为例，坐位，左手压在臀部下固定，头部向右旋转 90°，右手放置于头后枕骨处，向右侧方用

颈部力量练习

力牵伸颈部。右侧牵伸则右手压在臀部下固定，头部向左旋转90°，左手放置在头后枕骨处，向左侧方用力牵伸颈部。每侧30~60秒，左右各3次。

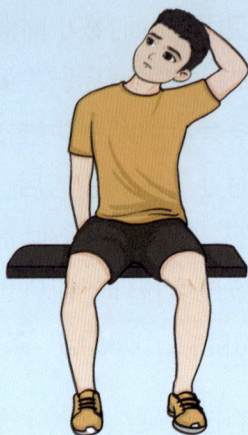

坐位颈部拉伸练习

3. 躯干活动度练习　手扶桌子（或其他支撑物），抬头，胸部下沉到最低，塌腰同时吸气，感受腹部有牵拉感；低头，尽量弓起上背同时呼气，收腹，感受背部有牵拉感。在全过程中，尽量感受脊柱一节节地被活动，重复3次。

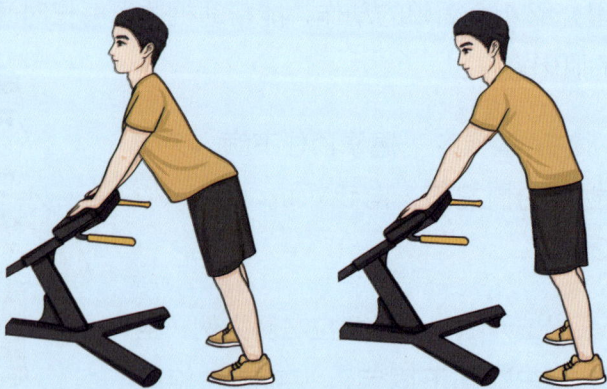

躯干活动度练习

4. 躯干旋转练习　坐位，挺直腰背，双手抱于胸前，肩背部用力带动上半身旋转到最大范围并保持 1~2 秒，下半身保持不动，左右各 5 次。

躯干旋转练习

椎旁肌

健康术语

椎旁肌是指跨过从颈部到尾骨很多脊柱节段的长、薄肌肉，包括浅层纵向的竖脊肌和深层斜向的横突棘肌，其主要作用是伸展脊柱，在一定程度上参与脊柱旋转，特别是起到稳定脊柱的作用。

（冯　强　李雪梅）

第五章

运动安全与防护的密码

运动安全
有效的密码

1. 为什么会发生
运动性猝死

关键词

运动　猝死

运动性猝死是指在运动过程中或运动后 24 小时内发生的非创伤性意外死亡。猝死的原因主要有心脑血管疾病（占 80% 以上）、中暑、脱水、电解质紊乱、压力过大、吸烟、不良饮食习惯、久坐不动、长期睡眠不足等一系列不健康行为。剧烈运动只是导致猝死的诱发因素之一。

运动中发生猝死的概率非常低，在进行各种运动的人群中，1 年中发生猝死的总体概率是（0.31~2.1）/10 万。发生猝死的根本原因是个体本身存在潜在的心脑血管疾病，并非运动多的人，健康风险就越大，反而是运动过少的人，健康风险更大。运动不当是猝死的一个诱发因素，如患心脑血管疾病、糖尿病者，参加剧烈运动会增加其发生猝死的风险。从预防角度考虑，准备开始运动前，最好做一下运动风险评估，以预防运动风险发生。

> **专家说**
>
> **适度锻炼降低全因死亡率**
>
> 有研究认为，适度运动可降低早亡风险约 40%，和运动无关的心源性猝死人数是运动性猝死的 20 倍以上。健康体检能最大限度预防运动性猝死的发生。

心源性猝死风险预防

初级评估主要通过病史采集和体格检查。病史采集中需要了解家族史，要特别关注与心脏、肾脏、代谢性疾病有关的疾病症状，包括胸痛、胸闷憋气、头晕或晕厥、呼吸困难、下肢水肿、心悸、间歇性跛行、心脏杂音和难以解释的乏力等。

经初级评估存在风险的人，建议进行中级评估，通过实验室检查（空腹血糖、血脂、肾功能、糖化血红蛋白等），着重对心脏疾病进行排查，主要从心脏结构、冠脉供血、心律失常及心功能等几个方面进行。

1. 评估心脏结构最重要的是排除肥厚型心肌病。

2. 冠脉系统的风险评估主要是为了排除冠心病。评估心肌缺血的检查方法有心肺运动试验、负荷超声心动图、负荷心肌灌注显像、冠脉 CT 等。心肺运动试验既可用于心血管疾病风险的筛查又可进行个体化运动指导。

3. 筛查恶性心律失常的手段包括静息心电图、动态心电图、运动心电图、心肺运动试验等。如果怀疑其他系统疾病，则需要其他专科会诊。

出现以下情况要避免剧烈运动

出现异常症状（心悸、胸痛、头晕、呼吸困难等），以及过劳、饮酒后、感冒发热和无运动习惯者初次参与运动。

心肺运动试验

心肺运动试验是指在递增运动负荷下，通过收集受试者呼出的气体并加以分析，监测机体在运动状态下的摄氧量、心率、血压等指标，综合评价心肺等器官系统的整体功能和储备能力。

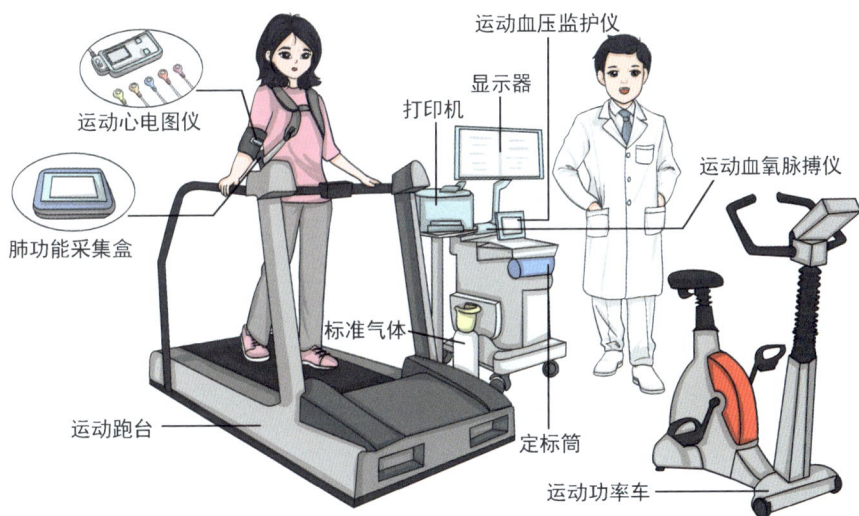

心肺运动试验

（苟 波）

2. 为什么建议运动前要进行**运动风险筛查**

都说运动是良医，"适度运动可促进健康"已成为当代人的共识。但运动也是一把双刃剑，如果运动不当，可能会造成运动伤害，严重的甚至会出现运动性猝死。

大量研究表明，运动不足会造成慢性病风险和全因死亡率增高，运动的益处远远大于其可能带来的风险；但是，当运动超过推荐值上限时，其带来的健康收益增加减少，风险却会明显增加。通过健康检查、运动风险筛查、运动医务监督等措施能降低运动风险。

专家说

运动前进行运动风险筛查

运动者最好能每年进行一次全面体检。

运动风险筛查可采取分级检测法：先做体力活动准备问卷（physical activity readiness questionnaire, PAR-Q）调查，如果7个问题中有任何一个问题回答为"是"，就需要进一步进行相关临床医学检查，如常规健康体检（血压、血脂、心电图等），专科检查（超声心动图、心肺运动负荷实验、血管造影、磁共振、CT等），以明确受检者是否存在运动禁忌证，判断发生运动风险的程度。

对于运动风险中低者，可自行锻炼，风险高者则需要在医生指导和监控下做运动康复，能最大限度降低猝死的发生风险。

做好运动医务监督

运动医务监督可以提高运动的安全性和科学性，包括以下内容。

1. 进行健康检查、运动风险筛查，明确运动风险高低，为制定运动处方提供依据。

2. 运动前进行热身，降低运动损伤发生率，提升运动表现。

3. 运动中对心率、主观用力疲劳和呼吸困难程度等进行实时监控，可保证运动负荷适宜。学会"聆听身体的声音"，如果发现气短、胸闷等不适或头晕、心动过速、节律紊乱等症状，应该马上停止运动并及时就医。

4. 运动后进行充分放松，有利于消除疲劳、促进恢复。运动后的恢复手段包括整理活动、按摩、水疗、营养补给、心理放松、充足的睡眠等。

健康加油站

体力活动准备问卷（PAR-Q）

1. 您的医生是否曾经告诉您有心脏病，并且只能在医生指导下运动？

2. 当您进行体力活动时，是否感觉胸部疼痛？

3. 在过去几个月内，您是否有过安静时胸痛？

4. 您是否有骨或关节疾病，而且限制了您的运动？

5. 您是否曾经由于头晕或暂时丧失意识而失去平衡？

6. 您是否在服用心脏病或高血压的药物？

7. 您有没有任何其他不能参加运动的理由？

如果以上 7 个问题中有任何一个问题回答为"是"，就需要进一步做相关临床医学检查，以排除运动风险。

健康
云课堂

哪些热身误区需避免

（苟　波）

3. 为什么建议运动者要进行
功能性运动筛查

功能性运动筛查（functional movement screen，FMS）是评估基本动作模式（灵活、稳定、平衡、柔韧等能力）的方法，可了解运动者的功能限制、运动薄弱环节、发展不对称等问题。

导致运动损伤的因素有年龄、身体素质、技术、运动负荷、动作模式、弱链环节、运动意外等，损伤通常是内外多种因素综合作用的结果。错误的动作模式通过低效、代偿性动作完成动作，更容易出现损伤。有研究认为，如果 FMS 测试低于 14 分（满分 21 分），参与运动时，动作效率不高，发生运动损伤的风险会明显增加。

健康术语

纠正性训练

纠正性训练是为了改善较差的动作质量，解决身体存在的功能障碍、动作限制或不对称等问题，帮助身体达到基本功能状态的一种训练，重点是改善灵活性、稳定性，动作模式重塑，提高运动控制能力。

功能性训练

功能性训练是在具备一定的功能基础上，通过训练进一步加强整体功能动作水平或提高专项技巧的训练手段。

专家说

FMS 测试

FMS 包括 7 个基本测试动作：深蹲、跨栏步、直线弓步蹲、肩部灵活性、直腿抬高、俯卧撑和旋转稳定性。其中，肩部灵活性、俯卧撑和旋转稳定性动作还各附带有一个疼痛排查动作。

FMS 评分分为 4 个等级，评价标准如下。

0 分：受试者在测试中出现疼痛。

1 分：受试者无法完成整个动作。

2 分：受试者完成动作的质量不高。

3 分：受试者能高质量完成动作。

FMS 测试后发现问题怎么办

如果存在动作模式问题，最好能通过矫正训练加以改善，可降低运动损伤风险，提高运动表现。

1. 深蹲

2. 跨栏步

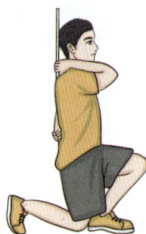

3. 直线弓步蹲

4. 肩部灵活性

5. 直腿抬高

6. 俯卧撑

7. 旋转稳定性

FMS 的七项动作筛查

健康加油站

基于 FMS 的康复原则

1. 优先处理 0 分问题。动作筛查中有疼痛，说明存在损伤，应进行评估和治疗。要根据运动功能障碍、错误动作模式，分析导致的疼痛的根源，进行针对性治疗。

2. 纠正不对称问题。

3. 解决灵活性问题。灵活性不足，会影响稳定性，导致相邻关节代偿性运动，易导致局部负荷过大，引起损伤。

4. 提高稳定性。稳定性差的弱链环节是损伤好发部位。

5. 动作功能模式重塑。

6. 明确目标。纠正严重的不对称和灵活性问题，使所有测试得分不低于 2 分。

（荀 波）

4. 为什么要强调"适量运动"

提到健康的四大基石——合理膳食、适量运动、戒烟限酒、心理平衡。有人就会问："为什么提倡'适量运动'，而不是'科学运动'呢？"

有相关调查结果显示，按照世界卫生组织的《成年人身体活动指南》推荐标准，我国 80% 以上的人群属于运动不足。在这种情况下，只要让更多的人动起来，适量运动就可以获得较大的收益，运动风险也很小；但对于运动爱好者，就要强调"科学运动"，以减少运动伤害问题。

专家说

运动多少算适量

世界卫生组织推荐成年人 1 周内至少应做 150 分钟的中等强度身体活动，或者 1 周至少做 75 分钟的较高强度活动，或者中等和高强度活动综合起来达到对等的量。如果想获得更多的益处，每周应进行 300 分钟的中等强度有氧运动，至少 150 分钟的较高强度有氧运动。每周至少应进行两次针对主要肌群的力量训练。老年人最好在力所能及的范围内，尽量达成以上推荐目标。

适量运动更护膝

有人说运动易伤膝，为了保护膝关节，有电梯绝不走楼梯，甚至不运动。这样就属于因噎废食了。有研究发现，竞技跑者关节炎发生率为 13.3%，久坐不动人群关节炎发生率为 10.2%，而健身跑者关节炎发生率仅为 3.5%。由此可见，适量运动最护膝，久坐不动和过度运动都易伤膝。

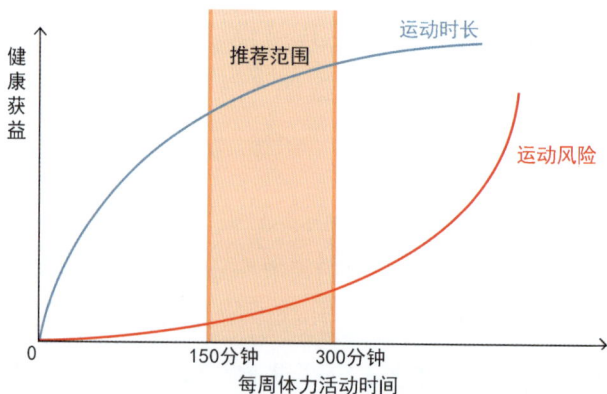

运动时长与健康获益和风险的关系

运动过度的表现有哪些

运动过度主要表现为疲劳，对训练负荷的不适应、体能下降、成绩下降、睡眠不好、食欲下降、反复感染、生理紊乱、体重下降、热情下降、注意力不集中、动力不足、焦虑、精力不足等。

对于体重大、膝关节不好的患者，可以选择对膝关节冲击性较低的运动，如游泳、走路等。

中等运动强度

中等运动强度是运动时主观感觉有些累、气喘，运动中说话稍微有点费劲。对于健康成年人来说，中等强度运动时心率约为最大心率的60%~80%（最大心率 = 220 - 年龄），也可以用"170 - 年龄"推算个人的适宜运动心率（有运动基础的人可以用"180 - 年龄"推算）。

中等强度有氧运动有利于改善脂质代谢，减少腹部脂肪，预防和控制肥胖症和各种慢性病。中高强度运动对提升心肺功能有良好的作用。

（苟　波）

横纹肌溶解综合征患者可因一系列原因导致横纹肌损伤、细胞膜完整性改变、细胞内容物漏出，多伴有急性肾功能衰竭及代谢紊乱的疾病。那么，横纹肌溶解综合征是如何诊断和治疗的呢？

横纹肌溶解综合征致病原因有过度运动、肌肉挤压伤、缺血、代谢紊乱、极端体温、部分药物不良反应、毒虫咬伤、烧伤、感染及遗传疾病等。

专家说

如何诊断

对于有明确病因的，结合临床症状和实验室检查结果可以确诊。如果有上述致病原因（如过度运动、挤压伤等），临床症状表现为肌肉疼痛、压痛、肿胀及无力等肌肉受累的情况，可伴有发热、全身乏力、白细胞和/或中性粒细胞比例升高等炎症反应；尿血（尿呈茶色或洗肉水色，尿肌红蛋白浓度 $\geq 250\mu g/mL$），甚至出现急性肾功能衰竭症状（少尿、无尿及其他氮质血症的表现）。肌酸激酶>1 000U/L，乳酸脱氢酶等也升高，但无明显心脏疾病或同工酶升高，提示肌酸激酶升高为骨骼肌来源。综合以上结果可以帮助诊断横纹肌溶解综合征。

如何治疗

（1）早期可进行血液透析治疗，迅速纠正酸中毒。

（2）及时恢复血流，减少肌肉损伤，纠正低血容量，预防感染。

（3）控制感染，纠正脱水，维持机体电解质平衡，碱化尿液，保护肾脏。

（4）如果有局部性肌肉坏死的，可切除坏死组织。

健康加油站

运动后出现肌肉疼痛、肿胀、活动受限等症状，有明确的受伤史，伤后即刻出现症状，多为急性拉伤、挫伤导致。如果是运动后一段时间，逐步出现疼痛、压痛和活动受限症状，无其他异常症状，多为延迟性肌肉酸痛（过肌肉关）。如果还出现尿色改变、发热、乏力等症状，就需要及时就医，检查肌酸激酶、乳酸脱氢酶、肾功能等，以及早诊治。

（苟　波）

6. 为什么有人运动时会出现"黑晕"

关键词

晕厥 意识丧失

健康
术语

重力性休克

疾跑后突然停止运动引起晕厥，称为重力性休克。主要是由于运动时下肢肌肉中大量毛细血管扩张，血流量可达安静状态时的 20 倍以上，突然停止运动后，**"肌泵"作用消失，**可使回心血量下降，甚至出现晕厥。

运动中出现"黑晕"是指在运动过程中，感觉全身乏力、头晕、眼前发黑甚至失去知觉，突然昏倒的现象，即晕厥。有朋友会问："为什么会在运动中出现'黑晕'？应该如何预防和应对呢？"

晕厥是由于脑供血不足导致的短暂大脑意识紊乱或丧失。主要原因有精神和心理状态不佳（如过度紧张、激动、惊吓），重力性休克，胸膜腔内压和肺内压增加，直立性血压过低，血液中化学成分改变，心源性休克及中暑等，引起脑血流量骤减，脑部供血、供氧不足都可能引起晕厥。

专家说

如何预防运动中晕厥

运动者应定期进行体检，排除运动禁忌证；坚持科学锻炼原则，避免过度疲劳、过度紧张等运动性疾病，增强体质健康；疾跑后不可突然停止不动；久蹲

后不要突然起立；勿长时间空腹运动，避免低血糖休克；在高温、高湿天气下运动时要注意避免中暑，运动中要及时补充水、糖及电解质等。

运动中发生晕厥怎么办

一般处理：先检查晕厥者的生命体征（意识、心率、呼吸、体温、血压等），如果仅为意识丧失，呼吸和心跳存在，可将患者置于平卧位，将下肢略抬高，松开衣领，以增加脑血流量；注意保暖，防止受凉；如果是中暑患者，要将其转移至阴凉通风处，可用冰袋敷、冷水泡等方法迅速降温；如有呕吐时，需要将患者头偏向一侧，保持呼吸道通畅。

多数晕厥患者能很快恢复知觉。需要随时观察，如果发生心搏骤停，需要及时向急救中心求救并及时进行心肺复苏（人工呼吸及胸外心脏按压），有条件的可使用自动体外除颤仪进行早期复苏。

健康加油站

晕厥前患者通常会出现全身乏力、双腿发弱、头晕、眼前发黑等症状，此时应及时停止运动，就地蹲下或寻找安全的地方躺倒，避免因为晕厥摔倒后发生骨折和头部外伤，避免继发性损伤。

（苟　波）

7. 为什么运动过程中
呼吸很重要

提到运动中呼吸的重要性，有人说"呼吸即运动，没有正确的呼吸，就没有正确的运动"。那么，运动时要如何呼吸才是正确的？

通常，呼吸方式分为胸式呼吸和腹式呼吸。

胸式呼吸以胸廓的扩张收缩为主，胸式呼吸时，只有肺的上半部肺泡扩张，中下肺叶约 4/5 的肺泡却在"休息"，女性多以胸式呼吸为主。

腹式呼吸以膈肌收缩和腹部舒张为主，呼吸深度更大，更多的肺组织参与，男性多以腹式呼吸为主。

日常生活中，呼吸频率和深度较小，气体通过鼻进出，称为自然呼吸；运动时，呼吸加深加快，可转变为口鼻呼吸，甚至张口呼吸。

> **专家说**
>
> ### 长跑时如何呼吸
>
> 跑步速度较慢时，用鼻自然呼吸，以舒适自然为主；在速度较快时，由于需氧量增加，呼吸的深度和频率加大，可以口鼻呼吸，采用胸腹式混合呼吸方式为主。要注意尽可能保持呼吸均匀、规律，和运动节奏保持协调。如果呼吸紊乱，有可能出现呼吸肌痉挛，引起胸痛，影响运动表现。

抗阻训练时如何呼吸

在抗阻训练中，通常采用发力时呼气，恢复时吸气。进行中小负荷锻炼时可以自然呼吸；大负荷锻炼时多采用瓦式呼吸。需要注意的是，如果持续憋气用力，由于胸内压和腹内压增加，会妨碍下腔静脉回流，影响回心血量，可能引起脑供血不足，甚至会导致晕厥。使用瓦式呼吸时，在发力前可适当憋气，发力时发声吐气。

其他运动中的呼吸方式

不同运动中，对呼吸会有不同的要求，如在气功、瑜伽的锻炼中，有自然呼吸法、深呼吸法、顺/逆腹式呼吸法、发声呼吸法、胎息法等，需要根据运动的特点，以正确的方式进行呼吸，可提高锻炼效益。

健康加油站

腹式深呼吸是健肺的好方法，可使中下肺叶的肺泡在换气中得到更多锻炼，延缓肺组织老化、保持肺组织良好的弹性，防止肺纤维化和功能减退。

异常呼吸的类型有哮喘性呼吸、紧促式呼吸、深浅不规则的呼吸、叹息式呼吸、蝉鸣性呼吸、鼾音呼吸、点头呼吸、潮式呼吸。如果运动中出现呼吸困难，合并其他异常疾病症状时，要停止运动，及时就医。

（荀　波）

8. 为什么运动后会出现"过肌肉关"

健康术语

肌肉拉伤

肌肉拉伤是肌肉在运动中，由于急剧收缩或过度拉长所引起的损伤。肌肉拉伤时，会有明显的**受伤史**，有时会感觉到绷断感和撕裂感，受伤部位剧痛、肌肉紧张形成索条状硬块，触压时疼痛明显，局部肿胀或皮下出血，**活动明显受限**。

提到运动后"过肌肉关"，相信很多小伙伴都经历过，一段时间没有锻炼，突然参与一场酣畅淋漓的运动，当天没任何不适感，但第二天出现臀部、大腿肌肉酸痛，范围广泛，被触碰时有明显疼痛感，下楼时明显跛行。这种酸痛通常在运动后 12~48 小时达高峰，然后疼痛感逐步减轻，5~7 天完全恢复，又被称为"延迟性肌肉酸痛（delayed onset muscle soreness，DOMS）"。经常运动的人在突然增加运动负荷或者改变运动形式时，也有可能会发生"过肌肉关"现象。如何区分过肌肉关和肌肉拉伤？出现症状时又该如何处理呢？

专家说

如何预防"过肌肉关"的发生

"过肌肉关"是由于较长时期不运动，突然增加运动负荷或者改变运动形式引起的，因此，循序渐进地增加运动负荷，降低对肌肉的过度刺激，就能避免过肌肉关的问题。

如何减轻"过肌肉关"的症状

运动后及时进行拉伸、按摩、冰敷、超低温冷冻等措施积极辅助肌肉恢复，能最大程度减轻 DOMS 症状。

关键词

第二次呼吸　呼吸困难

健康加油站

肌肉拉伤患者通常有明显的受伤史，伤后在伤处立即出现疼痛，局部肿痛、活动受限，疼痛范围相对较局限，难以继续运动。

"过肌肉关"患者通常无受伤史，在运动后次日发生，臀腿肌肉酸痛，范围较广，在充分地准备活动后，疼痛明显减轻，还能正常活动，休息后疼痛又会再出现。

（苟　波）

9. 为什么运动中会出现"极点"

"极点"是指在运动过程中，由于机能调节紊乱造成运动者呼吸困难、两腿发软、极其痛苦、感觉难以坚持下去。不少运动爱好者就

健康
术语

无氧阈心率

无氧阈心率是指在**递增运动负荷**中，人体内的代谢方式由有氧代谢为主向无氧代谢过渡的临界点。

会纠结，这种情况是因为疾病，还是因为运动不当导致的呢？

运动中出现"极点"现象，是在人体从相对安静状态转变到剧烈运动状态时，由于运动强度增加过快，运动系统快速进入工作状态，但内脏器官（呼吸系统、循环系统等）功能存在一定的滞后性，不能充分发挥其机能水平，神经中枢之间的协调性暂时遭到破坏，导致体内缺氧，大量的乳酸和二氧化碳堆积，引起"极点"现象，其实这是一种人对剧烈运动暂时不适应的一种生理现象。

专家说

如何避免"极点"的出现

在运动之前，要进行充分的准备活动；开始运动后，要循序渐进地增加运动负荷，避免增加速度过快。在耐力训练中，保持目标心率不高于无氧阈心率。

如何迅速消除"极点"

万一出现"极点"现象，无须停止运动，适度减慢速度，放松心态、有意识地进行深长的呼气，注意保持呼吸和运动协调，经过一小段时间适应后，身体会通过调节改善机能，逐步适应运动负荷，身体的机能调节改善后，这种难受的症状会立即缓解，出现轻松的感觉，被称为"第二次呼吸"，又可以轻松地继续运动下去。

疾病也会引起运动中呼吸困难

由于一些疾病原因，患者在运动中有可能出现呼吸困难的症状，如运动性哮喘、支气管炎、肺炎、慢阻肺、贫血、高血压、心绞痛、慢性支气管炎、慢性鼻炎、鼻窦炎、内耳疾病等。有原发疾病时，会伴有相关症状表现，可结合病史进行综合判断，以明确诊断。存在疾病者，需要治疗原发疾病。

（荀　波）

10. 为什么参加**马拉松比赛**会"撞墙"

马拉松是一项极限运动，对于跑者的身体要求很高，需要超强的心肺耐力，比赛过程中身体要保证长时间稳定的供能，才能保障跑完 42.195 千米。如果运动节奏把握不好，当机体贮存的糖原消耗殆尽，只能依靠脂肪作为主要供能物质，由于供能效率较低，不足以维持高速跑步时，跑着就会感觉身体不听使唤、跑不动，这种情况俗称"撞墙"。

肌糖原、肝糖原和血糖等是耐力运动中的优质供能物质，会优先被使用，由于机体内贮存量有限，消耗较快。糖原明显下降时，可使骨骼肌收缩能力下降；血糖下降时，大脑和血液中红细胞能量供应将受到影响，可出现低血糖症状，容易发生中枢性疲劳。

通常情况下，血糖是要保持稳定的。在运动时，人体直接利用的能源是三磷酸腺苷（ATP），ATP 需要不断再合成，通过磷酸肌酸（CP），糖酵解，糖、脂肪、蛋白质有氧氧化等途径维持 ATP 的再合成。一般来说，三大供能物质同时参与供能，根据运动强度对能量的需求调节其供能比例，以保持血糖的稳定。

三大供能物质中，糖是清洁、高效的能源，耗氧量低；蛋白质是人体主要的结构物质，只有少部分氨基酸可以参与供能；脂肪储备量大，但耗氧多，供能效率相对较低。当糖原大量消耗，能量供应不能维持预定跑速时，会觉得很累，感觉身体已经不听使唤，跑不动了，一般在马拉松跑到 30 千米左右的时候容易出现，大家把这种现象叫作"撞墙"。

为了避免出现"撞墙"，需要做好以下几点。

（1）通过科学训练来提高心肺耐力。

（2）改善技术，提升跑步动作经济性，减少能耗。

（3）赛前补充足量的碳水化合物，增加机体糖原储备。

（4）赛中及时补充能量胶、运动饮料、香蕉、水、盐等营养物，推迟疲劳的发生。

（5）提高脂肪供能效率。

（6）根据身体疲劳情况，采取合适的配速。

这样就可以最大程度避免或推迟"撞墙"的发生。

如果遭遇"撞墙"，要及时调整配速及呼吸节奏，让身体尽快适应，当新的产能 - 耗能平衡建立，我们的身体就能度过"撞墙"阶段，可以继续奔跑。

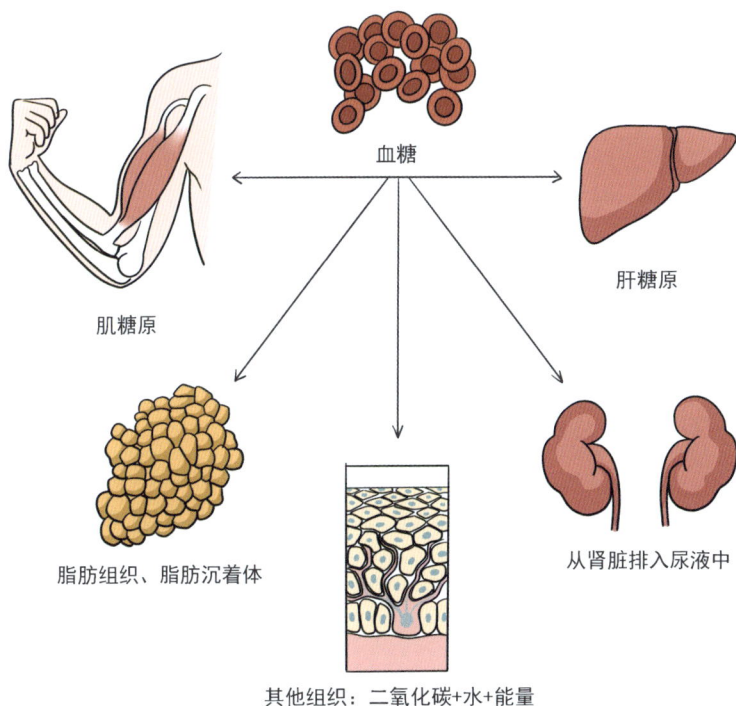

血糖

肌糖原

肝糖原

脂肪组织、脂肪沉着体

其他组织：二氧化碳+水+能量

从肾脏排入尿液中

血糖的来源与去路

有氧耐力

有氧耐力是指长时间进行有氧工作的能力。决定机体有氧耐力的生理因素主要是运动中氧气的摄入、转运和利用这 3 个环节，供能物质中糖原储备量是影响速度耐力的重要因素。

（胡晓青）

11. 为什么运动前、中、后要**注重补液**

在高温高湿环境下长时间运动，随着骨骼肌收缩增强、心跳加快、呼吸加快、血流加速，身体产热明显增加，为维持体温恒定，机体必须通过大量出汗来散发热量。汗液的主要成分（99% 以上）为水分，其余为一定量的钠、钾、镁、钙等电解质，以及一些维生素和氨基酸等。出汗量受运动量、环境温度、湿度的影响，为了补充身体运动丢失的水和电解质，就需要在运动中及时补液。

专家说

如果不及时进行运动中补液，可导致血容量下降、心率加快、排汗下降、体温升高，有可能引起脱水，甚至中暑。身体脱水会导致机体的一些主要器官生理机能受到影响，如心脏负担加重、肾脏受损。

脱水还会导致运动能力下降、疲劳产生。研究发现，当脱水量达到体重的 2% 时，运动能力可下降 10%~15%；脱水量达到体重的 5% 时，运动能力可下降 20%~30%。汗液中的电解质最多的是钠，其次是钾。钠、钾对骨骼肌和心肌的正常收缩非常重要，大量丢失可导致神经 - 肌肉功能障碍，引起肌肉无力、肌肉痉挛等症状。因此，在运动中大量体液丢失时，为了维持体温恒定、防脱水、保持运动能力、减缓疲劳，应及时、适当补液。

如何补液要根据运动特点和个人身体情况而定。一般来说，身体健康且运动量不大但出汗量多者，可补充含有电解质的无糖饮料；若出汗不多，只要补充矿泉水、茶水、白开水等即可。如果运动量和出汗量都大，则需要补充含电解质和糖的运动饮料。如果大量补充白开水，就容易导致低钠血症。如果出汗量不大，可补充运动饮料、矿泉水、白开水、果汁等。对于伴有慢性疾病的老年人，运动量较小时，可以适量补充矿泉水、白开水、茶水、绿豆汤等。对于减肥人群和糖尿病患者，运动时需注意控制含糖饮料的摄入量。

（胡晓青）

12. 为什么运动后
要做**整理活动**

健康
术语

所谓整理活动也称"冷身运动""再生训练"等，就是通过适当的活动来放松肌肉，使血液畅通，加快清除运动产生的乳酸、二氧化碳等代谢产物。目的是让身体从高度兴奋的状态逐渐过渡到相对安静的状态，有助于减轻肌肉酸痛、消除疲劳、促进体能恢复。

延迟性肌肉酸痛

运动后1~2天出现的肌肉酸痛称为延迟性肌肉酸痛，指机体进行大运动量活动，特别是开始一项新运动、运动项目改变或运动强度突然增加后，一段时间内出现的肌肉酸痛现象。

专家说

运动时，肌肉中大量毛细血管扩张，对于氧气需求量剧增，脉搏和呼吸频率比安静时成倍增加，以满足人体气体和能量代谢需求。血液通过血压和肌肉的挤压，促使其回流到心脏，完成血液循环。运动结束后，如果身体突然停止活动，"肌泵"作用消失，血液会大量滞留在肌肉中，容易造成回心血量不足，进而导致脑部供血不足，运动者可出现恶心、呕吐、头昏目眩、面色苍白的情况，严重的甚至会出现休克。

整理活动是通过适当的身体放松活动，逐步从运动状态转化为静止状态，让人体有一个适应过程，确保血液充分回心，保证大脑血供。

此外，整理活动还有助于加速代谢产物的排出，减少运动后的肌肉酸痛，起到放松肌肉、消除疲劳、促进体能恢复的作用。

整理活动的原则

（1）剧烈运动后不要立刻停下来，应逐步降低负荷直至安静。如打算结束跑步时，应先从慢跑过渡到走，然后再停止，以保持血液流通，加快乳酸清除，有助于疲劳消除。

（2）剧烈运动时，体内的代谢产物积聚可引起肌肉紧张、痉挛，进行整理活动可通过拉伸练习，减少肌肉酸痛。

（3）全身和局部结合。全身性整理活动如慢跑、步行、放松性体操等，可促使全身机能恢复；局部性整理活动则需根据练习内容，对负担重的部位做些专门性的放松拉伸和活动，如投掷后的肩臂部肌肉，跳跃后的臀腿部肌肉等。

（4）身体与心理放松相结合。可通过瑜伽呼吸法或冥想等调整呼吸频率，逐渐放松全身肌肉。

（胡晓青）

13. 为什么有时运动中会发生"抽筋"

在运动中，由于运动量大、热身不充分、寒冷刺激、疲劳等原因，均可能引起肌肉痉挛（俗称"抽筋"），这是一种肌肉自发的强直性收缩。小腿和脚的肌肉痉挛最为常见，发作时疼痛难忍，可持续几秒到数十秒钟。

专家说

肌肉痉挛的原因

首先，多认为肌肉痉挛发生的原因是准备活动不充分、缺钙、受凉、局部神经血管受压等引起的，造成肌肉强直性收缩而引起肌肉痉挛。例如，游泳受到冷水刺激或者冬季户外运动受到寒冷刺激时，都可能引起肌肉痉挛。

其次，运动中大量出汗，特别是长时间剧烈运动，或在高温环境下运动，或运动员快速降体重期间等，由于电解质紊乱，可引起肌肉兴奋性增高而发生肌肉痉挛。

此外，在剧烈运动时，由于肌肉连续过快地收缩，放松时间太短，或肌肉突然强烈地收缩，均可使肌肉收缩与放松的协调交替关系发生紊乱，引起肌肉发生痉挛。有人认为，剧烈运动造成局部缺血，可产生某些致痛物质堆积，刺激肌肉内的痛觉神经末梢，引起疼痛，继而引起肌肉痉挛。这类肌肉痉挛在周期性运动的耐力项目（如马拉松）中较多见。在运动中最易发生痉挛的肌肉为小腿腓肠肌，其次是足底的踇长屈肌和趾长屈肌。

发生肌肉痉挛应该如何缓解

以小腿肌肉痉挛处理为例。

1. 拉伸　身体呈弓步站立，未抽筋的脚在前，抽筋的腿伸直，维持一段时间后，抽筋可自然缓解。或坐在地上，将抽筋腿伸直，用一手扶抽筋腿的膝，用另一只手抓住足趾，使足尽量保持勾脚尖姿势，以拉伸小腿后侧抽筋肌肉，坚持一会儿后，肌肉痉挛就能缓解。

2. 按摩　当小腿出现肌肉痉挛时，可以使用揉、搓、推、按压承山、委中等穴，可以有效缓解肌肉痉挛。

3. 热敷　小腿肌肉因受寒引起痉挛时，可以使用热毛巾、热水袋等进行热敷，从而促进肌肉部位的血液循环，减缓肌肉神经的紧张和疼痛，解除肌肉痉挛。

综上所述，为了避免发生肌肉痉挛，运动前必须充分做好准备活动，适当拉伸、按摩易痉挛的肌肉。夏季运动出汗过多时，要及时补充水、电解质等。冬季运动时要注意保暖，疲劳时不要进行剧烈运动。

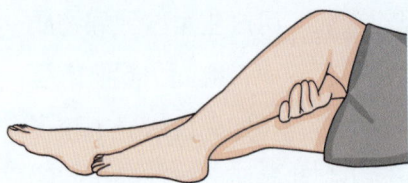

按摩

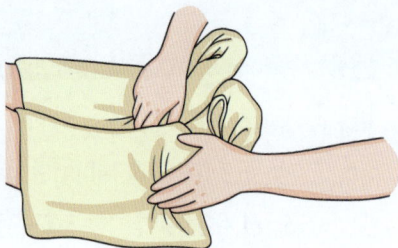

热敷

抽筋小腿

拉伸

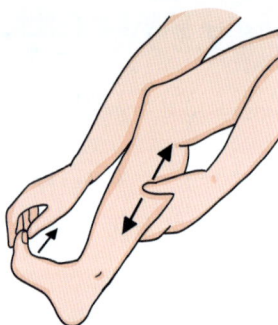

拉伸

健康
术语

小腿三头肌

小腿后群的肌肉，由起自股骨内、外上髁的后面的腓肠肌，与比目鱼肌会合形成，向下续为跟腱，止于跟骨结节，此肌共有三个头，故又称"小腿三头肌"。功能为足跖屈；在站立时，可固定踝关节，防止身体前倾。

（胡晓青）

二

运动环境与装备
的密码

14. 为什么
冬天进行**户外活动**
要格外注意

健康
术语

冻伤

　　由于寒冷潮湿作用引起的人体局部或全身损伤。轻度冻伤可造成皮肤一过性损伤，重度冻伤可致永久性功能障碍。

　　冬季的寒风降低了人们户外运动的热情，即使是狂热的运动爱好者也常会减少运动频率。其实，只要我们认真做好运动前的准备活动，在低温环境中依然能很好地运动、促进健康。

　　首先，出门前我们需要查看天气预报，注意温度、湿度和风力，避免发生冻伤和低体温的情况出现；其次，要注意适度防寒保暖，避免穿得太过暖和反而引起寒冷感。此外，在寒冷天气下，身体会消耗更多能量和体力，所以需要注意合理地进行饮食补给，为机体补充足够的能量。

专家说

冬季什么天气适合运动

　　"风"和"冷"一起构成了冬季天气的常见元素。极端风寒会使户外运动变得不安全，即使穿着暖和的衣服，风也可以穿透，并带走身体周围的暖空气绝缘

层，可冻伤任何裸露的皮肤。当气温高于 -15℃ 时，冻伤的风险低于 5%；当气温低于 -18℃，就应考虑休息或选择室内锻炼；当气温低于 -28℃ 时，30 分钟或更短时间内暴露皮肤即可出现冻伤。下雨或下雪时，除非穿戴防水装备，否则人体淋湿后会很难保持核心体温，应考虑推迟锻炼。

如何识别冻伤和低体温

冻伤早期，伤者可能出现麻木、感觉丧失或刺痛感，最常见于暴露的皮肤，如脸颊、鼻子和耳朵，也可见于手和脚。如果出现冻伤，应慢慢加热冻伤部位而不是进行摩擦。

人体正常体温在 36.1~37.2℃，而低体温是指各种原因引起的产热减少或散热增加导致体温低于正常范围。在寒冷多雨的天气中锻炼会增加体温过低的风险，尤其是老年人和幼儿可能出现剧烈颤抖、言语不清、失去协调、疲劳等。若出现上述征兆，应立即停止运动并寻求医疗帮助。

冬天户外活动的穿戴应注意什么

在寒冷的天气锻炼时，运动产生大量热量，能给予身体足够的温暖。然而，汗水的蒸发会带走身体的热量，穿得太暖和反而会感到寒冷。解决方法是先穿上涤纶材质等吸汗性好的合成材料衣物，然后再穿一层羊毛材质的衣物进行保暖，还可穿戴保暖性较好的帽子、手套及袜子，以免冻伤。如果天气很冷，可以考虑佩戴围巾或滑雪面罩遮住脸部。

冬天和夏天一样容易被晒伤，尤其是在雪地或高海拔地区，应涂上能同时阻挡 UVA 和 UVB 射线的防晒霜和带有防晒功能的润唇膏，并使用墨镜或护目镜保护您的眼睛免受冰雪眩光。

（周敬滨）

关键词

筋膜　放松　运动恢复

15. 为什么需要辅助工具
进行**运动后恢复**

运动后的恢复非常重要，可以帮助消除疲劳，促进肌肉修复和生长。有助于运动后恢复的常用工具有泡沫轴、按摩棒、筋膜球、牵拉带、筋膜枪、筋膜刀、肌肉电刺激仪等。

专家说　**常见运动恢复工具的特点**

1. 泡沫轴　主要通过对肌肉和筋膜的挤压，来放松腿、臀、腰等部位的大肌肉群，适用于跑步、打篮球、踢足球等下肢运动后的放松恢复。

2. 按摩棒　与泡沫轴的作用类似，通过手持对大肌肉群进行挤压按摩，达到运动后放松恢复的目的。

3. 筋膜球　作用原理也与泡沫轴相同，体积较小，用于放松特定部位的肌肉和筋膜，如足底、颈肩部、前臂肌群等，适用于日常伏案工作人群的放松、上肢运动后的放松、长时间站立或行走后足底的放松等。

4. 牵拉带　本质就是没有弹性的绳子，主要是用于徒手牵拉下肢时，减少弯腰，能让腿充分伸直，可以用长的毛巾代替。

5. 筋膜枪　是一种通过高速按压局部肌肉和筋膜来放松相应组织的机械性工具，适用于绝大多数部位运动后的肌肉放松，需要根据目标肌群调整匹配的枪头和强度，多数正规的筋膜枪说明书上都有相关说明。

6. 筋膜刀　顾名思义，用于放松筋膜。它有一定的学习成本，且不方便单人操作。

7. 肌肉电刺激仪　种类很多，常用的便携式的肌肉电刺激仪主要用于放松肌肉，也能治疗疼痛和辅助训练，缺点是配件价格较高，初次操作时需要专业人士指导。

健康加油站

如何挑选适合自己的运动恢复工具

用于运动恢复的工具有单一功能的，有多功能的。挑选工具时，只要工具能包含我们需要的功能即可。例如，如果我们想要放松筋膜，缓解筋膜紧绷和疼痛，可以选择泡沫轴、筋膜球、按摩棒、筋膜枪。如果我

们想要缓解下肢肌肉紧张、恢复肌肉长度，可以选择有拉伸和加压按摩功能的工具，如泡沫轴、筋膜球、按摩棒、筋膜枪、牵拉带皆可。如果我们下肢整体紧张、酸胀，可以尝试压力治疗，选择空气压力治疗仪。对于有明显肌肉、肌腱疼痛的，运动后恢复可以尝试肌肉电刺激治疗，选择肌肉电刺激仪。

（周敬滨）

16. 为什么**居家锻炼**
是很好的健身选择

相比户外锻炼或健身房锻炼，居家锻炼的优势有很多，包括花费相对较低，可节约往返时间，时间更灵活，更具私密性，穿着更随意等。

专家说

居家锻炼需要准备什么

要开始居家锻炼，不需要任何特殊装备。你需要的只是确认家里有一片空地，躺下之后双臂打开，不会触碰到周围的家具电器即可。当然，如果家里有器械的话，可以选择更多的锻炼方式。根据锻炼器械，

可以将居家锻炼分为两类，一是固定器械，如固定自行车、划船机、跑步机、椭圆机等；二是自由器械，如瑜伽球、哑铃、弹力带等。如果想要利用跑步机等固定器械进行锻炼，还需要注意购买隔音垫，以避免对楼下造成不必要的干扰。

怎么选择居家锻炼的方式

对于什么器械都没有或者仅有瑜伽垫的情况，你可以选择的居家锻炼方式包括有氧操、瑜伽、高强度间歇训练或者自身重量活动练习。其中，有氧操门槛最低，适合大多数想要培养居家锻炼习惯的人群。开始有氧操的常见方式是根据网络或电视上的视频进行锻炼，尽量多尝试几种，找到适合自己的。为了维持自己的锻炼热情，可以定期更换内容，保持新鲜感。

瑜伽通常需要进行线下学习，但是单纯地做入门姿势，作为闲暇时间的身体调整方式，也能起到锻炼身心的作用。如果因为自身柔韧性没有办法完成动作，应尽快更换，通常瑜伽站立的入门姿势对柔韧性的要求相对较低。

如果是年轻人，想要在较短的时间达到更多减脂健身的效果，可以尝试高强度间歇训练（high intensity interval training，HIIT）。顾名思义，这是一种由多个高强度的训练组合起来的训练组，训练内容多种多样，单个动作时长从 30 秒到 60 秒不等，单次训练时长从 10 分钟到 30 分钟不等。因为 HIIT 能让人快速提高心率，增加肌体的耗氧量，起到锻炼心肺功能，提高运动耐力，控制体重的目的。不过对于有慢性疾病的人群来说，HIIT

难度较高。而且如果锻炼者有心肺疾病或慢性肾脏病，HIIT 锻炼可能有较高风险。

自身重量活动练习相对来说较为简单，不需要专业器材和场地，更容易被广大人群接受和实施。一般来说，适用于长期不进行运动的初学者、没有锻炼习惯的上班族等。锻炼形式包括仰卧起坐、俯卧撑、蹲起等。

健康云课堂

怎样做居家力量训练

（周敬滨）

17. 为什么要挑选合适的
运动服

穿运动服运动的好处包括三个方面，即预防损伤、保持机体干爽、调整心情。

运动服 夜跑 速干衣

预防损伤包括两个内容。

1. 减少运动直接带来的损伤，一些运动服能够给肢体增加压力，促进静脉血回流，从而增加心排血量。合适的运动服在改善肢体血流的同时，也能减少无氧代谢产生的乳酸，从而减少疲劳和肢体僵硬。

2. 一些运动服能够提供足够的紫外线防护功能，有遮风挡雨的功能，在夜间跑步时，可通过反光或夜光材料，起到警醒路人的作用。运动出汗有时会阻挡人们运动的步伐，合适的运动服能够在一定程度上减少出汗或者汗液带来的身体不适。很多运动服对汗液的耐受性也较好，不像一些日常服饰那样，遇汗发皱、产生黏性等。

专家说

如何挑选合适的运动服

选择合适的运动服需要考虑多方面因素，包括运动类型、季节、个人身体特征等。选择运动服的基本原则包括选择透气性好、吸汗快、速干的面料，可以让汗水迅速散发，保持身体干燥；合适的运动服不会使身体感到束缚或限制身体运动，可以提供人们舒适的运动体验；运动服的款式和颜色应该符合个人喜好和气质。总之，选择一件适合自己的运动服需要根据自身的情况。

运动服的材质分类

运动服常用的材质有涤纶、丙纶、尼龙、氨纶等。

涤纶是运动服面料的主力军，适用于绝大多数运动。涤纶非常耐用，抗皱、吸湿、排汗。它透气且轻

便，汗水能较快通过面料蒸发，让皮肤保持相对干燥。但涤纶也有一大缺点，像涤纶这样的合成织物会促进细菌和真菌的生长，并且会保留气味。

丙纶是一种塑料，防水性能十分出色，因此可以作为很好的打底或外层材料。与涤纶一样，丙纶非常耐用且抗皱。

尼龙，是一种常见的面料，柔软、防霉且有弹性。当你移动时，它会随着你的移动而弯曲，并且具有很好的恢复能力，这意味着它会恢复到拉伸前的形状和大小。尼龙还具有极好的排湿性，可以将汗水从皮肤上吸走，并通过织物流到可以蒸发的外层。

氨纶，非常灵活且有弹性，非常适合需要进行肢体大范围运动锻炼的人，如瑜伽和举重。氨纶的伸展性是其最大的优点，是其自然尺寸的 8 倍，在所有运动模式中提供不受限制、舒适的运动。

健康加油站

衣服的常见原料——棉花，反而不适于做专业运动服饰。因为棉花的吸水性极强，虽然能带走身上的汗液，但也会将汗液锁在衣服里，衣服会变得沉重和潮湿。但它也有一些优点，比如日常穿着舒适，洗涤方便，也不像其他一些织物那样容易产生异味。

（周敬滨）

18. 为什么天气炎热时户外活动要挑时间、多准备

关键词

在炎热的天气中进行运动，首先应该关注天气预报或高温预警，尽量选择在早上或晚上锻炼，避免正午的阳光。其次，高温会引起人体汗液流失增加，运动时应注意及时、少量、多次补水，可以选择饮用运动饮料。此外，室外运动前应涂抹专业防晒霜，同时选择穿着防紫外线且吸汗材质的服装，以有效避免强烈的阳光对皮肤的伤害，同时还应注意必要时佩戴浅色遮阳帽和深色镜片的墨镜。

高温下运动至少需要 1~2 周进行适应，注意选择适合自身情况的运动强度。国际上通常采用湿球黑球温度指数（wet bulb globe temperature index，WBGT），即湿度、温度和日照的综合指标来指导人们在炎热的环境中进行运动。当温度在22℃以上时应进行低强度运动，当温度在28℃以上时最好停止运动。

健康术语

热衰竭

热衰竭是指由于高温引起盐（电解质）和体液丢失过多，出现头晕头痛、恶心呕吐、呼吸困难等症状。

热射病

热射病是指最严重的中暑类型，体温 ≥ 40℃，并伴随脑功能障碍。

高温　中暑　热衰竭

多高的温度需要注意

高温环境通常指 35℃ 以上的生活环境和 32℃ 以上的运动环境。长时间在高温天气下暴露，会导致人体盐分过多流失，水盐代谢平衡失调，使得人体有效循环血量下降，出现肌肉痉挛、尿量减少、脉搏加快等中暑症状，如不能及时休息、降温和补充水电解质，可能会发展为热衰竭，甚至热射病。

炎热天气除了高温还有什么风险

炎热的天气一般会伴随湿度大、气压低、日照强的特点。

当相对湿度较高时，水分的蒸发率就会降低，人体运动时机体自身产热能力增加，同时散热能力受限，机体热蓄积加速，致使循环系统、呼吸系统功能受损，水盐代谢紊乱，可能诱发横纹肌溶解综合征。

在低气压环境下，空气中含氧量低，人身体内的氧气供应骤减，红细胞也随之减少，从而出现胸闷、气短、头晕、恶心、呕吐等现象。

此外，由于户外运动会使皮肤长时间受到阳光中 UVA 和 UVB 两种穿透性紫外线的照射，活性氧生成降低了皮肤活性及抵抗力，引发过敏性肤质或日光性皮炎等疾病。同时还会刺激黑素细胞产生黑色素，导致皮肤出现色斑、暗沉，变得衰老、粗糙，甚至会导致皮肤癌。强烈的光照还可能诱发白内障、结膜炎、角膜炎等。

（周敬滨）

19. 为什么运动时要选择
一双**适合的鞋**

关键词

球鞋 跑鞋 羽毛球鞋

理论上，穿着拖鞋也能跑步，国外也曾有部队进行过类似的训练。但穿着合适的跑鞋，能提高跑者的速度，让跑步更轻松，同时可以减少跑步可能带来的运动伤病。同样，球鞋也是如此，赤脚踢球、穿皮鞋打篮球等也是日常中能见到的情景，但穿着合适的球鞋能让人们可以更长时间地参与到球类运动中，并能有效减少受伤的机会。

专家说

怎样选择一双合适的跑鞋

挑选跑鞋时，要根据个人的需求。

首先，要清楚自己去什么地方跑步，是平坦大路、石子路还是野外小径？对应的，你可以选择路跑鞋、越野跑鞋或交叉训练鞋。

其次，缓冲作用并不是越强越好。根据个人需求，是希望有最大的缓冲，有"踩棉花感"，还是想感受脚下的地面。缓冲感受的大小主要取决于鞋垫材料的厚度和泡沫的硬度，以及鞋跟落差。

再次，每个人的脚型不同，不同的脚型需要穿着不同的鞋。大多数跑步者都可以选择中性鞋，但是如果脚倾向于扁平足或高弓足，那么可以选择一些特定的鞋子。

最后，一定要确保鞋子合脚。一双好的跑鞋应该从一开始就很合脚，不应存在磨合期。

怎样选择一双合适的足球鞋

不同的足球鞋适用于不同的比赛场地，错误的鞋子可能将自己或他人置于受伤的危险之中。

应根据球场的地面条件去挑选一双合适的足球鞋。硬地足球鞋适用于干燥或微湿的天然草地表面，软地足球鞋适合潮湿和泥泞的天然草地表面，人造地面足球鞋非常适合人造球场，室内足球鞋适用于室内足球场。

买鞋的时候可能不会直接标明是哪种足球鞋，购买者一方面可以通过询问店家了解，另一方面可以通过使用哪种类型的鞋钉来判断鞋子属于哪一类。例如，软地足球鞋的鞋底由金属鞋钉组成，人造草皮的球场，球鞋应选择空心鞋钉，而室内足球鞋则为平底橡胶鞋底。

另外，足球鞋的面料也有多种选择。皮革足球鞋，一直以舒适和可靠著称。最新的合成纤维和针织鞋子，则具有更轻、更快、更耐用的优点，并且合成纤维没有吸水和在潮湿条件下变重的缺点，不会过度拉伸，非常合脚。针织足球鞋是所有足球鞋中最轻、速度最快的，但价格相对高昂。

怎样选择一双合适的篮球鞋

篮球鞋选择起来相对简单。选篮球鞋首先要注意球鞋的大小。分享一个好的经验，在脚趾和鞋子前部留出 5~10 毫米的空

间。过多的空间会导致你滑倒，而过少的空间则会限制移动。其次，篮球鞋有高帮、中帮、低帮之分，鞋子对脚部包围得越少越轻便，包围越多越稳定，根据自己的打球风格去选择就好。

怎样选择一双合适的羽毛球鞋

室内羽毛球鞋最重要的一点是要鞋底无痕。无痕是指羽毛球鞋的鞋底必须由橡胶制成，普通的鞋子会留下痕迹，会破坏木制羽毛球地板的表面。

同时，羽毛球鞋底也需要一定的缓冲性能，能够减少跳高着陆时扭伤和拉伤的机会。需要注意的是，厚的缓冲垫并不意味着更好的缓冲性能，反而可能丧失一定的稳定性。

最后，如果是室外羽毛球场地，则没有必要买一双专业的羽毛球鞋，可以用其他防滑运动鞋代替。

（周敬滨）

关键词

户外运动　脱水　中暑

20. 为什么户外运动要
"出门看天色"

近年来，在全民健身的倡导下，人们越来越注重身体健康，对运动的热情日益增加。但对于户外运动来说，合适的天气状况十分

重要，主要是因为不同天气条件对运动活动的安全性和舒适度有影响。

气温的高低会影响身体的耐受性和体能的消耗。下雨或下雪天气会导致道路湿滑，影响视野，降低可见性，同时也会对某些辅助运动的器械和场地产生影响，从而增加运动时受伤的风险。强风天气容易影响运动的平衡和方向，特别是进行水上运动时，易发生危险情况。此外，空气质量不佳会导致运动者呼吸困难和引发健康问题，特别是在城市地区。因此，了解天气预报和天气变化情况对户外运动者来说很重要，可以帮助其做好准备，保护自己，确保户外运动的安全和健康。

专家说

在恶劣天气下运动对人体有哪些伤害

气温太高、日照过强，可能诱发身体大量流汗，引起的脱水和末端血管扩张可造成全身循环血量下降，导致意识在突然之间消失，也就是轻度中暑，进一步可发展为热疲劳、热痉挛或热射病。

寒冷天气能带走人体热量，运动时出汗量减少，从而忽视饮水，进一步引起失水甚至脱水。此时，皮肤表层的血管会收缩，从而将血液引导到身体的各个核心部位。血管收缩会降低氧气水平，迫使心脏努力工作以加强血液循环，因此会给心脏带来额外压力，并有可能导致血压升高。人体处在低温环境下，从大脑到肌肉传递信号的速度会减慢，这可能会影响运动效果。此外，人体长时间暴露在冷空气中，会导致体温过低，冻伤皮肤。当核心体温降至 35℃ 以下时，就会出现失温。

运动时，人体的需氧量成倍增加，雾霾天空气中大量微生物、细颗粒物 $PM_{2.5}$ 等被吸入体内，对呼吸道、肺组织造成直接性毒害，易产生呼吸道及肺组织交叉感染。尤其是对于老年人，当人体免疫力下降后，还可能增加慢性阻塞性肺部疾病的发生率。

什么天气适合运动

一般来说，理想的运动温度为 20~22℃，这个温度能够保持肌肉温暖，但又不会太热。因此，初夏和早秋时节是一年中温度最适宜运动的时期。

另外，较大的湿度会抑制人体内甲状腺素和肾上腺素的分泌，从而降低细胞群的活性。建议如跑步一类的低强度运动，应在相对湿度为 20%~30% 的环境中进行。

（周敬滨）

21. 为什么运动时
要选择性佩戴护具

运动时佩戴适当的护具可以降低发生运动损伤的风险，特别是对一些高风险的运动项目，如篮球、足球等接触性运动，佩戴护具可以

有效减轻运动伤害的程度。另外，佩戴运动护具还可以帮助运动员减轻疲劳感，提高运动效率，提升运动表现，同时保护身体各部位免受外界伤害。

专家说

常用的上肢护具有哪些

常用的上肢护具主要有肘关节护具和腕关节护具。

1. 肘关节护具分为两类　绑带和袖套，其中袖套就是人们常说的"护肘"。

绑带的主要成分是橡胶，可能含有纺织成分，主要用于预防和治疗网球肘或其他肌腱炎。肘关节绑带通常是均码的。

袖套是纺织类护具，能很好地包裹住肘关节甚至整个上肢，虽然生物力学作用相对较小，但也能起到一定的支撑作用，同时能够起到防晒的作用。

2. 腕关节护具分为两类　加压护具和固定支具。

腕关节加压护具材质类似于肘关节袖套，简单的腕部包裹可以为轻微的手腕受伤提供舒适的加压和支撑。它是一种舒适、轻便的恢复工具，可缓解轻微的手腕疼痛，而不会限制手腕或手指的运动。

腕关节固定支具类似于腕关节夹板，含有硬性的塑料或金属片，可分为两种，一种是不带拇指支撑的，主要用于腕管综合征和腕关节扭伤的预防和治疗；一种是带拇指支撑的，主要用于腱鞘炎等涉及拇指肌腱或大鱼际区域损伤的预防和治疗。

常用的下肢护具有哪些

常用的下肢护具包括大腿和小腿的防撞护具、膝关节护具和踝关节护具。

1. 大腿和小腿的防撞护具通常是泡沫护具，主要用于特定运动项目，比如橄榄球、足球、冰球、场地曲棍球运动员及棒球的接球手等。

2. 膝关节护具包括护膝和膝关节支具。护膝是纺织类护具，有些护膝还有泡沫等硬性阻挡，有助于预防钝器创伤，但对扭转或内侧和外侧力量没有任何作用。膝关节支具主要用于关节韧带损伤、半月板损伤等严重损伤的恢复。

3. 踝关节护具常见于软性的纺织类护踝和带有硬性支撑的护踝或热塑性支具。前者主要起到加压作用，帮助预防和消除水肿。后者主要用于预防和治疗踝关节扭伤。

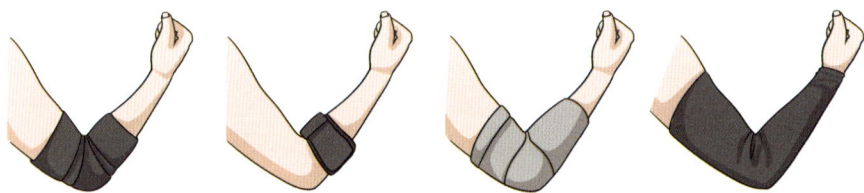

不同护具示意图

（周敬滨）

22. 为什么运动员身上总能看见五颜六色的**贴布**

关键词

肌内效贴布　肌肉疲劳

在运动赛场上，我们常能够见到田径、网球、篮球等项目的运动员身上有五颜六色的贴布。这些贴布并不是为了好看或识别身份，而是运动员为了预防或克服伤病使用的运动防护用品——肌内效贴布，俗称"肌贴"。也有部分运动员身上粘有不带弹性的运动贴布，俗称"白贴"，这种贴布颜色相对单一，多为白色。

专家说

什么是肌贴

肌贴是一种弹性治疗贴布，本质是带有黏合剂的弹性绷带，旨在缓解运动损伤和各种其他身体疾病引起的疼痛和功能受限，最早由日本的 Kenzo Kase 博士在 20 世纪 70 年代发明，之后在 2008 年北京奥运会后开始在国际运动赛场上被广泛使用。

肌贴的作用

肌贴的作用有很多，包括提高本体感觉、减少肌肉疲劳、减少迟发性肌肉酸痛、抑制疼痛、促进愈合、减少水肿、改善淋巴引流等。临床工作中，肌贴被广泛应用于膝前痛、足底筋膜炎、网球肘等常见运动损伤的预防和治疗。

此外，当女性因生育或更年期，体内激素变化导致体型改变时，使用肌贴也能临时达到塑形的目的，修饰蝴蝶袖、腰腹、大腿等部位。

肌贴使用的注意事项

使用前需确认使用对象的皮肤对肌贴胶带不过敏，确保粘贴的区域皮肤没有出现皮疹或破损。最好在肌贴使用前 12 小时去除体毛，以减少皮肤的刺激，并提前做好皮肤的清洁。

肌贴常见的剪裁方式为 Y 形、条形、X 形、爪形。粘贴时根据需要，可能同时应用多种剪裁方式。同时，对张力的要求也根据目标需要进行调整，从无张力粘贴到 100% 高张力粘贴不等。需要按照医生或康复治疗师的指导进行粘贴。不恰当的粘贴方法可能无效，甚至产生张力性水疱等皮肤损伤问题。

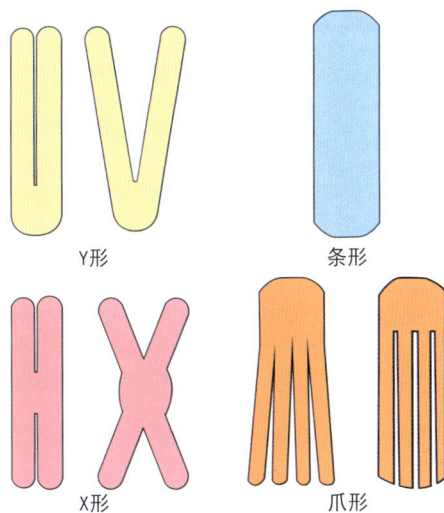

Y形   条形

X形   爪形

不同形状的肌贴

（周敬滨）

23. 为什么说

户外跑和室内跑

对膝关节的影响差别不大

在挑选跑步场地的时候，除了考虑环境因素外，很多人担心户外跑与室内跑（在跑步机上跑步）相比，会更伤膝关节。但实际上，跑步时膝关节的受力情况受多种因素影响，包括跑步接触面的软硬和坡度、跑鞋、跑姿、步频等，如果相关因素控制得当，无论是户外跑还是在跑步机上跑，都能保护好我们的膝关节。

专家说

户外跑和室内跑有哪些区别

1. 户外跑

（1）优点：户外跑成本相对较低。由于跑步赛事的场景都是在户外，有参加比赛目标的，长期室外跑能更加适应跑步场景。户外跑是欣赏身边美景的好方法。在相同的跑步配速下，相同的跑步距离（不上下坡），户外跑消耗的能量更多。

（2）缺点：户外跑更容易受天气的影响而停滞。跑步初期，很难控制步幅、步频，不仅会让跑步的难度加大，而且更容易受伤。另外，夜跑时由于视线问题、路面状况、交通情况等都是户外跑潜在的风险因素。

2. 室内跑

（1）优点：最大的优点是不受天气影响，能在稳定的温度和湿度环境中进行跑步。跑步机能够帮助跑步者控制跑步速度，甚至设置坡度。跑步机不用规划路线，因此可能更方便。

（2）缺点：跑步机的受伤风险可能来自注意力不集中、速度和坡度设置不合理等。并不是每个健身房的温度和湿度都适合长时间跑步。更换不同品质的跑步机时，也需要一定时间去适应。

户外行走和室内行走有哪些区别

在水平面行走时，相同速度和距离，户外行走消耗的能量更多。根据研究结果显示，跑步机行走需要上调 1% 的坡度才能达到和水平行走消耗相同的能量。但在减脂锻炼的时候，通过设置跑步机坡度，增加行走难度，能更快地达到目标心率，以实现减脂的目的。

户外行走时需要更多的腘绳肌和胫骨前肌参与，这一点对于那些需要肌肉锻炼或者有相应肌肉损伤的人群很重要。此外，除了经济和便捷的因素，运动环境的不同，也是让运动者坚持户外行走的主要原因之一。

不同坡度对爬坡行走消耗热量有什么影响

通常情况下，提高 1% 的坡度大约能提高 12% 的热量消耗，提高 10% 的坡度则能产生两倍以上的热量消耗。

（周敬滨）

防损伤早康复
的密码

24. 为什么不打网球
也会得 "网球肘"

关键词

网球肘 肘关节疼痛

健康术语

局部封闭治疗

局部封闭治疗是局部注射糖皮质激素和局部麻醉药的治疗方式，目的是通过激素的抑制炎症作用和局部麻醉药的止疼作用达到治疗目的。有时封闭治疗仅需要局部注射麻醉药。

肱骨外上髁炎是发生在肘关节桡侧伸肌腱的肌腱炎或肌腱病，其病因是腕关节因反复用力背伸导致的反复应力性损伤，因早年国外学者发现其在网球运动人群中发病率高，故将其命名为"网球肘"。实际上，在日常生活中，拧毛巾、炒菜等家务活动和其他运动也常用到桡侧伸肌腱，也会造成相应部位的慢性损伤。因此，不打网球也会得"网球肘"。

专家说

如何及时发现"网球肘"

"网球肘"常见于 40~50 岁人群，其主要症状是肘关节疼痛，是肘关节慢性疼痛的主要病因。因此，中年人出现肘关节慢性疼痛都需要考虑是否有"网球肘"。

"网球肘"的症状有明显特征。疼痛位于肘关节外侧（和拇指同一侧），疼痛范围就在关节位置，可能患者会感觉疼痛像在骨头上，有时候疼痛范围还会扩大到前臂近端。患者可以用另一只手按压到确切的疼痛位置。患者可能仅在特定活动的时候感觉到疼痛，比如打网球、拧毛巾、端杯子，严重时患肢不活动也会感到疼痛。一旦患者出现上述特征性症状，就需要警惕"网球肘"的发生，去医院及时就医。

"网球肘"有哪些治疗方式

"网球肘"是自限性疾病，意味着不必经过任何特殊治疗，仅休息症状也能慢慢自愈。但并不是所有患者都能自愈，需要进行治疗。

首选的治疗方式为理疗、外用非甾体类消炎药和康复锻炼。常用的理疗方式为冲击波或超声波。非甾体类消炎药和康复锻炼都需要在医生指导下使用。在治疗期间，还可以佩戴专门的护肘以进行保护。

当理疗、外用药或康复锻炼无效时，可以考虑进行局部封闭治疗。治疗网球肘时，封闭治疗能快速缓解症状，因为有潜在的风险，因此不作为首选的保守治疗方式。还有一种局部注射治疗方式是局部注射富血小板血浆。相较封闭治疗，优势是风险较小，但起效相对缓慢，而且价格高昂。

患上"网球肘"何时需要手术治疗

仅在保守治疗无效时考虑手术治疗。通常观察周期为 1 年，

但对症状较严重、保守治疗反应较差的患者，可以根据患者的需求适当放宽手术指征。手术治疗的方式有切开治疗和相对微创的关节镜治疗，根据需要，可能还需要使用可吸收的钉子进行肌腱固定。

（王　成）

25. 为什么跳广场舞
可能会引起**髋关节疼痛**

很多中老年人甚至年轻人，都很喜欢跳广场舞，可以起到锻炼身体、愉悦身心的作用。但是，如果跳广场舞时动作过于激烈、活动量过大，就有可能导致各种急性、慢性运动损伤的发生。髋关节是躯干与大腿相连接的部位，当我们跳广场舞时，髋部的活动形式丰富多样，运动不当就容易导致髋部损伤，甚至会引发疾病——髋关节撞击与盂唇损伤，从而导致髋部不适甚至出现疼痛感。

专家说　**什么是髋关节撞击综合征**

髋关节撞击综合征也称"髋臼撞击综合征"，这个问题好发于爱运动的群体，广场舞爱好者自然也不

例外。其发病机制是由于股骨和髋臼的一种异常接触，多数因为股骨头颈结合部和/或髋臼处的骨质异常突起，在运动过程中两者产生撞击，常见表现为腹股沟区的疼痛和髋关节屈曲受限。

髋关节遭受撞击不及时治疗会有什么危害

髋关节遭受撞击后，早期主要会影响髋关节的活动或出现髋部疼痛，如果持续发展，盂唇会完全撕裂和老化，更容易导致骨关节炎，出现髋关节疼痛、不稳定，下肢发力模式产生新的适应，甚至会影响到下肢其他关节。

髋关节撞击综合征应该如何治疗

髋关节撞击综合征的保守治疗方式主要包括三个方面，避免诱发或加重疼痛的动作、加强康复锻炼、口服非甾体类消炎药。手术治疗主要用于保守治疗无效的患者，对于明确合并器质性损伤，如盂唇撕裂的患者也可以考虑直接进行手术治疗，及时修复损伤组织。

健康加油站

髋臼撞击综合征应该如何进行康复锻炼

1. 拉伸髂胫束　一天两次，一次 3 组，每次保持静力拉伸 30 秒。

2. 拉伸髂腰肌　一天两次，一次 3 组，每次保持静力拉伸 30 秒。

3. 增强髋周肌肉力量 一周 2 次，一次 2 组，组间休息 30 秒。

如何预防跳广场舞导致的髋部疼痛问题

当我们在跳广场舞时，应该充分做好热身与放松，注意动作规范。

跳前可进行如下准备活动。

1. 站姿左右摆髋 每次 30 秒，每组完成 2~4 次，共进行 2 组。

2. 坐姿转髋 每次 30 秒，每组完成 2~4 次，共进行 2 组。

（王　成）

关键词

踝关节扭伤　韧带撕裂　骨软骨损伤

26. 为什么**踝关节扭伤**后
需要及时治疗

踝关节扭伤就是我们俗称的"崴脚"，这种损伤在运动中比较容易出现，尤其是跳跃运动落地时比较容易发生扭伤。很多患者扭脚后完全不在意，仍然会继续运动，不到医院就诊。有的患者就诊后进行 X 线检查，觉得只要骨头没问题就可以放心了，其实踝关节扭伤之后除了要想到骨折等问题，还需要考虑到踝关节周围韧带的损伤或断裂，韧带对恢复关节稳定性、维持关节正常功能起到了重要作用，因此踝关节扭伤后不可大意，需要及时就诊。

专家说

踝关节扭伤后距腓前韧带和跟腓韧带损伤最常见，韧带断裂后需要制动、休息，断端要尽可能对合才能修复愈合，尤其是在受伤的 4 周内。如果每天依旧在活动甚至继续进行运动，会导致受伤的韧带不停地受到牵拉、错位移动，错过韧带生长修复的最佳时期，引起愈合不良，最终还会导致关节不稳，以致伤者容易反复发生扭伤。

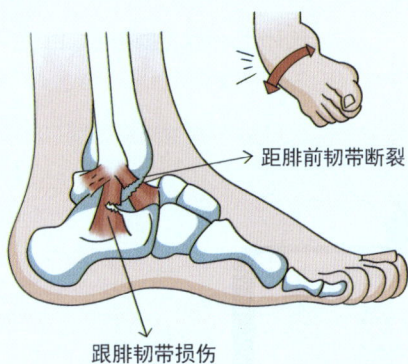

距腓前韧带断裂

跟腓韧带损伤

踝关节扭伤后距腓前韧带、跟腓韧带断裂

除了韧带的损伤，踝关节扭伤后，因为距骨和胫骨之间的撞击，还容易产生骨软骨的损伤，若不及时诊治，反复扭伤后距骨的骨软骨损伤会逐渐加重，加速关节退变，最终可能引起骨关节炎。

因此，急性踝关节扭伤后可能会伴随着韧带断裂和骨软骨损伤，需要及时就医。

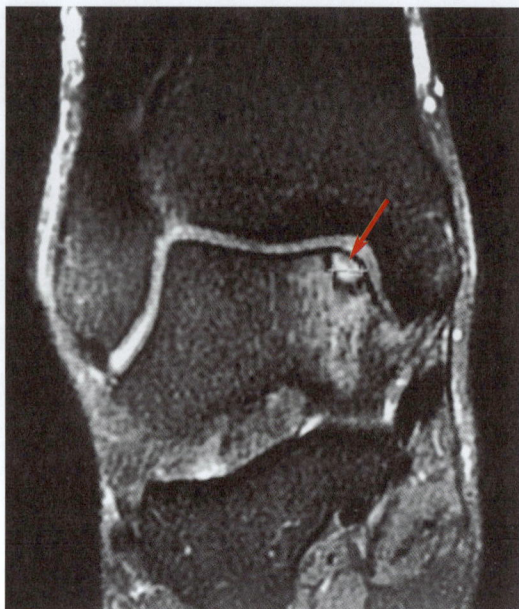

踝关节扭伤后骨软骨损伤（红色箭头所指部位）

踝关节扭伤后如何处理

（王　成）

27. 为什么
踝关节扭伤后提倡动"脚"

　　我们日常说的"崴脚"，大部分都是踝关节外侧副韧带扭伤。踝关节外侧共有3条副韧带（距腓前韧带、跟腓韧带、距腓后韧带），最容易损伤的就是距腓前韧带及跟腓韧带，其主要作用是限制踝关节过度内翻和限制踝关节横向内侧移动。一旦受伤，受影响的不仅仅是踝关节，由于踝关节作为一个轴心，连接着足底和小腿，"崴脚"时也会影响到邻近关节的功能，因此，"崴脚"后要及时进行康复训练，促进功能恢复。

专家说

脚踝到底是如何组成的

　　脚踝是多个组成部分的统称。脚趾、前足、中足和足跟共同组成足部，也就是我们的脚。踝是足部结构，向上与小腿共同组成踝关节。不同部分的功能各不相同。

　　当踝关节受伤后，如果长期制动，足部功能就会随之下降。因此，在受伤早期在踝关节制动的情况下，也要进行足部功能训练。由于足部的骨性结构，接触面积相对较小，因此经常会出现小关节异位，导致足部不适，在落地或者运动中突然出现疼痛，这时候

就会让人误以为损伤还没有充分恢复，或者误认为造成了新的损伤。

扭伤后应该如何安全地加快恢复进度

损伤后，第一时间要确定损伤程度，随后才能决定恢复的方式。我们如果想要精准地进行治疗和康复训练，就必须清晰地掌握损伤情况。如果有韧带的断裂，一定要进行充分的制动，以保证损伤组织的愈合。若韧带拉伤或仅仅表现出关节肿胀，那完全可以边治疗边训练，具体措施应该根据损伤分期进行恰当安排。

1. 炎症期　通过伤处皮肤温度、颜色、疼痛程度等客观指标进行判定，此阶段应进行康复治疗，以消炎、镇痛为首要康复目标，可以进行冰敷、加压包扎、足底肌群训练、分开足趾练习等。

2. 组织愈合期　此阶段我们已经可以开始进行一些负重练习。活动时注意，脚应指向正前方，在矢状面方向上的运动会对损伤韧带的影响较小。可以让踝关节做勾脚、脚尖向下踩的动作，这些都是相对安全的。

3. 功能重塑期　到了这个阶段，足部功能及踝关节功能经过前两个阶段的锻炼，得到了一定程度的恢复，可以开始训练单脚支撑的稳定性、蹲起动作中的踝关节屈伸活动度、弓箭步动作中的足跟落地减速、跳跃时足和踝关节的弹性，以上功能都需要逐步加强，以期盼早日重返运动。

小关节异位属于关节脱位的一种，但通过牵引和对周围肌肉的放松拉伸就可以达到复位的效果，仅有非常严重的异位才需要进行手法复位。

（王 成）

28. 为什么**急性受伤**后 24 小时内不宜热敷

急性运动损伤是日常生活和运动中比较常见的疾病，如崴脚、膝关节扭伤、关节脱位、肌肉拉伤、局部撞击伤和跟腱断裂等，损伤之后局部会发生明显肿胀，引起疼痛，导致伤者无法运动。对于损伤处，有人会选择热敷治疗，有人则会选择冰敷治疗，这两种截然相反的处理，哪个是对的呢？

其实，急性受伤之后的 24 小时以内通常是不适合做热敷的，而应该进行冰敷处理。

专家说 **急性受伤之后为什么不适合做热敷**

因为急性运动损伤后，局部组织损伤可引起血管破裂，组织肿胀，释放各种炎性因子，刺激产生疼痛。

这时候局部组织处于充血水肿的阶段，如果进行热敷，局部血管进一步扩张，引起组织液进一步渗出，肿胀疼痛不但不能吸收，反而会使肿胀进一步加重，导致伤者病情加重。

急性受伤之后冰敷的好处有哪些

此时给予冰敷，可使损伤部位的温度降低，受伤部位的血管收缩，减少炎性反应，降低组织对疼痛的敏感性，抑制肿胀，缓解疼痛。并且可以根据伤者伤情的严重情况和肿胀程度，适当延长冰敷时间，对于损伤力度较大、伤情较重的伤者，伤后 24~72 小时内如伤处组织液渗出明显、导致肿胀明显，在此阶段可考虑给予冰敷处理。

1. 冰敷的方法　用医用冰袋或自制冰袋覆盖在受伤部位，每次冰敷 20~30 分钟，根据肿胀和疼痛的情况，每天可以冰敷 3~6 次，注意两次冰敷需间隔两小时。

2. 自制冰袋的方法　可使用制冰机制作的或是家用冰箱冻的冰块，必要时也可选用冰棍等，与水混合装入塑料袋，形成冰水混合物，根据损伤部位大小调整冰袋大小，以覆盖损伤区域为宜。

（王　成）

29. 为什么久坐和缺乏运动
会引发**腰痛**

关键词

腰痛 腰肌劳损 腰背肌训练

"坐得我腰酸背痛，得起来活动活动了。"这是生活中我们经常会听到的描述。为什么坐久了容易腰痛？因为人处于坐位时，腰椎会承受较大的身体重量，久坐不动腰背肌肉就会长期超负荷工作，局部形成损伤性炎症，而引起腰部疼痛。

专家说

为什么坐久了容易腰痛

在日常生活中，腰椎起到承受身体重量的作用，不同姿势腰部受力不同，平躺或侧躺时腰椎承受力量最小，站立时次之，坐位时受力更大，弯腰搬重物负重最大。

其中，坐位时脊柱挺直腰部受力约 140 千克的力量，若坐位时弯腰则承受约 185 千克的力量。久坐不动时，因为躯干长时间保持一个姿势，腰背肌肉长期超负荷工作，挤压向肌肉供氧的血管，造成供氧不足、代谢产物积累，刺激局部而形成损伤性炎症，容易产生腰部肌筋膜炎或肌肉劳损，局部代谢产物增多，引起腰部疼痛。

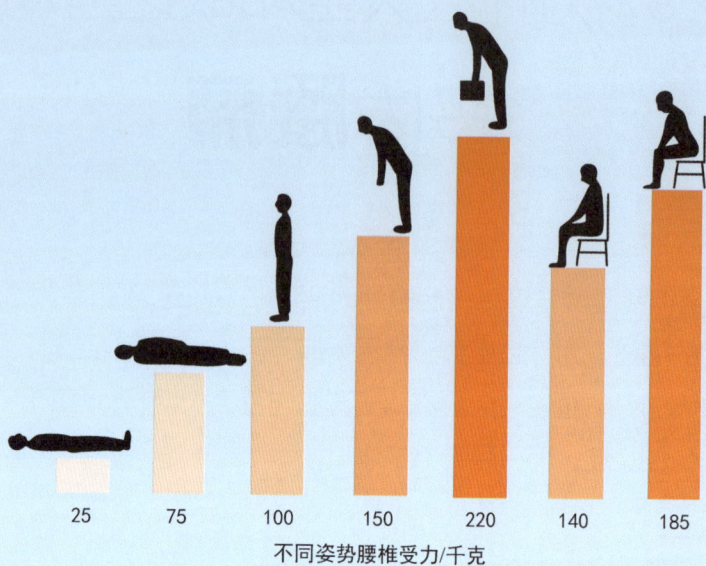

不同姿势腰椎受力/千克

25 75 100 150 220 140 185

为什么活动活动就能缓解腰痛呢

随着姿势的改变、活动的增加，局部血运可以得到改善，代谢产物得以循环到排出体外，局部炎性刺激减弱，进而疼痛得到缓解。同时，随着腰部活动的增加，肌肉力量可以得到一定加强，同样可以缓解腰部疼痛。

如何预防腰背部疼痛

在生活中，如果要缓解腰背筋膜炎或者腰肌劳损引起的疼痛，需要做到以下三点：①坐位时姿势正确，后背要挺直，减少坐位时腰部受力；②避免久坐和弯腰搬重物等动作；③锻炼腰背肌力量和核心力量，比如"小燕飞"、平板支撑等动作。

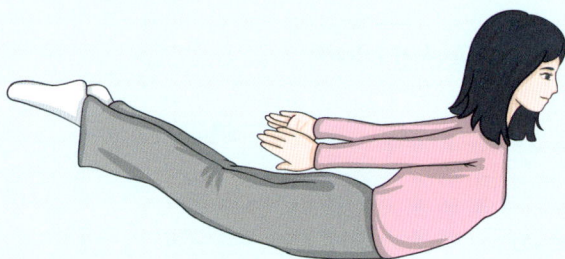

"小燕飞"标准动作

（王　成）

30. 为什么说
"上山容易下山难"

大家日常外出爬山时常会发现，明明上山时还好好的，下山时却会感觉到膝关节的各种不适，如腿打软、膝盖疼痛等，甚至容易发生摔倒等意外情况，就如同俗话常说的"上山容易下山难"。究其原因，主要是因为上山和下山时膝关节承受压力不同、作用力不同、肌肉收缩形式不同所导致的。

膝关节　爬山　承受压力

膝关节承受压力不同

膝关节主要由髌骨、股骨远端和胫骨近端的关节面共同构成，通过肌肉、肌腱、韧带和关节囊等包裹连接。这些软组织结构为膝关节提供稳定性以及活动度。在日常不同的姿势和动作中，膝关节面的软骨所承受的压力也大不相同。

作用力不同

上山时我们只需要缓慢克服重力做功，而下山时除了要克服重力，还要克服向下落的惯性，因此需要额外的力来维持体态，对冲击力进行缓冲。另外，与"下"的动作相比，在完成"上"的动作时，由于重心相对偏后，大腿后侧会更多地帮助缓解关节压力，因此我们在"下"的时候会更难，对髌骨的磨损也会更多，更容易造成关节软骨的损伤。

肌肉收缩形式不同

同一个关节的肌肉在不同的肌肉收缩形式下能够完成不同的关节运动。在上山时，股四头肌主要以向心收缩为主，发力能够使弯曲的膝关节伸直；而下山时，股四头肌做离心运动，发力能够使伸直的膝关节有控制地弯曲。离心收缩需要更好的肌肉表现才能正确完成，当下山时，人体已经进入疲劳状态，因此不能很好地控制肌肉发力，让下山变得困难。

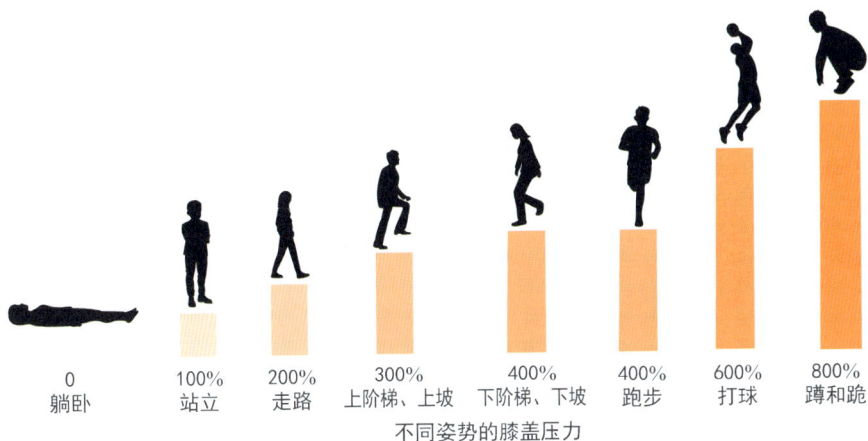

不同姿势的膝盖压力

| 0 躺卧 | 100% 站立 | 200% 走路 | 300% 上阶梯、上坡 | 400% 下阶梯、下坡 | 400% 跑步 | 600% 打球 | 800% 蹲和跪 |

（王　成）

31. 为什么说
"跑步百利唯伤膝"
是错误的

跑步是大家很喜爱的一种锻炼方式，它会给我们带来很多好处。跑步可以刺激骨细胞更新，修复细小的炎症和损伤，加快骨质合成，让关节和骨骼更坚强、更稳定。同时，跑步还可以锻炼全身的很多肌肉，如臀大肌、股四头肌、腘绳肌和小腿三头肌等。当然，过度的运动量、错误的跑步姿势以及不良的运动习惯，的确会给我们带来伤病，如跑步过量会引起膝关节髂胫束综合征，也就是我们常说的"跑步膝"。

"跑步膝"是如何导致的

摩擦是导致"跑步膝"发生的直接原因。当膝关节长时间、高强度地进行屈伸运动时，髂胫束和股骨外上髁表面不断摩擦，进而引发无菌炎症，摩擦和撞击感在膝关节屈曲30°时最为明显。因而很多患者会描述，脚刚一落地就会引发膝外侧的剧烈疼痛。

跑步会引发半月板损伤吗

错误的跑步姿式以及不良的运动习惯，如跑前不热身、跑后不拉伸等，一旦长期存在以上错误，就会引发膝关节半月板的损伤，半月板是膝关节股骨和胫骨之间的一层"软骨垫"，它能起到类似衬垫、缓冲压力的作用。错误的跑步姿势会使膝关节与地面瞬间产生"矛盾运动"，引发半月板损伤。

跑步伤膝的原因是什么

究其原因主要还是跑步姿势和肌肉强度的问题。例如，很多初学者都会有"坐着跑"的情况，看起来含胸驼背，屁股还有点往后撅。导致"坐着跑"的主要原因：①圆肩、驼背的体态会导致上背部肌力失衡，长期缺乏锻炼导致背部分肌肉被拉长。②屈髋肌失衡：长期久坐会导致臀部肌肉紧张和无力，进而导致伸髋的运动表现下降。

如何解决跑步伤膝问题

1. 放松胸肌，加强背部肌肉，改善体态异常。

2. 强化屈腿肌群。尤其是臀中肌和股外侧肌强化可以帮助减少阔筋膜张肌的使用，从而减少阔筋膜张肌的紧张度。

3. 在训练前充足热身，激活膝关节、髋关节周围肌群，减少阔筋膜张肌代偿，训练后及时进行拉伸。

（王　成）

32. 为什么有的人练**靠墙静蹲**，膝关节更痛了

靠墙静蹲是通过肌肉静力收缩或等长收缩来增强腿部肌肉力量的，一种安全、有效的练习方法，能够增加下肢的肌力和耐受力，进而保护膝关节，在膝关节恢复锻炼中经常会用到。但是不正确的靠墙静蹲动作，非但不会带来好的效果，反而会导致膝关节更加疼痛，对机体造成危害。

专家说

靠墙静蹲怎么做

靠墙静蹲，顾名思义，就是将身体躯干部分紧靠在墙上，腿部弯曲保持静力性下蹲，坚持一定的时间，每组训练时间以感觉腿部有灼烧感为宜。根据下蹲的幅度可以改变难易程度，蹲得越低，难度越大。

靠墙静蹲的重要作用

靠墙静蹲属于静力性动作，是一种以静止的方式来增强身体肌力的练习，这个动作主要练的是腿部肌肉，尤其是股四头肌的等长收缩耐力，是一种安全系数较高的、锻炼腿部肌肉力量及耐力的方式，对于膝关节不稳定、大腿肌肉力量不足或损伤后想恢复肌力的患者，靠墙静蹲是不二选择。

靠墙静蹲的动作误区及危害

误区一：重心偏移。如果是单侧腿受伤，很可能会出现这种下意识的重心偏离现象，这样一来，好的腿练多了，坏的腿还没练到，会出现两腿肌力不平衡的现象。并且重心偏移会导致一侧膝关节受压过大从而负担过重，导致膝关节出现疼痛。

误区二：膝内扣。膝内扣会导致关节面内侧的受压远远大于外侧，长时间可能会增加膝关节软骨损伤的风险。

误区三：塌腰。核心不发力会导致腰部不能紧贴墙面，长时间保持此动作可能出现骨盆前倾、腰部不适的情况。

误区四：膝盖超过脚尖。膝盖超过脚尖时，因小腿不能与地面垂直，增加了髌骨关节的压力，从而导致膝关节受压过大。

健康加油站

正确靠墙静蹲的动作要领

1. 保持上身直立，抬头挺胸，两脚分开与肩同宽，脚尖向正前方，不要呈"内八字"或者"外八字"。

2. 背靠墙壁站好，脚跟与墙壁保持大约一个脚长的距离，体重平均分配在两条腿上，缓慢下蹲，至大腿、小腿成 90°为止。

3. 保持这个角度，逐渐将脚向前移，注意低头观察，膝盖和脚尖是否处在一条直线上，就是从上往下看，膝盖正好挡住脚尖。

（王　成）

关键词　肌力不平衡　上交叉综合征

33. 为什么
肩痛患者要多练背肌

肩痛患者可能会感到肩关节的疼痛、僵硬和不适，尤其是在进行如抬手、旋转手臂或举重活动时症状明显。此外，肩痛还可能伴随着肩部或上臂的肌肉紧张和酸痛感，以及肩关节的不稳定感。一些患者可能

会出现肩关节肿胀、活动范围受限的情况。并且，肩痛可能会扩散到颈部、背部或手臂，导致局部的疼痛和麻木感。总之，肩痛的症状和表现因人而异，常见症状包括疼痛、僵硬、不稳定感和活动受限。

专家说

改善复发性慢性肩痛，可以尝试多练背肌

复发性慢性肩痛往往与上交叉综合征相关。上交叉综合征是指一种姿势失衡状态，通常由长时间保持不正确姿势造成，例如低头看手机或坐着工作，形成圆肩、颈前伸的体态。上交叉综合征涉及肩部和颈部的肌肉群，其中一些肌肉表现为过度紧张，而其他肌肉表现为过度软弱。这种不平衡可导致肩部前倾、肌肉紧张、关节受力增加，从而引起肩痛。因此，通过锻炼背肌能够有效改善肌肉力量不平衡，增强肩胛骨的稳定性，从而改善肩痛。

此外，进行背肌锻炼还有助于改善长时间低头看手机或者伏案工作等不良姿势，从而降低肩痛的复发概率。

肩关节是一个非常灵活的关节，很容易受伤。通过加强背肌的训练，可以增加肩关节的稳定性，减少肩部疼痛和受伤的风险。

总之，肩痛需要多练背肌是因为它可以帮助稳定肩部、平衡力量差异、改善姿势问题，以及提高肩关节的稳定性。通过练习背肌，可以减轻肩痛，促进肩部的康复和健康。在开始背肌锻炼之前，建议先进行评估并咨询医生或康复专家，以确保选择适合的锻炼方式和强度。

（胡晓青）

34. 为什么

运动引发的肩痛

通常不是肩周炎

关键词

肩痛 肩周炎 肩袖撕裂

　　肩关节疼痛是运动后经常出现的一类症状，很多人认为肩痛就是肩周炎，这种说法是不准确的。肩周炎指的是肩关节周围的慢性炎症，导致关节囊粘连，引起肩关节疼痛和活动受限的一类综合征。其病因尚不清楚，可能和肩关节创伤、糖尿病、自身免疫性疾病等因素有关。运动常常是预防肩周炎的方法，而非致病原因。

专家说

　　提到肩关节疼痛，大家通常想到的是得了肩周炎，其实，肩周炎只占肩痛疾病的 12%，更多的肩痛是肩袖损伤或肩峰下撞击引起的，占到 60% 左右。肩周炎好发于 50 岁左右人群，因此也叫作"五十肩"，是肩周肌肉、肌腱、滑囊和关节囊等软组织劳损、慢性炎症、关节内外粘连等引起的以肩部疼痛和功能障碍为主的综合征。运动引起的肩痛主要为受伤或过度使用而引起的肩部疼痛，常见于肩袖损伤和肩峰下撞击综合征。由于人们对肩袖损伤和肩峰下撞击综合征认识不足，特别容易把它们误认为肩周炎。

在进行肩周炎治疗时，鼓励患者多做锻炼，而且肩周炎具有自愈性，绝大多数患者锻炼后可以自行恢复。但肩袖损伤和肩峰下撞击综合征患者则要保证充足休息，减少活动才可能康复，严重时还需要进行手术治疗。

两者治疗方法大不相同，一旦混淆，把肩袖撕裂误断为肩周炎，活动过多反而会加重撕裂，延误诊治。因此，对于运动引起的肩痛，建议大家应暂停运动，并及时到运动医学门诊就诊，待明确诊断后再行相关治疗。

健康术语

肩袖

肩袖是由肩关节周围的四根肌腱组成的，包括冈上肌腱、冈下肌腱、小圆肌腱和肩胛下肌腱，四根肌腱包绕着肱骨头，形成袖口状结构，故得名"肩袖"。

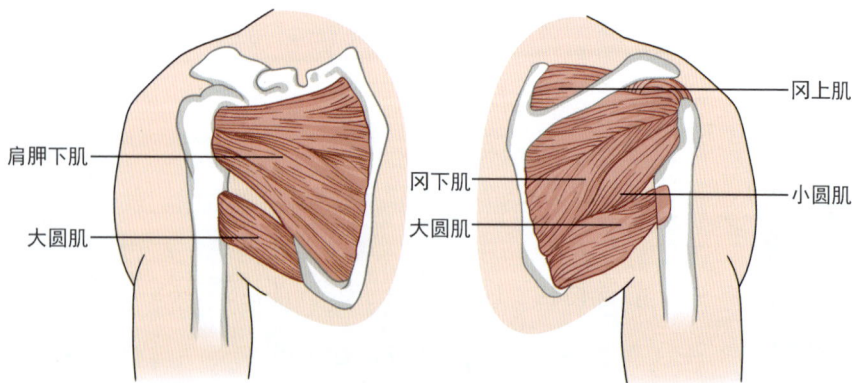

冈上肌

肩胛下肌

大圆肌

冈下肌

大圆肌

小圆肌

肩袖的组成

（王　成）

35. 为什么**伤筋动骨**后
不应完全静养

关键词

制动　组织愈合　功能恢复

俗话说"伤筋动骨一百天"，这句话的意思是筋骨损伤后没有一百天往往是难以完全康复的。此话的目的是让患者在受伤后，要重视对伤部的制动和保护。但是很多人认为筋骨损伤后，就要完全静养一百天才能恢复如初，这是认知误区。

不同组织（如半月板、肌肉、肌腱或韧带）的修复能力是不同的；损伤严重程度不同；恢复措施和条件不同。这些都会影响损伤恢复速度和效果。因此，"伤筋动骨一百天"只是一个笼统的说法。

按现代康复医学观点，伤后应早期康复，在对伤部进行适度保护的同时，保持非受伤部位的活动，维持心肺及整体功能水平。在不加重损伤的前提下，及早循序渐进地开始无痛康复锻炼，有助于预防伤部瘢痕粘连和肌肉萎缩，尽快恢复受伤部位的功能。

专家说

伤筋动骨后完全静养有什么危害

静养有利于损伤组织的愈合，但如果完全静养，不进行早期康复活动，会导致肌肉萎缩、瘢痕粘连、关节僵硬、骨质疏松、心肺功能下降等，严重者还可能会出现静脉血栓、肺栓塞、坠积性肺炎等有致死风险的并发症。因此，伤后虽然需要休养，但是要避免"完全静养"。

"伤筋动骨"后该如何正确康复

　　首先，组织愈合的时间取决于伤者的身体素质、受伤组织损伤的严重程度、治疗方式与治疗时机等因素。伤后需要综合各类因素，判断组织愈合需要的时间，在这段时间内要保护没有愈合的组织，避免加重组织破坏。

　　同时，需要了解过度休养的危害，鼓励患者进行科学的康复锻炼，包括非受伤部位尽量保持活动，受伤部位循序渐进地进行功能康复。

　　1. 非受伤部位活动　　如上肢损伤，患者能够正常行走，需要保持一定的步行活动量。如果是单侧上肢或下肢的损伤，在患侧制动的同时，可以训练健侧肢体，对损伤部位的恢复也有促进作用。如果是膝关节损伤，可以活动邻近的髋关节、踝关节，采取直抬腿、踝泵等动作练习。

　　2. 受伤部位的功能康复　　应当在专业人士的指导下进行康复锻炼。要明确活动禁忌，如负重的程度与时限、限制活动的具体角度和时间。患者应该明白，并不是损伤组织愈合后，身体功能就恢复了。功能恢复是建立在相关肌肉力量和协调功能提升之上的，而这些都需要从主动的运动康复训练中获得。

　　总体来说，需要根据患者的具体情况，在科学的运动功能评估之后，指导患者循序渐进地开始活动，以便尽早恢复其功能。

（胡晓青）

36. 为什么术后重返运动 **有再伤可能**

很多运动损伤患者通过手术完成了韧带的修复重建，术后得以重返运动，不幸的是有人会出现再次损伤，有人会疑惑："为什么我做完手术还会再次受伤？""我要怎么做才可以避免二次损伤？"

健康术语

协调性

协调性是指在中枢神经系统控制下，与特定运动或动作相关的肌群以一定的时空关系共同作用，从而产生平稳、准确、有控制的运动。协调运动的产生需要有功能完整的深感觉、前庭、小脑和锥体外系的参与，其中小脑对协调运动起着重要的作用。

专家说

为什么做了手术，还会再次受伤

首先，手术重建的韧带完成愈合需要时间。不同部位、不同损伤组织的愈合时间不同。如果在损伤未完全愈合之前进行过量、过大负荷的运动，就会影响组织恢复，破坏组织愈合，容易造成二次受伤。

其次，手术虽然恢复了结构，由于影响术后康复效果的因素较多，很多患者会出现手术后运动能力较原来降低的情况，如肌肉萎缩、肌力下降、本体感觉缺失、组织粘连、关节活动度受限等。如果不能在术后进行正确康复、提升运动能力，而是盲目、不合时宜地回归运动、训练或比赛，很容易导致二次损伤。

重返运动需要达到哪些标准

不同损伤有不同的术后重返运动的标准。我们以膝关节前交叉韧带重建术康复为例，术后重返赛场的基本标准如下。

1. 膝关节活动度　全范围活动。

2. 膝关节协调性

（1）Y 平衡测试：患侧腿和健侧腿的表现差异小于 20%。

（2）跳跃测试：患侧腿和健侧腿的表现差异小于 20%。

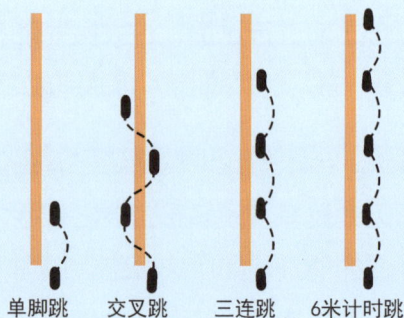

单脚跳　　交叉跳　　三连跳　　6米计时跳

3. **膝关节力量**　患侧腿大腿前侧肌肉（股四头肌）力量与健侧差异小于 20%。

4. **其他指标**

（1）伤口愈合良好，没有疼痛和肿胀。

（2）伤者心理上对重返运动不恐惧。

如何避免再次损伤

1. 了解组织愈合的阶段。不做过度超出当下组织承受能力的活动。

2. 重视恢复神经肌肉控制和协调性的功能训练，良好的动作质量和稳定的控制能力是预防二次损伤发生的重要因素。

3. 重视肌肉功能训练，尽可能地恢复至与健侧相同的肌力水平。

4. 重视心理恢复，逐步减少对回归高强度运动的恐惧感。

（胡晓青）

37. 为什么"小燕飞"不适合所有腰痛患者

很多人都遭受过腰痛的困扰，有人希望通过"小燕飞"进行腰部肌肉训练，从而达到治疗效果。然而，"小燕飞"并非适合所有腰痛患者，不同类型的腰痛，需要采用不同的治疗方法。

专家说

腰痛是一种常见的症状，是指后方肋骨以下、臀部以上的疼痛，是和损伤有关的一种不愉快的体验。

腰痛根据疼痛来源可粗略地分为以下几类：①腰痛伴活动度受限；②腰痛伴肌肉运动协调功能障碍；③腰痛伴下肢牵涉痛；④腰痛伴下肢放射痛；⑤腰痛伴全身疼痛和神经心理问题。

不难看出，不同的腰痛对应着不同的损伤原因，需要选择不同的康复治疗方案。如果是因为肌肉功能不足引发的腰痛，"小燕飞"是可选择的锻炼动作；如果是由于其他原因导致的腰痛，小燕飞不仅对治疗无效，反而会导致病情加重。

出现腰痛后，应该如何应对

1. 当腰痛伴随以下情况发生时，我们需要尽快就医。如发热、发冷；不明原因的体重下降；晚上或休息时疼痛；大小便失禁；腿麻木或无力；臀部和大腿内侧失去知觉等。

2. 如果腰痛是因腰部肌肉功能不足引发的，需要根据发病时期选择不同的康复方案。急性腰痛患者需要选择相对无痛、放松的体位，根据症状，既不要完全卧床，也不能过度活动。疼痛早期可以进行适当冰敷，根据医嘱服用非处方消炎止痛药物。慢性腰痛患者，则需要强化腰部的肌肉功能。

"小燕飞"的正确训练方法

表层肌肉的训练应该在深层稳定性肌肉已经启动的情况下进行，这样才能有效地保护腰椎、缓解椎间盘等组织的压力。因此，练习"小燕飞"时，应该提前通过腹式呼吸，想象肚皮和地面之间放了一颗葡萄，要求自己抬起身体两头的同时，不能压碎这颗葡萄。带着这样的感觉去进行训练，其实就是先激活了深层的腰部稳定肌群，然后再对背部表层伸展肌群进行训练。

健康加油站

腰部肌肉有哪些

腰部肌肉可以分为浅层肌肉和深层肌肉。

1. 浅层肌肉　斜方肌、背阔肌、竖脊肌。

2. 深层肌肉　下后锯肌、胸最长肌、腰髂肋肌、多裂肌、腰方肌。

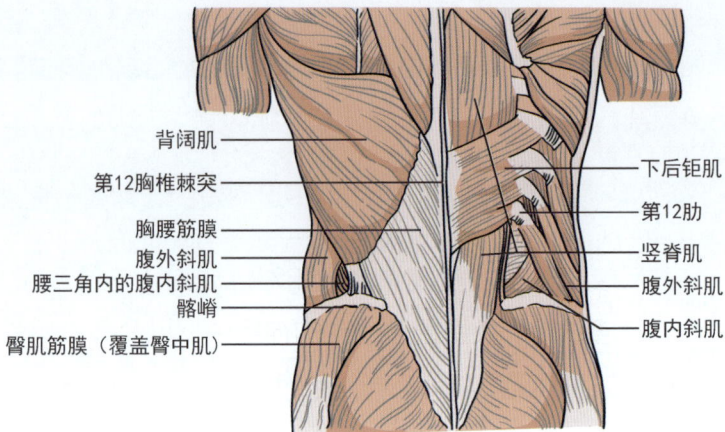

背阔肌

第12胸椎棘突

胸腰筋膜

腹外斜肌

腰三角内的腹内斜肌

髂嵴

臀肌筋膜（覆盖臀中肌）

下后钜肌

第12肋

竖脊肌

腹外斜肌

腹内斜肌

（胡晓青）

38. 为什么发生下肢运动损伤后，伤者需要练习**平衡功能**

　　下肢出现运动损伤后，最常出现症状的就是肿胀和疼痛，这两个症状就像"双刃剑"，一方面有助于组织愈合，另一方面又可能加重功能障碍。下肢发生运动损伤后，最容易出现的问题就是平衡功能下降。因此，在损伤肢体能够承担重量时，首先应该开展平衡功能的练习。

专家说

平衡功能通过什么现象表现出来

平时一提到平衡功能，我们最常想到的就是走路会不会摔倒。这是比较片面的想法，实际上平衡功能反映了关节的空间位置觉和对运动变化的调节能力，是通过专门负责调节运动的神经中枢以及负责感受身体位置的前庭功能共同调节的。

1. 空间位置觉　关节位置主要受内耳的前庭功能影响，无论在我们睁眼还是闭眼的状态下，都能感知到身体的位置。关节位置觉对于空间位置的感觉，在睁眼的状态下，有了视觉信息输入，对于空间位置的感觉会变得更加精准。

2. 运动调节能力　运动调节能力是在下肢参与的运动中，在身体位置、动作幅度、动作速度、受力方向和大小改变时，机体通过肌梭中的神经末梢传入运动神经中枢，通过大脑的"加工"，使身体做出相应调整，以稳定重心，维持身体平衡，保持机体在稳定状态下继续运动，满足个体运动需求。

如何进行平衡功能训练

1. 第一阶段　在受伤初期，下肢可以开始承担身体重量时，首先采用转移重心的方式来进行训练，通过身体重心的变化，使下肢各个关节进行不断的调整和适应。

2. 第二阶段　当能够自如地调节自身重心转移时，可以进行动态平衡训练，待能力提高后，还可以采用平衡板、平衡球训

练及震动训练、干扰训练等方式，进行进阶式锻炼，使身体可以在受到干扰时继续提高平衡能力。

关节位置觉训练需要对健侧和患侧都进行训练，可以在闭眼状态下，让一侧肢体摆在固定的关节角度，然后让另一侧肢体模仿同样的动作，相差越少，证明关节的位置觉越强。

（王　成）

关键词

运动损伤　按摩

39. 为什么**运动损伤早期**伤者应避免按摩

运动损伤是指在运动过程中发生的损伤。运动损伤会造成人体组织的解剖结构或功能的损坏，并引起不同程度的局部或全身反应，通常患处表现为红、肿、热、痛、功能受限等。

导致运动损伤的常见原因：①缺乏必要的运动损伤防护知识；②运动水平不足（运动技能差、身体机能和运动素质较低）；③运动安排不当（如准备活动不适当、运动负荷过大、组织方法不当等）；④运动者生理、心理状态不佳；⑤运动条件不良（场地、器材、保护用具、服装不符合卫生要求，以及不良气候等）。

按摩有活血散瘀、消肿镇痛、松解粘连等作用，是治疗运动损伤的一种重要手段。很多人在遇到运动伤病时，都会下意识地使用按摩的方式来缓解病痛。但是，为什么运动损伤早期禁忌按摩呢？

专家说

运动损伤分期

运动损伤按病理过程不同，可分为早、中、晚三期。

1. 早期　指伤后24或48小时以内，组织以出血和局部急性炎症表现为主。

2. 中期　指伤后出血已停止，急性炎症逐渐消退，伤部仍有瘀血和肿胀，肉芽组织形成，组织开始修复，通常指伤后2天到1个月。

3. 晚期　指损伤基本修复，肿胀、压痛等局部征象已基本消失，但功能尚未完全恢复，活动时仍感疼痛、酸软无力、僵硬、活动受限等，通常指伤后1个月以上。

不同时期运动损伤的治疗方法

1. 早期　可采用制动、冷敷、加压包扎、抬高伤肢、药物治疗（内服、外敷），还可采用针灸治疗，但禁忌按摩。

2. 中期　可采用理疗、针灸、按摩、拔罐、药物治疗（内服、外敷）及康复锻炼等。

3. 晚期　以功能锻炼为主，配合以按摩、理疗、针灸及药物治疗（内服、外敷）。

运动中有明显的受伤史，患处表现为红、肿、热、痛、功能受限等症状，如果症状较重，建议及时就医，进行详细检查（根据情况进行 X 线、CT 或磁共振等检查，以排除运动骨折、脱位等严重损伤）。明确为单纯闭合性软组织，无手术指征时，可按上述运动损伤分期治疗方法进行保守治疗。

在运动损伤早期，有经验的医生，如果能明确诊断存在关节紊乱时，可以采用整复类手法进行处理，有利于损伤快速恢复。但对于大众而言，由于不具备专业知识和技能，不建议盲目使用手法进行恢复。即使在损伤早期采用简单的按、摩、揉、热敷等方法，也会加重伤部出血、肿胀，延缓恢复时间。因此，急性运动损伤早期禁忌按摩。

（苟　波）

40. 运动损伤后
如何**重新运动**

发生运动损伤后进行科学的康复治疗，对于患者恢复至伤前功能水平、安全重返运动和防止再次损伤至关重要。"康复到什么程度才能重返运动"是大部分有运动需求的朋友们最为关心的一个问题，甚至会影响大家对于治疗方式的选择。

专家说

损伤后回归运动，应该早一些还是晚一些

运动损伤经保守或手术治疗后，过早或过晚地投入运动都可能导致不良后果的产生。如球类、田径类、健身、举重等运动，不单要求有良好的关节活动幅度，还要有较好的力量素质，在训练或比赛中，需要承受较大的运动负荷，还会涉及身体各方面功能的协同作用。

运动损伤发生后，受伤组织的恢复过程一般分为三个阶段，即急性炎症期、组织再生期和功能重塑期。

有些朋友，特别是运动爱好者，在恢复到"自我感觉良好"时，就急于恢复运动、重返赛场。然而，此时机体有可能还处在组织再生期。这个时期组织逐步愈合，但是结实程度还远远不够，难以满足高强度运动的需要。如果受到大负荷刺激，不仅不利于损伤组织愈合，甚至有可能导致二次损伤的出现。

还有一些朋友，经休息、治疗后依然担心伤病反复，迟迟不敢重新开始运动，希望通过静养，实现"完全康复"。然而，过度静养可能会导致瘢痕组织过度增长、粘连，关节活动范围下降，肌肉萎缩，运动功能障碍。即使损伤的组织愈合较好，长时间没有经历适度运动负荷刺激，组织结构生物力学特性不佳，身体机能水平也无法适应运动需求，难以恢复到伤前运动水平，此时回归运动就会增加损伤风险。

（胡晓青）

十万个健康丛书为什么书

人物关系介绍

健健　　　　　　康康

奶奶　　　　　爷爷

爸爸　　　　妈妈

专家　　　　男医生　　　女医生

图书在版编目（CIP）数据

运动的健康密码 / 王梅，王正珍主编 . —北京：
人民卫生出版社，2023.8（2024.7重印）
（十万个健康为什么丛书）
ISBN 978-7-117-35088-4

Ⅰ. ①运⋯　Ⅱ. ①王⋯②王⋯　Ⅲ. ①运动保健 – 普
及读物　Ⅳ. ①G804.3-49

中国国家版本馆 CIP 数据核字（2023）第 138220 号

| 人卫智网 | www.ipmph.com | 医学教育、学术、考试、健康，购书智慧智能综合服务平台 |
| 人卫官网 | www.pmph.com | 人卫官方资讯发布平台 |

十万个健康为什么丛书
运动的健康密码
Shi Wan Ge Jiankang Weishenme Congshu
Yundong de Jiankang Mima
经少年儿童出版社授权使用"十万个为什么"标识

主　　编：王　梅　王正珍
出版发行：人民卫生出版社（中继线 010-59780011）
地　　址：北京市朝阳区潘家园南里 19 号
邮　　编：100021
E - mail：pmph @ pmph.com
购书热线：010-59787592　010-59787584　010-65264830
印　　刷：北京盛通印刷股份有限公司
经　　销：新华书店
开　　本：710×1000　1/16　印张：30　字数：389 千字
版　　次：2023 年 8 月第 1 版
印　　次：2024 年 7 月第 2 次印刷
标准书号：ISBN 978-7-117-35088-4
定　　价：79.00 元

打击盗版举报电话：010-59787491　E-mail：WQ @ pmph.com
质量问题联系电话：010-59787234　E-mail：zhiliang @ pmph.com
数字融合服务电话：4001118166　E-mail：zengzhi @ pmph.com

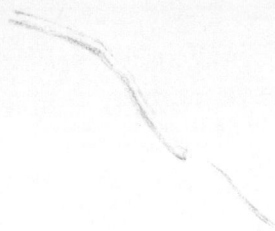